書山有路勤為逕
學海無涯苦作舟

書山有路勤為徑
學海無涯苦作舟

大明帝王師

劉伯溫

智比諸葛亮；謀似姜太公；籌若張子房

神機妙算大明朝第一國師

亂世攻城掠地；智取大元江山

盛世安邦治國；定明百年基業

前言

他是那個時代最頂尖的智者，無論是陳友諒的無敵艦隊還是元帝國的鐵騎精銳，在他面前都只有給跪的份兒，即使放眼整個中國史的策士排行榜上，他也能輕輕鬆鬆打進前四強（另外三位是姜子牙、張良、諸葛亮，都是像神一樣的存在）。

他是一位政治家，是大明帝國的總設計師，他設計的規章制度為帝國兩百多年的有效運行打好了堅實的基礎，甚至連帝國的名字，都是他起的。

他是一個儒生，但他最擅長的卻是陰陽五行，風水占卜。他「掐指一算」，能知過去未來，他「夜觀星象」，能曉天下大勢，你若是問他是不是真的神仙轉世，他會一臉神秘，笑而不語。

他是一個文人，一個暢銷書作家，他的書長期盤踞在明初暢銷書排行榜前十強，甚至於在他過世之後依然有無數署著他名字的書出現，這些書無一例外都風靡一時，因為他的名字就是暢銷的保證。

他是一個建築師，在他的主持和統籌下，一座擁有上千年歷史的名城重新煥發出了帝王氣象。

他更是一個傳說，身前身後，留下了無數可信和傳奇的故事，這些故事直到今天依然在神州大地上流傳。

他的名字叫劉基，字伯溫，沒錯，他就是本書的主人公——劉伯溫。

劉伯溫，這個出生於1311年的巨蟹座男人，一生跌宕起伏，浮浮沉沉，輝煌時如在雲端，沉淪時摔落泥潭，雖然在民間他被視為神仙，但其實他既不逍遙，也沒有超自然能力，他所能倚仗的唯有自己過人的智慧，幾十年來小心翼翼地周旋在那個波瀾橫生的時代。

年輕的劉伯溫靠著進士學歷起家，然後被丟進了污濁的元朝基層官場，和腐爛透頂的元朝官僚周旋，在這裡，他將學會如何磨去自己的稜角，收起自己的少年心性。

然後，劉伯溫以策士的身分，被送上元帝國東南軍區的戰場，他的前方是驃悍善戰的叛軍，他的背後是居心叵測的政敵，而後者似乎比前者更可怕。在這裡，他將面對軍事和政治的雙線作戰。

接著，劉伯溫跳槽到了新公司，他的新老闆是朱元璋。剛剛辦完入職手續，他就不得不面對那個時代最強大的競爭對手：陳友諒。也就是在這場生死搏殺中，劉伯溫把自己的謀略天賦發揮到了巔峰。

之後的劉伯溫再不必親臨戰場，而是在後方以運籌帷幄的方式，與在那個時代最頂尖的武將通力合作，決勝千里之外，掃清了大明公司壟斷全國市場的一切障礙。

和平年代終於到來，劉伯溫脫下軍裝，重新走進書房，為明朝的建立出謀劃策，幾乎以一己之力，奠定了整個明王朝最基本的規章制度。

這時候的劉伯溫已經老了，但他又不得不離開書房走上朝堂，那裡是他的另一個戰場，在這個戰場上，對手不再是元朝那些腐朽的低級官吏，也不是四肢發達頭腦簡單的赳赳武夫，而是和整個大明王朝最頂級的政客，最狡猾的老狐狸，以及帝國的大老闆：朱元璋——他還能微笑著面對這些人嗎？

總而言之，劉伯溫的一生，就是鬥爭的一生，與天鬥，與人鬥，與武人鬥，與文人鬥，與政客鬥，與皇帝鬥，在這些你死我活的鬥爭中，劉伯溫的智慧展現到了極致，當然，他的心力也交瘁到了極致。

在中國民間，流傳著無數劉伯溫的傳說，這些傳說非常有趣，非常精彩，傳說中的劉伯溫永遠是那麼機智瀟灑，他的敵人永遠是那麼愚蠢可笑。

然而，真正的劉伯溫絕不會那麼有趣，因為只有那個時代真正的頂尖人物，才有資格成為劉伯溫的對手，在這樣的對手面前，任誰也瀟灑不起來。

歷史永遠要比故事更加曲折，更加盪氣迴腸。相比傳說，劉伯溫的真實人生其實更加精彩，更加驚心動魄。

那麼接下來，就讓我們來講述他的故事，他的時代，他的人生，他的夢想，他的智謀，他的朋友與敵人，他的失敗與偉大——講述關於他的一切。

引子：劉伯溫的驚世預言

在中國歷史上，有兩本神乎其神的預言書，一本是唐代袁天罡、李淳風所作的《推背圖》，而另一本，叫做《燒餅歌》，署名作者是劉伯溫。

為什麼要叫《燒餅歌》這麼奇怪的名字呢？書中記載了這樣一個故事：

1368年的某一天，剛剛登基的洪武大帝朱元璋在自己的皇宮裡啃燒餅。乞丐出身的朱元璋早就過上了錦衣玉食的奢靡生活，燒餅隨便吃，想吃甜的吃甜的，想吃鹹的吃鹹的，日子要多美有多美。

吃著吃著，劉伯溫來了。

在這位大明第一智者，帝國首席策士的面前啃燒餅，畢竟觀感不好，於是，他把吃了一口的燒餅扣在碗下面藏起來。

召見劉伯溫的過程中，朱元璋突然頑性大發，想起劉伯溫種種神機妙算的往事，決定考一考他。於是，他問劉伯溫說：「先生你對陰陽術數非常精通，你能不能猜出我這碗底下扣著什麼？」

又玩這種無聊的遊戲。劉伯溫嘴角泛起一絲苦笑，卻不敢違令，掐指一算，立刻吟出一句詩：「『半似日兮半似月，曾被金龍咬一缺。』陛下，我猜這是個燒餅。」

朱元璋聽罷立刻一拍大腿：「真是神準。」於是，他又得寸進尺：「那先生能不能幫我算算後世的事情？」

這回劉伯溫不幹了——這種天機洩露出來，先別管老天爺會不會震怒，朱元璋絕對首先發飆了——只得隨口敷衍道：「茫茫天數，陛下你注定萬子萬孫，有什麼好問的？」

其實劉伯溫已經偷偷洩露了天機，明朝最後果然亡於萬曆皇帝的兒子朱常洛和孫子朱由校、朱由檢之手，豈不正是萬子萬孫嗎？

朱元璋當然聽不出這個玄機，還是堅持要問。劉伯溫沒辦法，只得先把醜話說在前頭：「洩露天機，我的罪責實在不輕，陛下要是實在想聽我算，請先赦免我的死罪！」

朱元璋也不含糊，當下賜給劉伯溫免死金牌：「你說吧，我罩著你。」吃了定心丸的劉伯溫開始推算未來，只見他跟跳大神一樣，算一句，唱一句。

我朝大明一統世界，南方終滅北方終，

嫡裔太子是嫡裔，文星高拱日防西。

朱元璋立刻打斷：「我的南京城防守如此嚴密，難道還用得著怕誰嗎？」

「都城雖然防守嚴密，但恐怕燕子會飛進來。」耐心地解釋完，劉伯溫繼續唱：

此城御駕盡親征，一院山河永樂平，

禿頂人來文墨苑，英雄一半盡還鄉。

這這段順口溜內容晦澀，令人不知所云，朱元璋聽得似懂非懂。

但是，對於後人來說，劉伯溫的這段歌辭也並非無跡可尋，讀懂之後，實在令人震驚不已。

因為在這段歌謠中，劉伯溫已經確實準確預測了朱元璋身後大明王朝即將經歷的歷史！「此城御駕盡親征，一院山河永樂平，禿頂人來文墨苑，英雄一半盡還鄉。」指的就是燕王朱棣（年號永樂）在謀士姚廣孝（禿頂人）的幫助下謀逆篡位的史實。

這件事情都發生在劉伯溫去世的幾十年後，連朱元璋也無緣見到，但它們確實發生了。劉伯溫的這段歌謠總共長達一千多字，事後被集結成冊，在民間廣為流傳，這便是《燒餅歌》的正文部分。

如果說《燒餅歌》僅僅預測了靖難之役，那或許並不足為奇了，但它的神奇之處在於，它甚至預測到了鴉片戰爭和慈禧當政。

在劉伯溫唱給朱元璋的歌謠裡有這樣一句話：

草頭人家十口女，又抱孩兒作主張。

二四八旗難遮日，思念遼陽舊家鄉。

東拜門，西拜旗。南逐鹿，北逐獅。

分南分北分東西，偶遇異人在夢鄉。

草頭，十口，不就是葉赫二字嗎？而慈禧太后正是出自葉赫那拉氏！至於後面一句就更明顯了，光緒皇帝六歲登基，慈禧太后垂簾聽政，豈不正是「又抱孩兒作主張」？

而「東拜鬥，西拜旗。南逐鹿，北逐獅」則預言了西方列強在中國大肆劃分租界和勢力範圍，當時的中國，可不正是被西方列強「分南分北分東西」嗎？

連朱元璋都聽得無名火起，咬牙切齒地問劉伯溫：「胡人至此敗亡否！」

劉伯溫沒有直接回答，依然不急不慢地吟唱：

手執鋼刀九十九，殺盡胡人方罷手。

這一句話，是否讓人想到十九世紀末的義和團運動——「神助拳，義和團，只因鬼子鬧中原。……洋鬼子全殺盡，大清一統並將山」？

這樣的歌辭還有很多，在後來的歷史中，它們都逐一應驗。《燒餅歌》就像一部在歷史發生前就已經寫完的歷史書，人們能做的就只是解讀它，然後等著它發生。

而在這本偉大的預言書上，只有一位署名作者，那就是——劉伯溫。

一、泰山不是堆的，神童不是吹的

拚爹遊戲應該這麼玩

西元1311年，元帝國迎來建國四十周年，也是這一年，元武宗孛兒只斤．海山去世，他的弟弟孛兒只斤．愛育黎拔力八達取代了他，成為帝國新的統治者。

四年前，海山透過一連串驚心動魄的政變取得了皇位，但他只過了四年皇帝癮，這四年裡，他似乎做了什麼，卻又似乎什麼都沒做，元帝國繼續沿著歷史的軌跡，一步步走下谷底。

可以說，海山的去世對帝國造成的影響力幾乎為零。一個人最大的悲哀是什麼？不是人死了錢沒花光，而是人死了，卻跟沒活過一樣。

甚至沒有多少人記得他，人們只記得1311年發生的另一件事——一個叫劉基的孩子降生了，無數人的命運即將改變。

1311年七月初一，浙江處州路青田縣武陽村，剛剛降生的劉基正圓睜著好奇的眼睛打量著這個陌生的世界，幾十年後，這雙眼睛會像利劍一樣洞穿所有敵人的心，但是在這一天，不到一歲的小劉基還需要面對他人生中第一項艱巨的任務：吃奶。

父親劉爚正笑盈盈地逗著肉嘟嘟的小劉基，這是他的第二個兒子，像所有傳統的父親一樣，他希望這個孩子能夠健康成長，能夠出人頭地，至少要超越自己。

劉爚是一名分管教育的基層公務員，清水衙門，待遇並不高。而且他的任職地是隔壁的遂昌縣。遂昌縣位於溫嶺的群山中，那裡非但沒有多少肥沃的耕地，還常有猛虎毒蛇堂而皇之的出來害人，在這樣一個不毛之地的清水衙門上班，劉爚在當地官場混得恐怕也不算風生水起。

劉爚當時的收入情況，恐怕也剛夠讓小劉基有飯吃，有書讀的。劉爚知道，這個世界從來都是一個拚爹的世界，拚爹遊戲已經玩了幾千年，恐怕還將繼續玩下去，而自己，似乎並不是一個特別值得一拚的爹。「父親給不了你太多，將來的路得靠你自己走了。」劉爚慈愛地看著小劉基，默默說道。

其實劉爚不知道，他能給予小劉基的財富遠遠超過他的想像，是的，他沒有錢，沒有權，沒有地位，但是，凡事不能看表面，事實上，劉基投了個好胎，在拚爹這場遊戲中，小劉基並沒有輸在起跑線上。

為什麼這麼說呢？這裡，我們首先需要討論一下拚爹遊戲的幾種規則。

拚爹有好幾種拚法。最常見的一種，是拚錢，拚權，拚地位。這種規則下的勝出者被稱為

「官二代」，古人文雅些，叫做「衙內」，他們奉行的人生準則是：我的就是我的，爹的也是我的，你的是我爹的，所以還是我的。其中最知名的二代莫過於《水滸傳》中的高衙內。

世人最羨慕的往往是這種，殊不知這卻是最落於下乘的一種拚爹模式。

第二種拚爹，是拚平臺。爹決定了兒的層次，什麼樣的爹能給你什麼樣的平臺，爹的起點就是兒的起點，爹的資源就是兒的資源，這是不爭的事實。你以為曹操是白手起家？曹騰笑而不語；你以為比爾．蓋茲是技術宅的逆襲？蓋茲他媽笑而不語。

這是相對上乘的拚爹規則，所謂爹媽領進門，修行靠自身。雖然也靠爹媽，終歸靠的是自己的努力。

劉基的「爹優勢」體現在何處呢？肯定不是第一種，如果連縣裡的基層教育官員子女都能稱官二代，這「衙內」二字未免也太廉價。

也不算第二種，事實上，劉基的爹除了讓劉基能吃上飯能讀上書之外，就沒能為他提供更多的幫助，後來劉基一步一步從浙東一介書生成長為天下第一策士，無一例外靠的都是自己抓住的機遇。

那麼，在這場拚爹遊戲中，劉基的父母留給他的財富到底是什麼呢？

答案是：「家風。」

常言道：「龍生龍，鳳生鳳，老鼠的兒子打地洞。」這話一方面說的是遺傳基因，但更重要的是家風的薰陶，成長於龍鳳世家，每天聽到見到的都是神仙論道，天材地寶，氣質想不華貴都難，而若是不幸成長於老鼠世家，每天與泥巴腐肉為伍，耳濡目染的都是「今天廚房剩下幾根雞骨頭，可別讓蒼蠅蚊子、特務小強他們給偷走了」之類的事情，想不「獐眉鼠目」都難。

那麼劉基從小又生活在什麼樣的家風之下呢？

在劉父之前，我們先來認識一下劉基的母親。

和絕大多數勤勞善良的中國女性一樣，這位母親沒有留下自己姓名，在嫁給劉爚之後，她就一直被稱為「富氏」。說起富氏這個家族，在劉基的老家青田縣可是無人不知無人不曉，若是往上追溯，可以一直追溯到唐朝末年的建設部某司司長（工部郎中），松州市市委書記（松州刺史）富韜，但是最有名的莫過於北宋大詞人晏殊門下的富弼。當時晏殊門前有一副對聯「門前桃李重歐蘇，堂上蒹莩推富范」，說的便是晏殊門人中數一數二的四位人物歐陽修，蘇軾，范仲淹和富弼。在北宋時期，富氏家族聲名顯赫，富弼的孫子甚至進入了北宋中央軍委（樞密院）。

雖然到了劉基母親的時代，富氏家族已經衰落了，但是這個家族從來不缺讀書人。劉基的母親就從小接受良好教育，是個知書達禮，賢慧嫻淑的女人，可以算是劉基人生中最重要的啟蒙老師了，從這位貴族後裔的母親身上，劉基學會了儒雅地為人，優雅地生活。

劉基的父親劉爚也是個溫文爾雅的讀書人，還是個兢兢業業的公務員。安貧樂道，從來沒有做過出格的事情。劉爚逝世後，朱元璋在《永嘉郡公誥》中這樣評價劉爚：「劉爚身懷大才，卻沒有太大的官癮，他只是致力於把自己的才華學問傳授給他的兒子劉基，並教給劉基做人的道理，讓劉基能夠在行為上效法古人，在謀略上觸類旁通，成為朝廷倚賴，百姓瞻仰的謀臣，這都是劉熗教導有方的緣故啊！（皆遺訓之功，力善之征也。）」

的確，劉熗的學問可能比不上劉基後來的老師們，但他是一個領路人，正是他領著小劉基敲開學問的大門，更重要的是，他教會了劉基，應該以怎麼樣的準則去做人，而這一點，小劉基的一生都會銘記。

另一個時刻影響著劉基的人，是他的曾祖父，劉濠。

在劉濠的時代，劉氏家族還沒有徹底衰落，所以劉濠還是個地主。我們平常說起地主，總會想到周扒皮，想到南霸天，似乎地主就沒有好人。

但至少劉濠是個好人，一個樂善好施的好人，後人記載，每次遇到「淫雨霏霏，連月不開」或者「千里冰封，萬里雪飄」的日子，劉濠就會找個山頭爬上去——不是去健身，而是看看誰家沒有升起炊煙，沒有炊煙的家庭那估計就是沒米下炊了，劉濠就會打開自己的糧倉，賑濟這些可憐的窮人。

可見，劉濠不光是個好地主，還是個家裡有餘糧的好地主。

劉濠還有很多樂善愛民的故事，其中最有名的，是劉濠一樁智救萬人的義舉。《兩浙名賢錄》上對這個故事有比較詳細的記載。

元朝初年，一個叫林融的人起兵造反——然後毫無懸念地被撲滅了。本來這只是一次無甚亮點的造反運動，在封建王朝，這樣的運動每個月總有那麼兩三次。可壞就壞在這次的林融打的是興復趙宋王朝的旗號，這還得了，元帝國的統治者清晰記得當年自己與宋王朝鏖戰四十餘年，還搭上一個可汗性命的慘痛經歷，往事不堪回首。

於是，元朝派了使者專門來青田調查，發誓要把林融的餘黨都揪出來，來個斬草除根。

餘黨，在中國歷史上一直是個腥風血雨的詞兒，所有人都知道，清洗餘黨正是以公徇私，公報私仇的最好機會。說你是餘黨，你就是餘黨，不是也是。不小心跟主謀說過一句話，寫過一封信，對過一個眼神，甚至於，人都不認識主謀但不幸跟主謀的仇人有仇——這樣的人都可以扣上一頂餘黨的帽子，然後一刀殺掉。

特使就是拿了這麼一張空白的「死亡筆記」來到青田縣，一個月下來，筆記上的姓名已經寫得滿滿當當地，絕大多數都是無辜群眾。

作為青田縣的大地主，劉濠有幸看到了這份名單，讀完回家之後悲不自勝，都是鄉里鄉親，怎能見死不救！

可是怎麼救？一瞬間無數個念頭閃過劉濠的頭腦。最簡單的莫過於「殺特使，搶名冊」，在民風驃悍的元朝，我們一直都用它。

但是，搶了名冊，劉濠還能全身而退嗎？更重要的是，搶了這份名冊，難道他們不能再找個特使再弄一份名冊嗎？

不行！一定有什麼更巧妙的方法！那天夜裡，劉濠與自己的孫子，也就是劉基的父親劉爚商量了一整夜，終於想到了一個絕妙的計策。

第二天，劉濠以盡地主之誼的名義把特使請到自己家裡吃飯，劉濠是個好人，但不是個忠厚老實的老好人，觥籌交錯之間，只見他老人家口吐蓮花，左右逢源，硬是把使者灌得酩酊大醉——而他自己卻沒醉。

等確定使臣差不多醉得雷都打不醒了，劉濠翻開他們隨身攜帶的包囊，將那份名單找出來，劉濠從中挑出兩百名真正的林融餘黨抄錄下來，隨後一把火把自家的樓燒了！

這時候的特使，還跟豬一樣醉死在樓裡頭，劉濠帶領家人「奮力」將特使從火海裡救了出來，當然，他包囊卻已被燒成灰燼。特使嚇得不知所措，因為包囊裡有他必須拿回去覆命的名單。

看著特使手足無措的樣子，劉濠心裡暗爽，但臉上卻洋溢著同情與關切，好言安慰特使，說他在地頭上有熟人，在幾天之內跑一趟將名單重新列一次應該不成問題。此時特使一點主見都沒有了，只好聽從劉濠的安排。所謂做戲做全套，劉濠有模有樣地「等」了四天之後，才將自己事先抄錄下來的名單交給特使，特使千恩萬謝地離去。

就這樣，劉濠救下了許多無辜鄉親的性命。

劉濠就是這樣一個好人。善良，但不迂腐，出得了奇謀（既救了人還讓專使欠了他的情），下得了狠手（一把火就把自己的屋子燒了）。在強大的邪惡面前，他既沒有退縮妥協，也沒有以卵擊石，而是以自己的智慧化解危機於無形。

小劉基默默地記住了這個故事，他第一次知道，原來有一種力量叫做智謀，有一種機變叫做方圓。

以上，便是劉基的父親、母親和他的家庭留給他的寶貴財富：儒雅的氣質，深厚的學養，正直的品格，四兩撥千斤的謀略和外圓內方的為人準則。

劉爚把這筆家傳的財富深深地埋入了劉基的靈魂中，這是比任何香車別墅支票存摺都寶貴的財富，劉基的一生都將因此受益匪淺。

來自宋朝的鐵血基因

青田劉氏家族傳到劉基的時代已經輝煌不再了，但至少劉基可以很自豪地說一句：「我祖上也闊過！」相信沒人會反對。

劉基，和他爸爸劉爚，他爺爺，乃至他爺爺的爺爺都是如假包換的文人，可是，在此之前，劉氏家族是響噹噹的鐵血軍人世家，一個個都是馬上征伐，醉臥疆場的戰將。

劉家世代將門，長年駐紮西北，統率著北宋王朝最精銳的部隊：陝西軍，他們的主要對手，是來自賀蘭山的黨項族。在與西夏多年的死磕中，劉氏家族的成員一個個練就一身武藝和

過硬的軍事素養，當然，也立下了赫赫戰功，

其中以劉基的太太太太太太爺爺（八世祖）劉延慶和太太太太太太爺爺（七世祖）劉光世最為顯赫。

《宋書》上說劉延慶「雄豪有勇」，此人一生戎馬倥傯，征方臘，征遼國，抵禦西夏入侵，在擔任揶延省省長兼軍分區司令（揶延路總管）時，西夏進犯中原，劉延慶領命出擊，大破西夏成德軍，活捉了敵軍元首，一時風光無限。

不過除了「雄豪有勇」打起仗來不要命之外，劉延慶在謀略和統兵上面似乎比較欠缺，如果以《三國志》系列遊戲裡的武將屬性來衡量，他大概是屬於武力值高，但是智力值和統帥值都比較低的人物，屬於「猛將」一欄。

一個典型的例子就是北伐遼國的時候，劉延慶帶十萬大軍渡白溝，軍容極為混亂，當時與他一起出征的遼國降將郭藥師拉住劉延慶的馬韁繩進諫說：「將軍，以咱們現在這種軍容，如果路上遇到敵人伏兵，恐怕還沒交戰就要潰敗呢！」劉延慶不聽，他輕蔑地看著郭藥師，心想你個遼國降將，兩姓家奴，少來指手畫腳。（後來郭藥師又投降了金國，成了名副其實的三姓家奴。）

事實證明，郭藥師是對的，大軍到了良鄉就遇到了遼國大將蕭幹的伏兵，任是劉延慶再怎麼驍勇善戰，也擋不住兵敗如山倒，最後只能退守營寨了。

大老粗劉延慶頓時沒了主意，郭藥師再一次獻計道：「蕭幹總共才帶了萬把人出來，現在

全力在跟我們這十萬人死磕，後方肯定空虛，請將軍給我五千奇兵，讓我去偷襲燕山，將軍只要記得帶上派遣一支輕兵做後續部隊就行了。」

有了上次的教訓，劉延慶對郭藥師言聽計從，當下便答應了，事實也證明，郭藥師能連續在遼宋金三個大公司之前來回跳槽，確實有他的不凡之處，統率著五千人把蕭幹的後方留守部隊打得人仰馬翻。但劉延慶在統帥方面的「天賦」實在是讓郭藥師無語到極致，左等右等，眼看敵人已經組織起了有效防禦，自己這五千人也快打完了，後續部隊居然還沒來！

最後，長嘆一聲「豎子不足與謀」，郭藥師無奈地退兵了。一條完美的妙計就這樣破產。

郭藥師長吁短嘆，劉延慶也抓耳撓腮，那邊蕭幹可沒閒著，正如演義小說當中常有的情節，當天晚上，遼軍便「人銜枚，馬勒口」兵分三路偷襲了劉延慶的兵營，劉延慶一敗塗地，丟下所有糧草輜重，狂奔數百里，退守雄州城。

自此，一場聲勢浩大的討伐戰爭，夭折了。

《宋史》記載：「契丹知中國不能用兵，由是輕宋。」劉延慶被當作宋軍戰鬥力差的反面典型在遼國出名了。

可見，一支軍隊，光有萬夫莫當的猛將是不夠的。當然，光有神機妙算的謀士也是不夠的。這一點，在劉基今後的戎馬生涯中將多次體會到。

不過劉延慶作為統帥的能力或許差了點，但作為一個職業軍人，他是合格的，靖康之變中，劉延慶鎮守開封城，城破，身死，戰鬥到了最後一刻。

劉延慶殉國後，他的兒子劉光世繼承了他的衣缽，在南宋的歷史舞臺上大放異彩。

劉光世，字平叔，南宋名將，在《宋史》上一個人獨佔了整整一章的版面。

即使是在南宋初年這個牛人輩出的時代，劉光世也是獨當一面的絕代名將，與岳飛，張浚，韓世忠並稱為「南宋中興四將」之一，風光無限。只是由於劉光世這個人打仗有點喜歡投機取巧，不太樂意打硬碰硬的惡仗，做官上又左右逢源，跟秦檜走得很近，所以後世對他評價越來越低，最後在「中興四將」中只能位列老么。

劉光世一生身經百戰，年輕時隨父征方臘，征遼國，建炎南渡後，劉光世扼守鎮江，英勇阻擊金國大軍，之後一直奮戰在抗金第一線。直到紹興十一年（1142年）兵權被秦檜收走。

劉光世一生留下了許多記載，不過最能體現劉光世威望和性格的，莫過於建炎三年（1129年）平定苗劉兵變的故事。

那一年，南宋軍軍官苗傅和劉正彥突然發動兵變，打出了「清君側」的旗號向杭州進軍，這支叛軍抵禦外寇不行，打起自己人來卻勢如破竹，沒幾天就攻陷了杭州並逼迫宋高宗將皇位禪讓給三歲的皇太子趙旉。苗傅和劉正彥則順理成章地成了輔政大臣。

勝利來得太突然，讓中級軍官出身的苗傅和劉正彥有點手足無措，一時不知道下一步該怎麼辦，畢竟只是兩個小賊，一時腦熱幹了票大買賣，冷靜下來後看著眼前燙手的贓款，存也存不了，花也花不掉，傻眼了。

但政變不是請客吃飯，容不得半點拖泥帶水，就在苗傅和劉正彥猶豫的時候，各地的勤王軍隊已經紛紛匯集起來，那都是在抗金前線浴血奮戰的王牌軍，戰鬥力豈是苗劉的亂軍所能比擬。

苗傅和劉正彥怕了，勤王的將領中，劉光世、張浚、韓世忠……哪個不是一等一的猛人，伸伸手就能捏死他們兩個。這個時候，硬槓是跟自己過不去，最好的方法是拉攏，拉攏誰呢？他們第一個想到的，便是當時南宋將領中威望最高的劉光世。

於是，正在馬不停蹄向杭州進軍的劉光世突然收到一道敕令：他被升職為國防部長（太尉）了，隨著升職信一起來的，還有叛軍的信使，在劉光世面前，信使滔滔不絕，從三皇五帝到國家大義，說得頭頭是道，主題卻只有一個：那就是希望能與劉光世合作。

苗傅和劉正彥倒也不傻，他們也不是真指望一個國防部長的頭銜就能收買劉光世，更不指望劉光世能夠幫他們打退其他的勤王大軍。他們只是想透過向劉光世示好的方式，傳達一個和談的信號，希望幾位勤王將領能一起坐下來，心平氣和地商量出一個雙方都滿意的方案來，你好我好大家好，沒事兒打什麼仗呢。

劉光世平靜地聽完使節的演講，盯著使節的眼睛，突然笑了，彷彿看到什麼好笑的事情，越笑越開心。最後幾乎要從馬上跌下來了，使節被劉光世笑得心裡毛毛的，再看劉光世身邊的偏將們，也皮笑肉不笑地盯著自己。他有點發慌。

突然，劉光世不笑了，冷冷地盯著信使，一把將敕令撕作兩半，摔在信使面前，揚長而去，留下目瞪口呆的使節和撕成兩半的敕令。

談？有什麼好談的。打，給我狠狠地！打怕了，打疼了，打服了，打死了，才是最好的結果。談？你還沒睡醒吧。

接下來的故事沒有疑問，在劉光世、韓世忠、張浚這些中興名將的夾擊下，叛軍像豆腐一樣被打成了灰灰。

而此役過後，劉光世也被順理成章地任命為國防部長，這次是真正的朝廷任命。

這是當年劉熗最愛講的故事，也是小劉基最愛聽的故事。

鄉下娛樂活動少，每當父親有空，小劉基就會搬著小凳子聽父親講先祖的故事，講劉延慶如何打破西夏人，又是如何鎮守開封城，講劉光世如何抗擊金兵，如何平定叛亂。聽著這些故事，小劉基覺得熱血沸騰，彷彿置身於金戈鐵馬的沙場。是的，軍人世家的鐵血基因在劉基的身上流淌。

儘管他是一個文人，但他絕不會成為文弱的書生。

神童是怎樣煉成的

在劉基的老家青田，至今還流傳著許多劉基小時候智鬥財主老爺的故事，在這些故事裡，老財主無不是又懶又貪，小財主無不是又壞又蠢，一肚子壞水，鍥而不捨地找窮孩子劉基的麻煩，似乎欺負劉基是他們一生的重要使命，人生的全部價值。當然，他們每次都被劉基小朋友的妙計騙得團團轉，最後好人勝利壞人吃癟——就像灰太狼和喜洋洋。

這些故事有板有眼，情節緊湊，細節豐富，而且喜感十足——唯一的問題是，他們都是瞎掰的。

事實上，當劉基還是小朋友的時候，在青田老家沒有哪個財主敢欺負劉基。因為青田劉氏雖然到他父親劉爚時已經中道而衰，但世族畢竟是世族，響噹噹的名聲擺在那裡。

所以，當一代軍師還是「劉基小朋友」的時候，他的日子過得還是比較逍遙的，雖然不是生於顯赫門第，但畢竟也是頗有些根底的小康之家。

這樣的家庭出來的孩子，往往是最容易成才的。窮人家的孩子肚皮都吃不飽，還成天要被壞財主欺負，哪有時間精力讀書，而闊人家的孩子從小吃穿不愁，前景一片光明，哪裡還有動力奮發圖強。

只有類似劉基這樣的中產階級子女，有餘力學習，也有動力去學習。

況且，劉基還有一個別人無法比擬（至少同村的小朋友無法比擬）的先天優勢：他的父親劉爚，是主管教育的官員，同時也是一個學養根底扎實的知識份子。

因為父親自己有文化，又懂教育，所以劉基從小就能接受高品質家庭教育，再加上青田劉氏的家學淵源，使得劉基幾乎是在書堆裡長大的，從小就博覽群書。當其他孩子還在爭論到底是王二狗和趙三牛誰抓的蟋蟀更厲害的時候，劉基已經熟讀蟋蟀宰相賈似道的故事了。劉基九歲的時候，已經能夠有模有樣地給村裡的其他小朋友講故事，小朋友們也樂意聽劉基講故事，於是，在武陽村常常能看到這樣的景象：一群小朋友，圍蹲在劉基面前，托著下巴投入地聽劉基講述正史野史上的歷史掌故，或者筆記小說裡的鬼狐仙怪，就像小劉基當年聽自己的父親講劉氏玄祖的故事。

可見，在起跑線上，劉基小朋友就遠遠地甩開了其他小朋友，想不被稱為神童都難。更何況，除了出色的家庭教育，劉基自身的天賦也不低，特別是他有一項特殊的才華：記性好。不僅僅是「好」，而且是「過目不忘」。

這個才華對於理科生來說可能沒什麼，但對於文科生劉基來說，簡直就是上天送來的一份大禮。

比方說，1332年，23歲的劉基到大都（即今天的北京，由於北京在歷史上多次改名，為了防止混亂，下文敘述中一律沿用今天的稱呼，本文中的南京也是如此，請讀者朋友見諒）參加公務員考試時，抽空去逛了趟書店，在書店裡看到一本好書，挺喜歡的，便站在書店裡，從頭翻到尾，看了個遍。

書店老闆對這個站書店蹭書看的小夥子挺感興趣，因為劉基正看得津津有味的那本書，是他們書店常年積壓的庫存書，別說買了，連翻都很少有人來翻。

反正也賣不出去了，乾脆做個好人。於是老闆對劉基說：小夥子，寶刀贈英雄，好書送才子。既然你這麼喜歡這本書，我就把他送給你了，不用謝——以後有空常來我這裡逛逛就行了。

劉基翻完了這本書，隨手將書放回書櫃，淡淡一笑道：多謝老闆美意，贈送就不必了，因為我已經背下來了。說完飄然而去，留下將信將疑的書店老闆，深藏功與名。

當然，上天賦予劉基這樣的天賦，可不光光是為了給他省下買書的錢。

在這裡，我們首先要給「死記硬背」四個字正名。

如果你學過文科或者見過文科生，肯定會詫異於他們巨大的背誦量。許多人對此不滿，以此破口大罵中國教育是「填鴨教育」。但其實，對於文科生來說，背誦儲備足夠多的知識實在是太重要了。不錯，知識固然要活學活用，但關鍵是，要靈活運用首先得有知識儲備才行。你自己有一桶水，才能隨時隨地都能舀出一杯水，就像打仗，主將用兵的能力固然重要，但首先也要有很多兵可用才行。而一個在所有文科知識全靠人腦存儲的古代尤其如此。

水之積也不厚，則其負大舟也無力。風之積也不厚，則其負大翼也無力。

沒有厚積，何來薄發。

除了記性好，劉基的悟性還好得驚人，不管什麼書，只要掃一眼就能把書的精要提煉出來，看懂個七七八八。（過目洞識其要）

這還了得！一本書，看一眼就背下來了，非但背下來了，還讀懂了讀透了！

到了14歲的那年，劉熗覺得自己再也沒有什麼能夠教給小劉基了，家裡的藏書也被看得差不多了，於是，劉熗決定送劉基去處州路括城市裡的重點中學（郡庠）繼續深造。

重點中學從來都不是那麼好考的，劉基那個時代更是如此，沒有擴招，也沒有什麼分校，一屆只錄取25名學生，都是從各個區縣優中選優挑選出來的尖子生，要是分數進不了這前25，給再多擇校費贊助費，都是白搭。

神童劉基以名列前茅的成績考上了，毫無懸念地進入了這所重點中學。這是他第一次離開自己的家。

即使是在重點中學，和全省最菁英的學生們相比，小劉基依然是神童級別的人物，具體表現在，他幾乎沒怎麼用功讀書，從來沒見他在課餘時間誦讀過什麼經典。

這種吊兒郎當的學生不會太受老師的喜歡。當時教授《春秋》的老師一看到劉基整天沒正型，也沒見他做筆記也沒見他上自習，就氣不打一處來。所以每次抽背都會抽到劉基，只要劉基一句話背不順溜，他就藉機發飆。

但劉基終究沒給他發飆的機會，不管哪篇課文，他都能倒背如流，最後，連老師都服氣了。

天生記性好，沒辦法。

就這樣，在括城的重點中學裡，劉基繼續過著他的幸福生活——不費什麼勁兒就能成為尖子生，能不幸福嗎。

但如果僅僅如此，那麼，劉基將來頂多也就成為一名普通的文官，在元史或者明史的角落上留下一段列傳。

幸好劉基還有一個業餘愛好：他喜歡看課外書。

喜歡看課外書的孩子總是比死讀書的學生要有出息些，特別是，劉基讀的都是天文、兵法類的課外書。

兵法就先不提了，真正關鍵的是天文書。

在中國古代，天文學可不是一門研究什麼果殼中的宇宙的學問，而是一門帝王之學，因為在古人看來，人和天是有對應關係的，所謂人法地，地法天，大到時代的氣數，小到個人的命運，都能在天象上得到對應。

所以，我們讀《三國演義》經常會看到這樣的場景：諸葛亮或者司馬懿「夜觀天象」，見誰誰的將星黯淡，主損一大將云云——這就是古人想像中對天文星象的最高級運用。

當然，光靠夜觀天象就能預知未來的技能實在是太玄奧也太逆天了。估計沒有幾個人能真正掌握，在古代，天文學的最重要應用領域就是：天氣預報。可以說，誰佔據了天氣預報的制高點，誰就佔據了天時地利人和中的天時。

而劉基另一個業餘愛好：兵法，則教會了他如何佔據地利與人和。

由此可見，小神童劉基從小就不是一個老老實實的主兒，因為無論是兵法還是天文，都是只有在亂世才能大放異彩的學問。

良師益友與重點大學

跟縣裡村裡的學校比起來，郡裡的學校（郡庠）師資力量總是要雄厚一點的，所以，在郡裡的重點中學讀書，遇到名師的機率會大很多。

劉基便有幸遇到一個，一個將會給他帶來重大影響的老師。他的名字叫鄭復初。可能許多人對這個名字比較陌生，這也難怪，漫長的歷史中能夠被後人「耳熟能詳」的人，要嘛是一等一的猛人，要嘛就是一等一的衰人。而在名將如雲謀士如雨的元末，鄭復初畢竟還稍微差了點。

但也差不到哪兒去，至少在當時，鄭復初的名氣是很大的，身邊有一大群名儒為友，包括像後來被朱元璋評價為「開國第一文臣」的宋濂，而宋濂也曾評價鄭復初是：「精通伊洛之學，望重當世，四方從之者號為『四經師』。」

在鄭復初的班裡，劉基的表現一直很突出，經過幾個月的觀察，鄭復初斷定，眼前這個記性好，悟性好又胸懷大志的孩子將來肯定不一般。於是，在一次家長會上，鄭復初語重心長地對劉基的父親劉爚說道：「你兒子將來必定會光耀門楣啊。」（此子必高公之門矣。）

心理學上有一個現象叫做「羅森塔爾效應」。說的是兩個心理學家透過坑蒙拐騙的手段讓老師相信他班裡有幾個學生是天賦秉異的優等生苗子，結果幾年後他們再回來調查，發現這幾個當時隨口指定的「苗子」真的成了優等生。原因就在於，在接受了暗示之後，老師真的把這幾個苗子當作優等生培養，最後真的培養出了優等生。

在劉基身上，「羅森塔爾效應」體現得更加明顯，為了培養這個好苗子，鄭復初非但在學習上對劉基關懷備至，而且還經常帶著劉基參加自己的文人沙龍，帶他出去見世面。也正是在鄭復初的沙龍上，劉基認識了宋濂。這對他後來的仕途產生了不小的影響。

不過在當時，對於劉基來說，宋濂這樣舉國聞名的大儒還有點高不可攀，最大的用途可能也就是拿來吹個牛：「我今天跟宋先生喝酒了」云云，在朋友面前裝個叉。

當時真正能對劉基產生影響的，是一個叫做吳梅澗的朋友。

吳梅澗是個道士，這個人留下的史料比鄭復初還少，我們只知道他名自福，字梅澗，從小進入了紫虛觀出家，師傅的名字叫葉邦彥。葉邦彥羽化登仙（就是死了）後，吳梅澗成為了紫虛觀的掌門，而且一當就是五六十年，活得確實夠長。

劉基是在一次「驢行」中認識吳梅澗的。因為吳梅澗的紫虛觀在城郊少微山裡，某個週末，劉基「驢行」至一個好去處，怎道是個好去處？有詩為證：

晚翠樓子好溪南，溪山四圍開蔚藍。
微陰草色盡平地，落日木杪生浮嵐。
岩畔竹柏密先冥，池中芰荷香欲酣。

聞說仙人徐泰定，騎鸞到此每停驂。

這是劉基的《題紫虛道士晚翠樓》，親筆所作，絕無代筆。從詩中描述的清香來看，這裡真是個世外桃源，神仙般的去處。

吳梅澗的紫虛觀便坐落於其中。

當時劉基還不認識吳梅澗，不過遇到有道觀，自然要進去看看，和道士聊聊天，論論道什麼的，這是文人旅行在外的一種高雅習慣，就像我們旅行在外看到公廁一定要進去「放空」一下是一個道理。

結果一聊之下，劉基就被吳梅澗的道家修養所折服，而吳梅澗也驚詫於眼前這個年輕人居然有如此學問，一來二去，兩人便聊成了忘年交。

後來，劉基只要一有空就會去紫虛觀找吳梅澗玩，吳梅澗便會帶著劉基在少微山上到處走走看看，每到一個地方，吳梅澗便像一個博學的導遊一樣，把景點的來龍去脈跟劉基介紹得清清楚楚。一直玩到日薄西山，吳梅澗便會在自己的道觀炒幾個小菜，溫幾壺素酒，兩人再做一番酬談。

吳梅澗是個非常有道行的道士，自小便精研《道德》《黃庭》諸經，被當時的道教領袖，龍虎山道士張留孫冊封為崇德清修凝妙法師，而當時的道教業內人士都稱讚他是「教門高士」。可見吳梅澗在道法方面的造詣絕不低。

也正是這個吳梅澗，讓劉基身上多了一絲道骨仙風。後世傳說中的劉基總是竹管道袍，飄飄然神仙之態，劉基倒未必是神仙，但他身上的仙氣確實來自於吳梅澗。在與吳梅澗交往的幾年裡，他多次表達了自己想修道飛升，「他日道成為列仙」的願望。

當然，少年人要清心寡欲，心無掛礙地走上修仙道路談何容易，事實證明，劉基也就是三分鐘熱度而已，畢竟，他的本質上還是胸懷天下的有志青年，誰讓他身上流著南宋大將劉延慶的血呢。

所以，劉基最終沒有過上尋仙訪道的日子，而是繼續他的學業。元泰定四年（1327年），尖子生劉基考上了有著將近六百年歷史的名校：石門書院。

所謂書院，是中國古代的一類教育機構，類似於私立學校。而與之相對的便是公立學校，正式名稱叫做「官學」。（劉基之前就讀的郡庠便是官學）在中國的書院中，最有代表性的莫過於宋代的嶽麓書院和明代的東林書院（就是東林黨的東林）。

書院的雛形在唐朝就已經形成，到了北宋初年，天下承平，講學之風蔚然盛行，文士們往往依據山林和城市，在閒暇時間講授儒學經典。元明繼承兩宋的文化，書院講學之風也非常盛行，如果一個地方出產名儒，當地的有錢人往往會出錢出米資助這個學者，並且讓他們開書院講學。

與官學相比，書院的政治課學分少，所以學風更加自由，學生思想更加解放——東林黨就是個鮮活的例子。

劉基考上的石門書院始建於唐天寶三年（1327），位於青田縣西北甌江南岸的石門洞，屬於天下名山三十六洞天之一，也是道教福地，石門書院位於石門洞的西邊，群山環抱，環境清幽，自然環境好得沒話說：其地兩壁雙峰對峙，就像兩扇大門，四周山崖環繞，又如一座城寨，往裡走，青松鬱鬱，修篁森森，還有數十丈高的飛瀑，隨風飄灑，疑似銀河落九天。

試問今天有幾所大學敢說自己的環境能超過石門書院？

就在這個清靜幽深，冬暖夏涼的校園裡，劉基修習了五年。這五年中，劉基並沒有留下太多的史料，估計也沒有太多值得敘述的內容，每天的生活無非是起床，吃飯，讀書，睡覺，因為此刻的劉基，正在準備他人生中最重要的一個轉捩點——科舉考試。（至少當時他自己是這麼認為的。）

應試教育沒有扼殺人才

元至順三年（1332）八月的一天，太陽當頭照，花兒對我笑，小鳥說，早早早，劉基同學背起小書包。

他要去杭州，參加三年一度的科舉考試。

劉基心裡應該是很高興的，因為他的運氣實在是很好，元代一度沒有科舉考試，直到19年前才舉辦了第一次科舉，之後總共也就舉行過九次，其間由於伯顏擅權，執意廢科，還曾停科兩次。

究其原因，在於馬上得天下的蒙古統治者，對尋章摘句的儒生絲毫不感興趣。元帝國從開國之初就是個崇尚軍事的王朝，而且大量的軍費開支也使元王朝面臨著嚴重的財政短缺問題。因此，帝國的統治者更加注重實用性的人才，例如忽必烈就一向嫌惡金朝儒生崇尚詩賦之作風，他認為「漢人惟務課賦吟詩，將何用焉！」對於遴選「真儒」的科舉制度十分冷淡。

直到元仁宗即位，統治者們發現，專業技術型人才在治理國家方面確實沒有儒生「好用」，畢竟國家是一部精密的機器，要讓這部機器有效運轉，你除了需要能擰螺絲釘的，更需要能從宏觀中操控機器的操作人員。所以，皇慶二年（1313年）末，元廷終於不得不重新舉行科舉考試，每三年舉行一次，分為鄉試、會試、殿試三道。

是的，「不得不」，這也注定了即使劉基考上了功名，也不可能像唐宋明清這些朝代的舉人進士們一樣前途光明的。

不過此時此刻的劉基並不在意這些，他高高興興地來到杭州，參加第一輪考試：鄉試。

劉基確實沒有辜負神童的稱號，最後的成績：舉人，名列十四。二十歲的劉基，第一次參加考試，就在全國教育最發達的江南地區考了十四名——估計排在他前面的十三個人中，還有不少復讀生。

考中了舉人，劉基再接再厲，一鼓作氣，第二年就殺進了北京參加會試。

不過會試可沒那麼簡單了，劉基不光要面對來自全國各地的人才競爭，還要面對元王朝的民族歧視政策。

那時候的考試，榜分左右兩種：蒙古、色目人為左榜，只需要考兩場試二場。第一場考行測（經問）；第二場考申論（策問）。漢人和南人為右榜，卻要加上一場作文考試（古賦詔誥章表），總共考三場。（元朝將百姓分為四種人：蒙古、色目、漢、南，基本上按照蒙古征服的順序排列的，征服得早的地區，當地人的地位高。所謂色目人，基本上是中亞、中東人，之所以稱為色目人，大致有兩種解釋。一說中亞、中東的民族複雜，統稱為「各色名目」人。二是說這些民族多屬於白人，眼珠不是黑的，所以稱為「色目」人。金的滅亡比較晚，所以金國人也就是漢人，地位比較低。最晚征服的南宋地位更低，南宋人也就是南人地位最低。）

幸好，對於出身文人世家的劉基來說，考作文並不是什麼難事，在這次會試中，劉基的作文題目是《龍虎台賦》，考場作文有個特點：不能寫得太實誠。這一條大約古今一般同。比如說現在出個考場作文叫「公車上遇到老人要不要讓座」這道題表面上是個疑問句其實是個反問句，甭管你想不想讓座，在作文裡寫「要讓座」就對了。

劉基的作文也是如此，拿到作文題的瞬間劉基有點小小的發怵，首先他沒去過龍虎台。其次賦這種文體從漢大賦流變而來，少不了需要歌功頌德的內容——而眾所周知，作為元朝地位最低下的「南人」知識份子，劉基實在是找不到一件事情能讓他發自肺腑地歌頌一番。

不過劉基的憂慮也就持續了四分之一炷香的時間。

很快劉基就釋然了，不就是歌頌寫虛情假意嗎？虛情假意我也能寫得情深意切！不就是寫沒見過的龍虎台嗎？生編硬造我也能寫得唯妙唯肖！劉基的筆就像西門吹雪手裡的劍，筆隨心走，心隨意動，不多久，《龍虎台賦》便已然完工。

這篇《龍虎台賦》收錄於劉基的文集中，全文就不在此輯錄了。客觀地說，不算一篇驚世奇文，但作為一篇考場作文，能寫到這個地步確實已經非常了不起了，很有點漢大賦的壯闊閎衍。

不久，會試揭榜，劉基中第二十六名進士，漢人、南人第三甲第二十名。或許有人對這個成績嗤之以鼻，心想，才二十六名！別說狀元，連個探花都不是！神童就這水準？

要知道，不管是古代科舉還是現代大學基測，想當狀元都得靠七分實力三分運氣。雖然我們在古裝戲裡老是能看到某年輕書生進京趕考，一考便中狀元，然後被招為駙馬，春風得意馬蹄疾。但那都是故事，是文人們的美好幻想，當然，像范進那種幾十年都考不上秀才的老童生也在少數，大部分舉子想考中進士，都要花個不少年頭一次次復讀。

而那一年，劉基不過二十三歲，沒有復讀，一鼓作氣便考中進士第二十六名。他可能不是那個年代成績最好的文人，但依然不失為一名優秀的人才。

而且，年紀輕輕便中進士，對劉基來說最大的好處在於，他從此不用做考試的奴隸，不用再陷入聖賢書裡面死啃聖賢的每一句話，他可以真正做自己喜歡做的事情，讀自己喜歡讀的書。

而很多復讀生就沒有這樣的幸運了。他們可能到了三十歲、四十歲，還在抱著孔子孟子，抱著朱熹（元朝科舉也考朱熹）逐字逐句地鑽研，尋章摘句，咬文嚼字，最後獲得一個光榮的稱號：書呆子。

不是說孔孟之道不好，但幾十年如一日地讀那麼一兩本書，想不變傻都難。這樣的人，我們可以很遺憾地聳聳肩，攤攤手，背地裡嘆一句：「應試教育的犧牲品。」

1333年，23歲的劉基很幸運地成為應試教育體制塑造出來的人才。他恰到好處地接受了應試教材（孔孟之道）中最精華的部分，但又沒有被教材讀傻，還有足夠的時間汲取課外知識——主要是陰陽遁甲、兵法決策、天文地理類的雜書——現在的劉基，已經儲備了足夠多足夠龐雜的理論知識，只等著一次社會實踐的機會，讓他大展拳腳了。

二、到官場去，磨一磨少年心性

撐不住了，要變天了

1333年，劉基考中了進士。之後他就回家休息去了，一休息就是整整三年，這三年劉基幹嘛去了呢？畢業旅行？當然不是，答案是，回家守闕去了。

所謂守闕，就是候補。因為官職就這麼多，就算你考中了進士，沒有官職空著你也沒辦法，只有老老實實當替補，等著場上的主力隊員下場。而劉基的板凳，一坐就是三年。

就在劉基優哉游哉的這三年裡，天下局勢卻風雲變幻，元帝國迎來了它的送葬者——元順帝妥歡帖木兒。

元順帝其實不叫元順帝，他的廟號應該叫元惠宗。只不過他不幸身為元帝國的末代皇帝（也是北元的開國皇帝），1368年明太祖北伐的時候，元順帝識時務者為俊傑，二話不說收拾家當就退出北京，麻溜地跑回草原去了，讓明軍兵不血刃地佔領了北京。為了表彰元惠宗拯救大明將士於滾木礌石之下的「功勳」，明朝的史官給了他一個新的廟號：順帝。意思是元惠宗放棄抵抗是順應天意的行為，值得表揚。

其實說起來，元順帝妥歡帖木兒也是個苦命的娃兒，命途一點兒都不順。

他本是元明宗孛兒只斤·和世㻋的長子，如果沒有意外，等和世㻋一死，他就順理成章地繼承皇位，當上了皇帝。

只可惜他生在元朝，對元朝的太子們來說，「沒有意外」才是最大的意外。

1329年，元明宗和世㻋被弟弟圖帖木兒和權臣燕帖木兒謀殺，史稱赫爾都政變。第二年，妥歡帖木兒的母親被殺害了，妥歡帖木兒本人也被驅逐到朝鮮半島上吃泡菜去了。還沒到一年，燕帖木兒連泡菜都不讓他吃，又把他丟到了廣西桂林——那時候的桂林，旅遊資源還沒有開發起來，是真正的蠻荒之地。

幸運（當然，對某些人來說很不幸）的是，赫爾都政變後的幾個皇帝都不長命，短短三年裡居然死了倆，1332年十一月，太皇太后卜答失里把正在廣西旅遊的妥歡帖木兒接回了北京。

但妥歡帖木兒不順的命運還沒有結束，燕帖木兒生怕妥歡帖木兒追查他謀害元明宗的事情，居然拖著不讓妥歡帖木兒登基。這段時間裡，燕帖木兒把持朝政，無皇帝之名而有皇帝之實。苦孩子妥歡帖木兒一直等到六個月後燕帖木兒重病身亡，才終於登上了早就應該屬於他的皇位。

當皇帝當到這份上，元順帝確實夠衰的。但更衰的還在後頭。元順帝本以為自己可以舒舒服服過一把皇帝癮了，誰知道老天剛收走了一個燕帖木兒，又送來了一個伯顏。這是個比燕帖木兒更加飛揚跋扈的權臣。

據歷史記載，伯顏當時的權勢完全蓋過了元順帝，「諸衛精兵收為己用，府庫鈔帛聽其出納」，「天下之人唯知有伯顏而已」。元順帝注定只能繼續當孫子。

也正是這個飛揚跋扈的伯顏，把蒙漢民族矛盾激化到爆發邊緣。

不知出於何種心理，伯顏極度仇視漢人，之前我們提到過，元朝科舉考試幾次停考就是因為他，為了遏制漢文化，他還下詔，漢人、南人嚴禁學習蒙古、色目文字，同時又規定只有蒙古人、色目人才能擔任中央、地方衙門中的各級長官，防止漢人造反，伯顏還下令漢人、南人不得執兵器，並且把他們的馬也都看管了起來，連農家鐵和叉也在禁止的行列裡面。

最荒唐的是，為了削減漢人的實力，伯顏居然提出要殺光張、王、劉、李、趙五姓漢人，雖然這個提議因為元順帝堅決不同意而作罷，但委實讓天下漢人捏了一把汗。

簡直沒把漢人當人。

中國的老百姓其實要求很低，不管坐龍廷的是姓劉還是姓趙，哪怕是姓孛兒只斤或者愛新覺羅，只要給他們一口飯吃一間茅屋遮風擋雨，他們就滿足了。但在伯顏的淫威之下，非但吃不上飯、住不上房了，差點因為個姓氏連命都保不住，這還給不給人活路了。

你讓我沒有活路走，我就讓你有路沒命走！

官逼民反，那時候的中國大地，已經開始要變天了。當時的情況，監察御史蘇天爵的一封奏摺上已經說得很清楚了：

這幾年來，雲南當地民族起兵造反，海南的黎族也不再聽中央的話，南方民工組織的叛軍伍尤為猖獗，先是在廣西一帶盤踞，然後又攻陷了湖南道州，禍害已經不小了。北方的日子也好過不到哪兒去。山東地區黃河水災，人民流離失所，中央那點賑濟糧根本不夠分的。本來富庶的江淮地區，老百姓也開始餓肚子了。而河北更是活躍著三千多支造反隊伍，剿都剿不過來。

蘇天爵一口氣講了雲南、海南、湖南、廣西、山東、江淮、河北等地的情況，災民、流民、饑民遍地，反賊義軍蜂聚。星星之火即將發展成燎原之勢。

最後，蘇天爵總結道：老百姓不是走投無路了怎麼會願意去造反！作為國家的統治者，怎麼能夠不顧老百姓的死活而自己享受奢靡生活呢。請求朝廷立刻想出一個平息叛亂的方案，賑濟受災的老百姓，這樣國家才能長治久安啊！

奏摺石沉大海，因為這時候的元順帝沒有心情，也沒有能力去管老百姓的死活，他最關心的只有一件事情：伯顏什麼時候完蛋。

這個問題元順帝整整思考了七年，直到1340年，在脫脫的支持下，他終於雄起，廢黜了伯顏，奪回了屬於自己的權力。

當政後，元順帝終於可以揚眉吐氣，甩開膀子自己大幹一把了。1341年，元順帝正式啟用脫脫，並支持脫脫改革，廢除了許多伯顏留下的暴政，平反昭雪了一批冤獄，免除百姓拖欠的各種稅收，放寬了對漢人、南人的政策。此前民間禁止養馬，脫脫上臺廢除了這一禁令。這些史稱為「脫脫更化」的改革措施確實從一定程度上緩和了老百姓的對立情緒，脫脫帖木兒，這位王朝最後的名臣，正盡著自己最大的努力想把帝國從懸崖邊上拉回來。

冰凍三尺非一日之寒，大廈將傾豈是一人之力能夠扶持。

這個時候，離元帝國的末日只剩下28年，離那個「挑動黃河天下反」的獨眼石人出土，只剩下11年。

來不及了，已經來不及了。

忠臣一定要比奸臣更奸

帝國高層的風雲變幻對於還在浙江青田老家坐板凳的劉基並沒有造成多大的影響。1336年，劉基終於得到了替補上場的機會，赴江西瑞州路高安縣，擔任縣丞一職。

所謂縣丞，可以理解為副縣長，正八品。按元朝的制度，縣分三等，人口六千戶以上的是上等縣，兩千戶之上的是中等縣，不到兩千戶者，就算下等縣。而縣丞這個職務只有上等縣才有，中等下等縣總共就沒幾個老百姓，一個縣長就足夠了。

高安縣既然有縣丞，那麼應該也是個人口在六千戶以上的大縣。

但中國古代的縣丞，雖然名義上是副縣長，其實更接近於縣長的文秘，所以在宋代的時候縣丞乾脆就直接由主簿（秘書）兼任了。而在元朝，縣丞的權力就更小了，頭頂上除了有個縣長（縣尹）之外，還有個叫做「達魯花赤」的長官。

「達魯花赤」是蒙語「鎮守者」的音譯，在成吉思汗的時代就已經有了，元朝建立以後在各級行政單位都設置達魯花赤，一般由蒙古人擔任，如果蒙古人實在不夠，允許出身高貴的色目人替補，但絕對沒有漢人和南人的份兒，所以，雖然達魯花赤職位與路總管、府、州、縣的令、尹相同，但實權大於這些官員，是一個地區的實際統治者。

在這樣的政治體制下，連縣長都沒有多大的權力，更別說劉基這個連七品芝麻官都算不上的文秘副縣長了。

對於絕大多數像劉基這樣透過科舉考試從基層幹起的小公務員來說，跟上司拉近關係，跟同事打成一片，踏踏實實辦事，老老實實熬資歷才是正道。熬個十年八年，總有熬出頭的那一天。

這些道理劉基當然懂。可是上了幾天班他就發現，他和他的同僚們根本尿不到一個壺裡去。

因為整個瑞州路的吏治，都已經黑透了。

黑到什麼程度？在劉基的一篇文章裡這樣描述：城裡的無業遊民地痞流氓都披上了一身軍警的外皮，跟貪官污吏們勾結起來，敲詐勒索老百姓。如果有誰敢不服氣，絕對讓你家破人亡，你要跟他打官司吧，恭喜你，絕對有人會坐牢，不過坐牢的人是你自己。偶爾碰上個有良心的官吏想管管事，必然遭到群起而攻之，最後灰溜溜地被趕走。總之，黑得像黑狗騎著黑馬奔跑在黑夜中。

劉基在這篇文章裡說的是高安縣隔壁的臨江縣，但糞坑裡哪有不吃屎的蒼蠅，高安縣又能好得到哪裡去。

如果有時光機，幾十年後的劉基肯定會對初到高安縣的自己說四個字：「和光同塵」。挫其銳，解其紛，和其光，同其塵，是謂玄同。和光同塵是為人處世的一種智慧，在老鼠窩裡誰也別裝蝙蝠，在老鷹家裡誰也別充貓頭鷹。只有先跟敵人打成一片，才能從內部攻破敵人的壁壘。但是，世上沒有時光機，1336年的劉基又怎麼可能懂這個道理？他畢竟還是一個年少氣盛，眼裡揉不進砂子的大學應屆畢業生，所以，他非但沒有同流合污，而且根本就不給他眼中的這些人渣同僚好臉色看。

其實不合污就夠了，不同流都已經略顯幼稚，更何況還要跟整個官場撕破臉。

所以高安縣的官吏們對劉基極度不爽。管你是什麼副縣長，你啊就一新來的，囂張個屁啊！

讓他們不爽的事情還在後頭。

在這樣的吏治環境下，當官的無非兩類：良心餵了狗的都去貪污腐化了，還有一絲良心未泯的，事不關己，高高掛起，把茶水喝乾報紙看穿，乾脆當個庸官明哲保身。

但劉基既不想當貪官，也不願當庸官。他還記得父親的身教，曾祖父的言傳，更記得聖人的教誨。劉基當官的目的，往大裡說是為了造福社稷蒼生，往小裡說是為了實現自我價值，20歲出頭荷爾蒙分泌旺盛的劉基，一心想的都是「何當揚湛洌，盡洗貪濁腸」。

於是，劉基作為一個異類在高安官場被樹了典型，他勤奮工作，他秉公執法，他不取群眾一針一線，他成了老百姓眼中的青天大老爺。也成了全體高安縣公務員和地痞流氓的眼中釘。

金杯銀杯不如口碑，老百姓的口碑卻不如官場的口碑。

被他擋了財路的貪官和在他的領導下混不下去日子的庸官，對劉基無不咬牙切齒，恨不得一口吃了他。

當然劉基不傻，他知道自己不招人待見。但他的想法很簡單：我是朝廷敕封的正八品縣丞，本縣的三把手。就算你們恨我，你們能把我怎麼著！

要說劉基畢竟不是書呆子，這麼多年的閒書也不是白看的，什麼樣的人惹得起，什麼樣的人惹不起，他心裡還是有點數。

但是，只能說他太年輕了。

因為高安縣的老油條們馬上會給菜鳥劉基結結實實地上一課，未來的軍師劉基將第一次真正見識到什麼叫做「權術」。

1339年，他們的機會來了。當時的瑞州路下轄除了高安縣和臨江縣，還有個地級市：新昌州。一次，新昌州發生了一起命案。像往常一樣，州裡的官員收了被告的錢，搖一搖筆桿，於是謀殺成了誤殺，死刑成了有期，有期成了取保候審，沒幾天，兇手就大搖大擺地出現在大街上了。

這種事情州裡的官員做起來都輕車熟路了，只不過這次比較麻煩，原告一根筋，認死理，居然一紙訴狀直接告到了瑞州路。

本來也不是什麼大事兒，不過是隨便委派一個官吏，裝模作樣地審一下，大事化小小事化了，你好我好大家好。但高安縣那些老官油子們聽到這個消息，卻笑了。奸笑。

他們向瑞州路總管推薦了劉基。說此人能力出眾，一定能夠審好這個案子。總管也沒多想就同意了，反正誰審不是審。

年輕的劉基絲毫沒有意識到這是一個陷阱，他還以為是縣裡的同僚故意給他一個表現的機會，好讓他能夠升官然後滾出高安縣。

他只猜對了一半。

劉基一到新昌州便迅速展開了調查。他發現這個案情其實很簡單，沒有任何陰謀也沒有絲毫高智商犯罪的跡象，就是一個土豪草菅人命的普通刑事案件，從立案到結案三天都花不到，兇手被繩之以法，原告討還了公道，一時間百姓交口稱讚。

但劉基也不想想，這麼簡單的案子為什麼要大老遠地從高安縣把他調過來。在這個案子中，除了兇手之外，還有一個人受到了懲罰，那就是此案的初審官，罪名是瀆職——這是免不了的，既然劉基立了功，那總得有人來背黑鍋。

似乎正義戰勝了邪惡，但劉基在高安縣的日子也到頭了。背了黑鍋的初審官怒了。一直以來，他兢兢業業地收黑錢，勤勤懇懇的作偽證，他容易嗎！誰知卻落了這麼一個下場，他怎麼嚥得下這口氣。他知道，這一切，都是那個不上道的劉基一手造成的——如果不是他對劉基的不上道早有耳聞，他甚至會認為劉基是在故意跟他過不去。

無論如何，必須讓這個愣頭青付出代價。一頓咬牙切齒後，初審官找到了自己的老熟人，也是他這麼多年能橫行不法的靠山：瑞州路市委書記（瑞州路達魯花赤）。

劉基捅了不該捅的馬蜂窩。這下他終於知道為什麼縣裡會推舉他來審這個案子了。倚仗著達魯花赤的勢力，初審官充分發揮了他製造冤假錯案的專業特長，於是，各種告他黑狀的文書像紙片一樣飛到了高安縣縣尹和瑞州路總管的辦公桌上，劉基前腳剛把殺人犯送進監獄，眼看著自己後腳就要跟進去了。

幸好，當時劉基清正廉明的名聲已經傳遍了整個江西官場，連江西省省長（行省大臣）都聽說了劉基的大名，於是親自出面，這才把劉基「撈」了出來，讓劉基免去了一場大禍，但劉基在瑞州路的仕途也算是盡毀了。

就這樣，初生牛犢劉基輸給了高安縣的對頭們，他第一次見識了人性的險惡，他終於知道，做好人光有一顆善良的心是不夠的。在好人與壞人的博弈中，好人永遠是出於弱勢的一方，因為明槍永遠鬥不過暗箭。所以，要戰勝奸佞，只有先精通奸佞之術，要防止壞人算計，只有先算計壞人。那一刻，面對高安縣群小的嘲笑，劉基會想起很多年前父親給他講的曾祖父暗算特使，智救鄉親的故事。

但這還只是他成長史上的第一課，將來還有更多的課程在等著他。劉基應該感到幸運，因為在遇到朱元璋、陳友諒、李善長、胡惟庸這些真正的老狐狸之前，他還有好幾年歷練的機會。

索性辭職，去旅行

被結結實實陰了一把的劉基，帶著鬱悶的心情離開高安縣，來到省會南昌，開始了他的掾史生涯。如果說縣丞只是個芝麻綠豆大的小官，那麼掾史簡直小得跟綠豆上的小黑點一樣，甚至於都不算官，只能算作吏。

但掾史的工作又極為繁瑣，不光要處理各種雞毛蒜皮，而且還要跟衙門裡的各級部門打交道。這樣一個官職小到不入流的小職員平時能有多少好臉色看？所以劉基在這個位子上只幹了一年，就因為跟同僚吵架，一怒之下辭職，拍屁股回家了。

那一年，是西元1340年，劉基剛到三十而立的年紀。在江西官場上五年的沉浮（好像只有沉沒有浮）讓劉基看透了官場和人性的黑暗。

1336年，初出茅廬的劉基還是一個充滿了革命理想主義的愣頭青，滿腦子修身齊家治國平天下的儒家救世情懷。上任縣丞的第一天，他就特地寫了一篇《官箴》勉勵自己：

「治民奚先，字之以慈。有頑弗迪，警之以威。振惰獎勤，拯艱息疲。疾病顛連，我扶我持。」——恩威並施，讓老百姓安居樂業，獎勵勤勞，救急貧窮，我願一步一步扶著老百姓走上康莊大道。

但1340年，被江西官場淘汰出局的已經沒有了這種天真，純潔的少年感覺到無比委屈：「寧知乖方圓，舉足輒傷趾」——我也知道我有時候不懂厚黑方圓，所以才栽了這麼多跟頭。

劉基的三觀受到了前所未有的衝擊。他只想做個純粹的好人，卻發現純粹的好人只會被世界拋棄，很多時候，手段和目的並不能被統一在同一套價值體系中。

「不行，我要去散散心，出去走走，好好想想將來的路怎麼走。」

現在的文藝青年喜歡把旅遊叫做旅行，旅行的意義不在於風景而在於尋找迷失的靈魂，與未知的自己在某個岔路口偶遇。所以當工作累了，內心疲憊了，找不到出路了，文藝青年就會給自己一個放空期，辭職，去旅行。

毫無疑問，劉基也是文藝青年，而且文藝得十分徹底——他給自己放了整整七年的長假，用來讀書、旅行。

離開南昌後，劉基並沒有急著回家，而是繞道去了武夷山。

擺脫了烏煙瘴氣的江西官場，劉基感到前所未有的輕鬆，「我行固無期，況乃塵事畢。」在這秋高氣爽的八月美景裡，劉基徹底放空了自己，忘記了整整五年來的煩悶。

從武夷山歸來，劉基又繞道富春江，去了桐廬一遊。

桐廬是東漢著名隱士嚴子陵歸隱的地方。劉基正是帶著對嚴子陵的濤濤敬仰來到桐廬的，因為他也不是沒動過歸隱的心。

中國文人都是亦道亦儒，春風得意的時候就是儒家，鬱鬱不得志的時候就是道家，此時的劉基正處於人生中比較鬱悶的時刻（不是最鬱悶），「歸隱逃避」可能是他最直接的想法。當然，想是一回事，做是另一回事，劉基可不是那種願意一輩子穩坐釣魚臺，垂釣富春江的人。

經過一段時間的旅行，在江南的青山綠水間劉基受傷的心逐漸淡定下來了。他已經不再為發生在江西的事情而憤怒、抓狂，而是開始反思，這個世界是不會錯的，因為對錯本來就是世界的一部分。所以，只有可能是我錯了。

從桐廬回到家後，劉基開始了三年的青燈苦讀生涯。他必須要知道自己錯在哪裡。祈求能從書本中進一步尋求解決現實的社會、人生答案。

我們不知道他找到沒有，因為劉基沒有留下太多的讀書筆記，更沒有像前人朱熹或者後人王陽明那樣建立一套屬於自己的哲學理論體系。但從他後來的成長經歷來看，他似乎摸著門道了。

於是，1346年，劉基再一次收拾行囊，準備去旅行了，這次他的路線，是一路向北。不過這次北上的真正目的可不僅僅是旅遊，他劉基還有一件小小的，自己都不怎麼好意思說的事情要做，這件小小的、秘密的事情，可以看作是劉基從青澀少年一腳踏入了成熟大叔行列的一個標誌。

先不提這個小秘密，劉基旅行的第一站是南京。幾十年後，劉基將以勝利者的身分再次來到這座城市，並且給予這座城市新的生命，但是現在，他還只是一個背著背包的外地遊客。

南京作為老牌旅遊城市已經有上千年的歷史了，有著深厚的文化積澱。歷史知識豐富的劉基如魚得水，玩得非常開心，還留下了許多詩作。接著，劉基在揚州做了短暫停留後，跨過了長江。

古代沒有秦嶺淮河分界線一說，過了長江就算是到了北方了。與富庶的南方相比，在北方的所見所聞深深震撼了劉基。

元王朝多年的政治動盪，民族歧視，貪污腐化和苛捐雜稅已經榨乾了北方本來就貧瘠的財富，而老天爺總喜歡落井下石，1345年，在老百姓最艱難的時刻，黃河決堤了。

失去了束縛的母親河瞬間變得無比猙獰，沖毀了沿途一切阻擋它的房屋、良田，一時之間，華北山東流民遍地，浮屍遍野。劉基恰好目睹了這一切。

憤怒的種子在劉基的心裡已經種下，在經過十幾年的澆灌後終將開花結果，但此時此刻，他也只是一介草民而已，甚至連走官道的資格都沒有，只能和人三五成群地走在小路上，哪裡輪得到他去指點江山。

收起憤怒，繼續北上。劉基相繼參觀了兩個當時著名的旅遊城市：河北范陽和山東琅琊，這裡分別是東晉大將祖逖和三國名相諸葛亮的故里。

祖逖這個名字相信大家都不陌生，「聞雞起舞」這個成語就是他和劉琨傾情奉獻的。至於諸葛亮，雖然當時《三國演義》還沒有截稿，但三國故事早已婦孺皆知。

關於劉基此次北上，因為史料不多，所以我們也無從知曉他在祖逖故里和諸葛亮故里接受了怎樣的革命主義教育，思想境界是否得到了昇華。不過劉基在當時的遊記詩裡以諸葛亮自比，而最後他也確實成為了諸葛亮一級的人物，歷數中國古代的智謀人物，劉基絕對能進四大（排在他前面的姜子牙，張良，諸葛亮的確無法超越）。

遊歷完了河北山東，劉基來到了他的最後目的地：北京。

那時候的北京作為國家政治中心的資歷還淺，絕大多數現在的國家5A級旅遊景點那時都還不存在。不過劉基並不在意這些。因為他來北京的主要目的並不是旅遊，而是為了他的那件小小的、秘密的任務。

劉基並沒有在北京逗留多久，一個月後他就啟程南下了。回去的路比來的路好走些，因為他接到了一個朝廷指派的任務：跟隨封王使臣前往福建。

這其實就是一次普通得不能再普通的快遞任務，但對於劉基來說卻有一個明顯的好處：因為有公務在身，他終於有了走官道的資格。

高速公路確實比鄉間小道好走多了。僅僅一個月，劉基就跟著使臣把快遞順利地送到了福建，接著，他轉頭北上。

但不是回老家青田，他的目的地是杭州。

厚黑水準還有待提高

旅遊回來，劉基並沒有直接回老家青田，而是去了杭州，或許是覺得自己的閒賦時間實在太長，劉基又決定出來當官了，職務是江浙教育局副局長（儒學副提舉）。雖然也不算什麼大官，但總算是正七品，比高安縣丞的級別高，這下劉基可以自豪地宣佈他有資格被稱為七品芝麻官了。

或許有人會問，為什麼劉基當個官這麼容易。正所謂「當官不是你想當，想當就能當」可劉基就是想當就能當，因為從北京旅遊回來的劉基已經不一樣了。

現在可以揭開劉基北上旅遊的真正目的了：他是去「干謁」的。

所謂干謁，通俗地說就是拉關係走後門來了。在江西官場摸爬滾打，和幾年的青燈苦讀，劉基琢磨明白了一個道理：他在江西官場失敗的根本原因不在於他太特立獨行（當然，這也是重要原因），而在於他沒有與之相對應的靠山。事實上，官場上不是不能耍個性，關鍵是看你有沒有牛人罩著，有多大的背景就要多大的個性，沒有背景，就老老實實做人。

儘管劉基非常看不起拉關係走後門的邪道歪路，但過了而立之年的劉基已經不是當年的毛頭小夥子了，於是，經過激烈的思想鬥爭，劉基終於決定：該走的關係還是要走。反正自己當官是為了做事，為一個正確的目的，不妨使用些不那麼正確的手段。這是他從自己的曾祖父身上學到的。

在無數次審視自己的關係網後，劉基鎖定了一個人：普達世理原理。對於這個人，史料不多，我們只知道他是蒙古人，而且還是黃金家族的後裔。而他跟劉基的關係是「同年進士」，就是說他們同一年考上了公務員。

這關係說遠不遠，畢竟元朝總共才那麼幾次科舉考試，每次來錄取那麼幾個進士。但是說近畢竟也不算近。從劉基後來的經歷來看，這座靠山似乎也並沒有幫上劉基多大的忙。

與此同時，在之前的旅行中，劉基透過一位叫徐舫的好友認識了當時的江浙行省辦公廳主任（參知政事）蘇天爵——我們前文提到過他，就是給元順帝上奏摺說帝國快變天的那位。

就這樣，現在的劉基不管在中央還是浙江都是「俺上頭有人」的人了，1348年，已經38歲的劉基告別了待業青年的身分，再一次成為了一名光榮的國家基層公務員。

儒學副提舉任這個油水少、是非也少的位置倒確實挺適合劉基的，在任期間，劉基非但把江浙的教育事業辦得有聲有色，而且還大搞希望工程，建了不少免費讀書的「義學」，讓更多比較窮苦的孩子得到了受教育的機會。

頂頭上司蘇天爵對劉基的政績是比較滿意的，劉基自己卻不太滿意。雖然現在頭頂上有人，頭頂上的頂上還有個蒙古貴族罩著，工作開展起來順風順水，但劉基的志向遠遠不僅僅是辦好教育那麼簡單。在浙江官場混的這一年多來，他也再一次親眼見證了元末官場的黑暗。他發現自己耿直不阿的行事風格與元末沆瀣一氣的官場氛圍格格不入。

一樣，都一樣。天下烏鴉一般黑，浙江的烏鴉沒比江西烏鴉白多少。聯想到自己北上時候看到的種種人間慘象，劉基對這些庸官、貪官積壓著無窮的憤怒。

「這是一潭絕望的死水呵，清風吹不起半點漪淪。」但劉基不是清風，他是一枚丟進糞坑的定時炸彈，隨時都會引爆。沒過多久，引爆的機會來了。省裡某檢察官（行省監察御史）瀆職的消息傳到了劉基的耳朵裡。

本來嘛，瀆職才多大的事兒，在烏煙瘴氣的元末官場，能不勾結匪類，殺人放火草菅人命就已經很了不起了。誰來管瀆職啊。更何況，就算是個事兒，也輪不到教育局副局長、七品芝麻官劉基來管。

但劉基居然還真就管了，當夜伏筆疾書，第二天，一封實名舉報信就送到了省檢察院（省憲台）的郵箱裡。

其實，這時候的劉基已經不是當年那個愣頭青了，摸爬滾打，起起伏伏的這十年，劉基成長了很多。官官相護的道理劉基不是不懂，江浙官場的水有多深劉基也不是不知道，他當然明白，就憑自己跟蘇天爵還有普達世理原理那點轉折子關係，說自己有後臺都是侮辱了「後臺」這個詞兒，如果說自己這封舉報信還能搞死誰，那恐怕只有自己。

但劉基還是舉報了。豈能因聲音微小而不吶喊，劉基已經忍受不了元末官場的腐朽了。他必須反抗，雖然這是以卵擊石的反抗。

結果顯而易見，舉報非但沒有產生效果，劉基反而被狠狠斥責了一頓，不追究他誣告就已經算很給面子了。

寫舉報信的時候劉基就想到了自己的下場，所以處理結果下來，劉基也不多廢話，就像八年前一樣，瀟灑地辭職，不帶走一片雲彩。

你們這幫人渣，不跟你們玩了。

這時候的劉基已經四十歲了，但是在權謀場上，他依然不夠成熟。從一年後他在戰場上的表現來看，此時的劉基已經具備了足夠的厚黑學底蘊，跟後來那個鬥陳友諒，鬥李善長的劉基相差無幾了，但在浙江官場上，他還是狠狠地跌了跟頭，就跟八年前在江西官場一樣。

因為本質上，劉基不是厚黑教中人，他是個有理想的人，對他來說，厚黑也好，權變也好，都僅僅是一種手段，不到萬不得已，他是不願意使用的。

一個拿厚黑當手段的人，當然玩不過一群把厚黑當目的的人。

不過幸好，在遇到那個真正的剋星之前，劉基的厚黑水準已經足夠用了，畢竟，不管是打天下還是治國家，需要的都是真才實學。劉基可能不是厚黑高手，因為他真正的專長是運籌帷幄，決勝千里。

這是歷史的幸運，也注定了劉基在官場上的不幸。

三、書生初掌兵，一場憋屈的勝利

出現了，前半生的宿敵

西元1348年，當劉基還在為江浙行省教育事業燃燒自己，順便時刻準備著引爆江浙官場這個大糞坑的時候，離杭州207公里的台州市黃岩港，一個叫做方國珍的私鹽販子已經打響了大規模武裝反抗元王朝的第一炮。

當然，那個時候，不管是劉基還是方國珍都不會想到，在今後的十餘年中，這兩個相隔207公里的男人都會不時地出現在對方的噩夢中。

雖然官方對方國珍的評價是「農民起義領袖」，但方國珍實在和農民二字沾不上邊，單從長相上來看，方國珍也絕對不是個善類，牛高馬大不說，臉黑得跟李逵相似，力氣還大得驚人，據說方國珍曾擋在一匹高速奔跑的快馬面前，扼住馬脖子隨手往後一勒，就把馬勒得死死的，跟釘在地上一樣，委實比剎車還管用。

就這樣兇悍的長相，外加蠻牛般的力氣，隨便往哪兒一杵，演個強盜土匪流氓惡霸活脫脫都不帶化妝的。

事實上，方國珍也沒有辜負自己的面相，他的主要職業販賣私鹽，五兄弟幾乎壟斷了台州的私鹽市場，也算是年輕有為的（非法）民營企業家。

如果就這樣下去，方國珍或許會成為一名優秀的私鹽經銷商，生意會越做越大，最後光榮退休或者在某個陰溝裡翻船被官府砍掉腦袋。

可人生不如意十之八九，就在這個時候，方國珍的老鄉，一個叫蔡亂頭的海盜船長造反了。蔡亂頭的故事略過不表，在漫長的歷史長河中，他就是個死跑龍套的。但是不管龍套不龍套，造反了，官府當然要去鎮壓，結果一打，發現打不過。

打不過怎麼辦？跟上面交不了差了，官老爺自然有辦法。打不過蔡亂頭，就隨便抓幾個郭亂頭、蔡亂腳之類的老百姓，當街砍頭，把腦袋往上一送就算交了差。抓不住海賊王，還抓不了幾個老百姓嗎？

說幹就幹，現在唯一的問題是，用誰來頂替蔡亂頭？幾乎是在一種默契的指引下，所有人都不由自主地想到了方國珍。

前面說了，方國珍賣相極好，活脫脫一副土匪樣兒，而且還是蔡亂頭的同鄉！估計方國珍長得比蔡亂頭本人還像海盜王。把這樣一顆大黑腦袋呈獻上去，視覺效果必然是驚人的。

就這麼定了，砍方國珍的頭，方國珍，犧牲你一個私鹽販子，幸福百千名貪官污吏，方國珍，你覺悟吧。

方國珍能覺悟才怪了。畢竟是當地小有名氣的民營企業家。方國珍很快就得到消息說自己的腦袋被徵用了。

那可不行，因為販私鹽被砍頭沒話可說，可要是因為給人做替罪羊，這頭砍得可就太憋屈了。於是，他召集自己的家人，對大家說：「我看這個天下快要亂了（天下亂自此始），現在我被人誣陷，眼看就要丟腦袋了，不如咱們反了，逃到海裡去，做海盜！（不若入海為得計耳）」一家人紛紛點頭同意。

但不管是砍頭還是造反，都需要一個準備過程，於是，1448年的秋天，黃岩陷入了短暫的寧靜，官老爺們在商量砍方國珍頭的操作流程，方國珍在研究造反的注意事項。

直到十一月份，一個不開眼的小巡警（巡按）跑來方國珍家裡要債來了。方國珍是不是真的欠了巡警的錢已經不重要了，重要的是神經高度緊張的方國珍一看到巡警就以為是來要腦袋的，當下就發作了。

要說這哥們兒力扼奔馬的力氣的確不是蓋的，順手抄起手邊的八仙桌當盾牌，舉起拴門的大木槓子當長矛，呼呼幾下，就把巡警拍成了肉泥。可憐的小巡警，討個債，把小命都討沒了。

殺了巡檢，方國珍一不做二不休，當機立斷：下海，反了！

就這樣，私鹽販子方國珍，這個從來沒有想過要成為海賊王的男人，被逼上梁山（逼下東海），從此踏上了偉大航路。

這下當地官員傻眼了，沒把蔡海盜的事兒解決，現在又冒出來一個方海盜。這還得了。省裡也怒了，你們這幫小王八蛋，欺上瞞下這麼簡單的事情都做不好，還要麻煩老子來給你們擦屁股！

1449年，江浙行省辦公廳主任（行省參知政事）朵兒只班親自出征，率領三萬水軍圍剿方國珍。

看著烏壓壓的朝廷艦隊，方國珍有點嚇蒙了，心想蔡亂頭造反，你們隨便找個腦袋就想糊弄過去，怎麼輪到我造反你們派兵來打了，還一來就是三萬，我那點兵，給你當零頭都不夠！當機立斷，方國珍迅速南撤，一溜煙跑到了福建五虎門。

朵兒只班哪裡肯讓到嘴的肥肉跑掉，雖然他這支軍隊也是臨時湊起來的雜牌軍，但三萬人打三千人，這樣的仗誰不樂意打？不多時，殺氣騰騰的蒙古大軍就堵到了方國珍艦隊的門口。

方國珍徹底沒轍了，眼前這上百艘大艦，不用開炮不用接舷，直接輾就能輾碎他的小漁船。看來當海賊王是沒戲了。算了，保命要緊吧。

於是，方國珍下了一個絕望的命令：放火燒船。

方國珍是個粗人，想法簡單，就想趁著大火自己溜之大吉。誰知道，方國珍的這一招卻著實讓朵兒只班迷惑不解。見過用火攻燒別人的，沒見過一開戰就把自家戰船給燒了的。「這不會是陰謀吧。」看著眼前忙裡忙外放火的方國珍，朵兒只班有點害怕了。「這一定是個陰謀！」而這支雜牌軍的特徵也在這個時候就顯現出來了。朵兒只班一害怕，他的部將就開始慌亂起來，這種不安的情緒在朵兒只班的雜牌艦隊裡迅速傳播，很快，就有「方國珍要使妖法」這類的傳言出現了。

要說方國珍也算個人物，正在絕望間，突然一眼望見元朝艦隊的陣形混亂起來。他立刻就判斷出，此刻的元軍已經成了戰鬥力只有5的渣滓。雖然有點不明就裡，但他還是命令所有只要是能動的船，甭管著沒著火，全速衝擊元軍艦隊，同時，還派出快船載著一支特種部隊偷偷靠近了元軍。

這支特種部隊沒有帶刀劍，只帶了一把錐子一柄錘子，他們的任務很簡單：鑿沉元軍的艦船，能鑿沉幾艘算幾艘。當年梁山水軍就是這麼伺候高太尉的龍鰍大船的。

很快，元軍就陷入了真正的混亂，有些軍艦和方國珍的火艦撞在一起，燒沉了。有些軍艦被方國珍的特種部隊選中，鑿沉了。當然也不排除有既沒起火也沒漏水的，對於這些軍艦，方國珍的陸戰隊不是吃素的。靠近—接舷—跳幫—長矛捅，亂刀切，一氣呵成，基本也沒幾個元軍能活下來的。

這一戰，方國珍以少勝多，居然把政府軍打得全軍覆沒，俘獲戰船無數，還活捉了朵兒只班。

活捉了朵兒只班的方國珍得意洋洋，細細打量朵兒只班，朵兒只班心驚肉跳，很擔心方國珍會殺了自己立威，不過從方國珍的眼裡他沒有看到殺氣，卻看到了一絲生意人的狡黠。

方國珍的眼裡放著金光，嘴裡流著口水。當然不是要吃了朵兒只班。私鹽販子出身的方國珍畢竟不改商人本色，在朵兒只班的身上，方國珍看到了一個巨大的商機。他明白，自己飛黃騰達的機會可能來了。

於是，打了大勝仗的方國珍，果斷地集結大軍，劍指浙江，雄赳赳氣昂昂地出現在朝廷守軍面前，然後——他投降了。

是的，他投降了，方國珍雖然沒有讀過水滸傳，但他也明白，失敗者沒有投降的資格，只有展示了實力的勝利者，才有資格投降，當然是有條件的投降。

方國珍的條件倒是不苛刻：別殺他，再封他個官就行了。

朵兒只班這時候派上了用場，他負責把方國珍的投降條件傳達給元政府，並說服政府接受方國珍的投降。在這件事上，朵兒只班自然是盡了全力的，因為只要投降的事兒談成了，這次剿匪就算他的功勞，但要是談崩了，那可就是敗軍之將，喪權辱國了。

在朵兒只班的努力下，元政府就收了方國珍的降書，給了他一個定海縣公安局長（定海尉）的職務。

一開始，方國珍還挺滿意的，畢竟連個科舉都不用考，幾乎輕輕鬆鬆就從一個私鹽販子變身為國家幹部，他還是很滿足的。可是沒到一年，他就開始算計了：這官太小！一個公安局長，每天風裡來雨裡去的，待遇差，油水少，眼看著自己抓來的海盜、走私販一個個比自己有錢，精明的生意人方國珍不樂意了。

方國珍倒挺實在，既然當官不如當海盜，那就反了，繼續回去當海盜。1350年，這位已經愛上海賊生活的男人又反了，離他接受招安還不到一年。

朝廷火了，想來就來想走就走，當我泱泱大國是公共廁所嗎！不揍你個小崽子滿大海找牙我就不姓孛兒只斤！於是，第二支圍剿方國珍的大軍出發了，由副省長（行省左丞）孛羅帖木兒親自率領。

事實證明，縱橫歐亞的蒙古大軍在海上基本白搭，省長來了都沒用。在與朵兒只班的海戰中累積了經驗的方國珍，這次沒花多大力氣，就把一大半蒙古海軍丟進海裡餵了魚，孛羅帖木兒也步了朵兒只班的後塵，光榮被俘。

又是個漂亮的勝仗，照例，方國珍又提出了投降。元政府倒也配合，派來了農業部長（大司農）達識帖睦邇來跟方國珍談論收購事宜。京官出馬就是比地方官像樣，談判在友好和諧的氣氛中勝利閉幕，朝廷接受方國珍投降，交換條件是方國珍兄弟幾個通通都做了大官。

原來投降也可以這麼囂張。方國珍算是嘗到甜頭了。他發現原來升官是件這麼容易的事情，不用拚政績，不用熬資歷，甚至不用走後門拍馬屁，只需要去海上玩幾天漂流，殺幾個官兵，一張升職令就下來了。

方國珍為找到了一條新的升官路子興奮不已，兩年之後，有點玩膩的方國珍決定再給自己升個官，於是，他又反了。這次，他決定玩一票大的，他興致勃勃地在中國的東南方畫下了一個圈，圈裡面包含了江浙行省最重要的幾個海防城市：台州、溫州、慶元（寧波）：「就打這裡。」他轉頭對身後的哥哥弟弟們說。

玩得越大，升官越狠。這是方國珍的邏輯。但這一次，他差點就玩砸了。

天才策士的第一次表演

1353年，方國珍再次造反，第一個就拿台州黃岩港開刀。

這一年，劉基已經從杭州辭職回家，此刻正老老實實地在青田老家蹲著，方國珍的大名早已傳遍了整個江浙行省，自然也傳進了劉基的耳朵裡。但比起其他把這場戰事當作閒聊談資的青田百姓，劉基顯然對方國珍給予了更多的關注，因為他的好朋友，伯牙吾台．泰不華此刻正在方國珍兵鋒所指的台州，而且恰好是台州的最高行政長官：達魯花赤。

跟朝廷其他官員不一樣，泰不華是不折不扣的「鷹派」，堅信對待敵人要像冬天一樣冷酷，一板磚掄翻再踩上一腳讓他永世不得翻身，尤其是方國珍這種老油條，絕無姑息之理。他不光是這麼主張的，事實上也是這麼幹的，1351年方國珍第一次投降的時候，泰不華曾懷揣利刃，打算在受降儀式上一刀捅死他，來個一了百了。可惜被前來招降的使者死死攔住，沒有成功。所以這次得知自己能和方國珍大戰三百回合，泰不華興奮地嗷嗷叫。

然而興奮歸興奮，此刻的方國珍已經擁有一支龐大的艦隊了，台州的守軍根本不是他的對手。既然硬碰硬打不過，那就智取吧，好歹也是劉基的好朋友，泰不華也是個智謀愛好者，很快就想出了一條妙計：誘捕。

具體操作流程是這樣的：首先送書給方國珍，表達朝廷招安的意願，並且承諾給方國珍更大的官做。等方國珍動心了，就在招降儀式上埋下五百刀斧手，擲杯為號，刀斧手一擁而上，將方國珍剁為肉醬。

泰不華倒確實看準了方國珍的需求，可惜他看低了方國珍的智商。

其實方國珍的智商本身不算高，但當年泰不華企圖捅死自己的事蹟他還是略有耳聞的，更何況一個著名的鷹派軍官，一槍未發就要招安自己，實在有些蹊蹺，所以，方國珍不太相信。但招安的機會是不能錯過的，本著寧可信其有不可信其無的態度，方國珍派出親信陳仲達先來找泰不華探探口風。

相比之下，陳仲達就缺少方國珍的科學探索精神，經過泰不華一番忽悠，陳仲達告訴方國珍，投降這事兒，可以有。

雖然還是將信將疑，但方國珍最終同意招安了。

選了個天氣晴朗萬里無雲的日子，方國珍只帶著兩百艘小船來投降了。泰不華很高興，帶著陳仲達舉著受降旗趕來迎接方國珍。他當然不是真的來受降的，當著陳仲達的面，泰不華調兵遣將，安排好了伏兵，得意洋洋地看著陳仲達：中計了吧，傻眼了吧，這下你們完蛋了吧！

陳仲達這才知道自己上當了，但已經來不及了，一邊是泰不華用刀牢牢抵住了自己的後背，一邊是方國珍的艦隊已經進入了他的視線。

事實證明，陳仲達人是單純了點，但端的是條鐵骨錚錚的好漢，眼看著方國珍就要進入伏擊圈，陳仲達猛然大吼一聲：「不要過來！官軍有埋伏！」泰不華立刻知道要壞事，一刀結果了陳仲達之後，令旗一揮，伏兵盡數殺出。

可惜方國珍本來就對招降將信將疑，所以有備而來，再加上還沒全部進入伏擊圈，當下立刻和泰不華的伏兵大戰起來，居然打得勝負難分。

畢竟算是一場半成功的伏擊戰，本來只要再熬一會兒方國珍就撐不住了，可泰不華實在是真是命苦不能怨政府，在這要命的時刻，他所在的旗艦居然開上了一片淺灘，擱淺了！

送上門的肥肉豈有不要之理，方國珍的小船本來速度就快，嗖嗖幾下就把旗艦包圍了，方國珍的士兵跳上旗艦，想要生擒活捉泰不華。

史載泰不華是哈薩克族人，天生驍勇，雖然耍詭計比較失敗，但耍大刀確實虎虎生風，一揮起來連著砍死了好幾人，方國珍的士兵發現自己根本接近不了他，更別說生擒活捉了。

接近不了，那就不要活捉了，反正本來也沒有捉俘虜的習慣，方國珍大手一揮，槍隊向前，舉起長矛不要錢一樣地往泰不華身上一陣捅。泰不華再怎麼驃悍，短刀幹不過長矛，被活活捅死在自己的旗艦上。

而失去了主帥的元軍，也立刻兵敗如山倒。方國珍非但全身而退，還趁機殺進台州盡致淋漓地劫掠了一番。

這一下，朝廷徹底憤怒了。但是怒有什麼用，當年方國珍小打小鬧的時候都拿他沒轍，現在人翅膀硬了，你能怎麼辦？

這時候，有人想到了劉基。

要說劉基雖然在官場上處處不招人待見。但大家對他的才能還是比較公認的，都知道這是個足智多謀的人才，主修兵法、天文和奇門遁甲，雖然不會「來事兒」，但極能辦事。於是，劉基被重新啟用，任命為浙東軍區司令部秘書長（浙東元帥府都事）。

此刻的劉基正沉浸在悲傷之中。收到泰不華死訊後，劉基悲痛欲絕，連夜寫下了《弔泰不華元帥賦》，表達了對泰不華因公殉職的悲痛之餘，還猛烈抨擊了朝廷養虎遺患的招安政策。

朝廷的委任狀正中了劉基的下懷，連行李都來不及收拾，就直接奔赴慶元（寧波）上任去了。

事實證明，劉基沒有辜負大家對他的期望，這是劉基第一次上戰場，但他絲毫都不緊張，只有一絲小小的興奮：這麼多年讀了這麼多兵法書，終於可以到戰場上去檢驗一下了。

而劉基對於自己初出茅廬的第一仗也比較有信心。因為打從聽說方國珍起事的那一刻起，他就摸清了這類海上流寇的死穴：補給。要知道，海盜跟陸地上的流寇還不一樣，流寇可以一路搶一路跑，跑到哪兒搶到哪兒，但是海盜必須時不時地上岸補給，就算他願意天天吃生魚片，他也要上岸補充淡水和維生素。

打蛇打七寸，只要抓住這個死穴，方國珍就是死路一條。所以上任伊始，劉基就告訴元帥那鄰哈喇道：方國珍之所以那麼囂張，就是因為我們總想著在大海上消滅他，可是我們手頭那些水軍軍爺戰鬥力你也不是不知道，怎麼可能比得過方國珍手下這批老牌海盜、亡命之徒。既然如此，我們何必要以己之短攻敵之長呢？當今之計，是死守住方國珍上岸的通道，沒城牆的地方造城牆，有城牆的地方就把城牆加固，加高，不讓他登陸，然後把所有方國珍能找到的補給全部遷入城內，就不信餓不死他！到時候我們去收屍就行了。

總而言之就是四個字：堅壁清野。

那鄰哈喇一聽，恍然大悟。劉基這條計策其實算不上多高深，要論技術含量可能還不如泰不華的誘捕計畫。但真正管用的策略並不一定要華麗到讓人眼花繚亂，能夠抓住事物最本質的核心，舉重若輕，從根本上解決問題，就是好策略。而之前的元軍之所以慘敗，就是陷入了「你在海上囂張，我就在海上把你幹掉」思維誤區。

果然，這樣一來，方國珍悲劇了。雖然論實力，他的艦隊現在已經可以在東海橫著走了，可是他發現元軍突然不跟他玩了，他自己一個人在海上玩多沒意思，他渴望元軍能夠再派幾支艦隊出來讓他打個痛快，順便為下次投降累積點資本，但元軍就是不理他。

不陪我玩我自己玩。方國珍準備上岸弄點好吃的好玩的，反正沿途溫州、台州、寧波……

哪個不是富得流油的地方。可是每到一處，迎接他的都是高高的城牆，他的海船又不是飛船，根本過不去。

方國珍傻眼了。沒人陪他玩是小事，這要餓死了、渴死了，或者吃不上新鮮水果蔬菜得敗血症死了，那還得了。幾個月下來，他急了。

這種時候，面子、位子都不重要了，方國珍放出風聲，表示自己有投降的意願了，這一次是真心的，即使朝廷的待遇低點他也不會有太大的意見。

朝廷自然開心，覺得自己終於把方國珍收拾服帖了，倍兒有面子——有面子，這就夠了，於是招安計畫再一次提上了議事日程。具體事宜，由當時的江浙行省副省長帖里帖木兒負責。

和談代替打仗升格為第一要務，於是，劉基從浙東元帥府都事被調任為江浙行省都事，協助帖里帖木兒統籌招降事宜。

劉基一聽招降二字，火冒三丈。

眼看著方國珍就要完蛋了，到時候直接去收屍就行了，為什麼要招降！這種反覆無常的小人，難道吃他的虧還不夠嗎！這次投降了，難道你敢保證下次他不會又造反嗎？對於這種人，最好的安撫手段就是往死裡打，打服了，打死了，他就消停了。

劉基對方國珍恨得牙癢癢，忝不華的死固然是重要的原因，但方國珍降而復叛，叛而復降，一而再再而三，哪一次不是老百姓遭殃？為了自己的蠅頭小利，卻要浙江沿海老百姓流離失所甚至浮屍大海——方國珍，你不死我睡不著！

不知道帖里帖木兒是不是被劉基的慷慨陳詞打動了，他最終決定拒絕招降，並向朝廷遞交了由劉基起草的議剿奏書，建議繼續對方國珍「剿而殺之」。

這下輪到方國珍對劉基咬牙切齒了——沒招你沒惹你，為什麼總要跟我過不去！劉基，我記住你了！

帝國的囚籠只屬於勝利者

發狠歸發狠，方國珍暫時還奈何不了劉基，打不過就拉攏，於是，方國珍託人帶了一批財物送給劉基，意思就是老哥你別折騰了，我服了，放我一馬行不。

劉基的回答很乾脆：不行。對於方國珍這種人，沒有什麼好商量的。劉基不鬆口，帖里帖木兒那裡自然也沒戲。

方國珍暴怒了，他決定使用最後一招：既然劉基軟硬不吃，那我就繞開劉基，直接跟中央的大官去勾兌。這一招是必殺的，方國珍之所以一直沒用，主要是成本實在是太大了，這也難怪，賄賂京官和賄賂地方官，那能是一個價嗎？

但這次方國珍被逼急了，他砸鍋賣鐵，湊齊了一大筆錢，走海路帶到北京，上下活動打點，錢花光了，事兒也差不多辦成了，1353年十月，朝廷再次下令，接受方國珍投降，方氏兄弟全部被封了官。

方國珍終於得意洋洋地登上了海岸線，劉基一手修築的堅固海防線擋住了他的艦隊，卻擋不住他的銀彈。這下輪到劉基傻眼了，前不久自己還貓在城牆上居高臨下望著方國珍，時不時朝他打幾發石炮，丟幾桶垃圾，說不定還撒幾泡尿，誰知道風水輪流轉，一轉眼方國珍就站到自己頭上撒尿來了。

辛辛苦苦一兩年，一夜回到解放前。眼看著自己的心血就這樣成了擺設，自己的戰略就這樣功虧一簣，劉基心如刀絞。不是我軍無能，也不是方國珍太狡猾，實在是這個混蛋的朝廷……太混蛋！

方國珍自然不會放過幾乎把他逼上絕路的劉基，幾天之後，作為和方國珍的一筆政治交易，朝廷再一次下詔，主張力剿的劉基和帖里帖木兒通通被免職，罪名是「擅作威福，傷朝廷好生之仁」。那意思就是告訴方國珍，上天有好生之德，我們本來也不想打你，但就是這兩個戰爭販子自作主張，把你打得慘兮兮，實在過分，現在把他倆免職了，咱們的誤會也算澄清了。

無恥！無恥到了極致！堂堂大元朝在一群宵小之輩的把持下，居然淪落到了跟反賊卑躬屈膝的地步。蒙古帝國開國之初的霸氣早已蕩然無存。

而劉基無疑成了這筆骯髒交易的犧牲品，最後的結果是帖里帖木兒被罷職，而劉基非但被免官，還被送到紹興軟禁（羈管）了起來。

在戰場上，劉基贏了，但在官場上，他卻再一次輸得乾乾淨淨。戰爭是政治的延續，是用牙齒來解決舌頭解決不了的問題。劉基有一口好牙，卻輸在了舌頭上面。

無語凝噎，劉基怎麼想都想不通，都說成敗論英雄，自己明明打贏了仗，怎麼就反而成了囚犯，方國珍明明輸得一塌糊塗，反而加官進爵，八面威風！

劉基再一次短路了。這一詭異的處理結果讓劉基幾乎對世界絕望，他放聲大哭，哭到傷心處大口大口吐血（血嘔數升）。劉基越哭越傷心，越哭越激昂，最後居然找了根褲腰帶，要自掛東南枝。

幸虧家人發現得早，死死攔住，劉基的門人密里沙死死抱住劉基的大腿喊道：「老師！現在你被人冤枉，顛倒黑白，這個時候如果自殺，豈不是等於跟方國珍這個孫子妥協嗎！」一想到方國珍那張欠揍的臉，劉基握褲腰帶的手開始鬆動了，密里沙再乘勝追擊道：「況且，您就這麼走了，您的母親誰來照顧！」

終於，劉基被說服了，扔下褲腰帶，大哭一場，但這件事情，也讓他留下了「痰氣疾」，也就是中風的後遺症。

或許有人會說，劉基不是神機妙算嗎？不是古往今來智慧第一人嗎，為什麼一直到了四十歲還是天天吃癟，感覺在哪兒都混不開，居然到了要一哭二鬧三上吊的地步了？

他的瀟灑呢？他的逍遙呢？他的嬉笑怒罵呢？他的料事如神呢？

我可以負責任地告訴大家——沒有。四十歲前的劉基的人生可以用兩個字來形容：苦逼。

但這不是他頭腦不夠聰明，而是他性格不夠圓滑。在劉基的傳說裡，我們無數次看到他用自己的智慧化解一個又一個危機，戲弄一個又一個財主，但那是傳說。在真實的世界，聰明解決不了所有問題，因為人性是一種極為複雜微妙的東西。

若是單論權謀智略，同時代確實沒有人能出劉基之右，但是劉基能謀天下卻不能謀己身，因為他的性格始終還是太耿直，太理想主義。

而自殺事件可以看作是劉基性格的集中體現。當理想主義的世界和現實主義的人生發生碰撞，理想主義者首先想到的是改變現實，而不是順應現實。但現實是無法改變的，所以，在失敗之後，他們會選擇退出遊戲。有按程序退出的：歸隱深山，不問世事，比如陶淵明。也有性格剛烈的人會選擇啟動工作管理員強制退出：那就是自殺。比如屈原，比如海子，比如劉基。

無論如何，打了敗仗的方國珍因為無恥的品行和圓滑的性格加官進爵了。而打了勝仗的劉基卻因為高潔的情操和耿直的性格成了階下囚，還差點自殺。性格決定命運，這是劉基性格的悲劇。

也是元王朝的悲劇。殺人放火金腰帶，修橋鋪路無屍骸。惡徒妖孽坐朝堂，忠烈之士下囚籠。國家到了這個份上，離滅亡就真的不遠了。

一生中最後的悠閒時光

1353年，劉基來到了紹興，開始了三年的羈管生涯。

紹興古稱會稽、山陰，經濟繁華，風景秀美，素有「仙都」之稱，東晉王獻之曾感慨：「從山陰道上行，山川自相映發，使人應接不暇。」成為千古名句。

然而劉基最開始卻不太喜歡紹興，因為他聽朋友說，紹興的官吏很不怎麼樣（越之從政者鄙，且左右多凶人），很可能鎮不住場子，萬一發生戰亂，那可怎麼辦，（恐不能和其民，萬一變生肘腋，子將安之。）畢竟他也確實不想再跟匪類打交道了。直到聽說一位叫邁里古思的賢人趕赴紹興擔任市委書記（達魯花赤），劉基才鬆了一口氣。

雖然從政者不行，但紹興的景色確實沒話說，美到爆。劉基曾經這樣盛讚過紹興之美：

「語東南山水之美者，莫不曰會稽。豈其他無山水哉？多於山則深沉杳絕，使人僭淒而寂寥；多於水則曠漾浩瀚，使人望洋而靡漫。獨會稽為得其中，雖有層巒復岡，而無梯磴攀陟之勞；大湖長溪，而無激沖漂覆之虞。於是適意遊賞者，莫不樂往而忘疲焉。」

翻譯過來就是紹興堪稱東南最美的地方，為什麼這麼說呢？因為紹興的山水搭配十分協調，山多了，就成了窮山僻壤，水多了，就成了汪洋澤國，只有紹興，雖然有山，卻不十分陡峻，雖然有水，卻鮮有水患。真是讓人流連忘返。

正是在這樣一座美麗的江南水鄉，劉基度過了人生中最閒適的三年。

劉基在紹興寫的《遣興》六首，很能反映他當時的閒適心情，比如其中有這麼一首：

積雨兼數旬，天氣涼有餘。
青苔交戶庭，始覺人跡疏。
地主多閒園，可以種我蔬。
兒童四五人，蔓草相與鋤。
既倦則歸休，臥閱床上書。
無事且為樂，何者為名譽。

梅雨季節，天氣微涼，種種蔬菜，讀讀書，每日無事，當真是悠然自得。

紹興歷來都是文士輩出的地方，像劉基這樣的名士，自然很快就打入了紹興的文人圈子，結交了一大批朋友，其中最有名的莫過於著名的王冕——我們小學時候學過一篇叫《王冕學畫》的課文，就是根據這位同學童年的故事改編的。

劉基在來紹興前便聽人說起過王冕，恨不能相識，兩人正式見面則是在至正十四年（1354年）。雖然兩人從三觀上來講不是一路人：王冕是個真正的處士，而劉基卻對忠君報國念念不忘，但兩人畢竟有一個共同語言，那就是對書畫的愛好，而且在被羈管紹興後，流連於山水的劉基對官場的那份熱情也漸漸淡了下來，所以最後，兩人成了莫逆之交。

羈管畢竟不同於囚禁，只要不離開紹興或者離紹興別太遠，劉基的行動並未受到太多的限制。於是，這三年他又撿起了當年的驢行裝備，足跡幾乎踏遍了整個紹興開發或者未開發的旅遊景區。而且還多次中短途旅行，前往蕭山、杭州，遊活水源、靈峰寺，登松風閣，總之小日子過得要多安逸有多安逸。

值得一提的是劉基尤其喜歡和僧人打交道。一方面是因為他此時的心境與萬法皆空的佛義比較契合，另一方面，當然也是因為佛寺古剎往往坐落在風景獨勝之處，去旅遊總少不了這種地方。

也正是在這三年，劉基寫作靈感大爆發，寫下了許多優秀的文章詩篇，就文而言，無論是有堪與柳宗元《小石城山記》媲美的《出越城至平山記》，還有被評價為「讀之神骨俱冷」的《活水源記》，以及設喻神奇、辭章華美的《松風閣記》，都堪稱文苑精品；就詩而論，既有詩韻工穩，格律熨貼的唱和詩，又有即景抒情、富有濃郁的悲涼情調的即興之作。所謂「官場失意文場得意」，好的文學作品似乎總是眷顧政治失意人，這三年的羈管生涯，反而給劉基的詩文創作提供了難得的心境、物境，形成了仕途得意之時無法企及的創作高峰。

當然，這種沒事兒旅旅遊，寫寫詩，曬曬太陽睡睡覺的悠閒生活並不是劉基真正想要的。他真正期盼的生活，還是建功立業，報國殺賊。所以，在旅行者劉基的旅行日記裡，我們總是可以找到許多觸景生情，借物抒情的詩文。

比如劉基曾經遊覽過蘭亭，那裡王羲之曾經遊覽過，並寫下《蘭亭集序》的地方。劉基來到此地，感慨萬千，寫下了這樣一段話：

王右軍抱濟世之才而不用，觀其與桓溫戒謝萬之語，可知其人矣。放浪山水，抑豈其本心哉！臨文感痛，良有以也。而獨以能書稱於後世，悲夫！

大概的意思就是王羲之其實是個非常有才華有抱負的人，因為實在受不到重用才隱居起來，放浪形骸啊，像這樣的人才，最後卻只有憑藉書法讓世人記住，實在是悲劇（悲夫）啊。

王羲之是不是真的有濟世之才還真不好說，而劉基這番話，其實也就是借王羲之的酒杯澆自己的塊壘——雖然表面上每天吃吃喝喝玩玩樂樂挺開心的，但這豈是劉基的本心哉！

所以，玩得越開心、越熱鬧，當賓主兩散復歸寧靜之後，劉基就會覺得越悲涼、越孤獨。於是他會提筆寫下一些感懷的詩，抒發自己無處安放的淒涼。

比如這首七律《憂懷》：

群盜縱橫半九州，干戈滿目幾時休。
官曹各有營生計，將帥何曾為國謀。
猛虎封狼安薦食，農夫田父困誅求。
抑強扶弱須天討，可怪無人借箸籌。

在這首詩裡，劉基把自己比作張良，感嘆自己沒有遇到劉邦這樣的明主。這不是劉基第一次以張良自比，當年在諸葛亮故里旅遊的時候他也曾把自己比喻成諸葛亮和張良。應該說，文人普遍愛吹牛，中國歷史上敢把自己比作張良的人數都數不過來。但在這些人中，真正名副其實的，恐怕只有一個劉基，一個諸葛亮而已。

可是現在的劉基只不過是一個階下囚，談什麼抑強扶弱，安邦定國呢。這就是為什麼劉基努力讓自己縱情於山水之間，因為他的情懷越深，失落就越大，他甚至在這樣的心境中寫下了《薤露歌》：

人生無百歲，百歲復如何。誰能將兩手，挽彼東逝波。

古來英雄士，俱已歸山阿。有酒且盡飲，聽我薤露歌。

《薤露歌》是古樂府的曲名，是一首哀樂，顧名思義就是說人的生命像露水一樣短暫。古代的詩詞都是自帶曲子可以直接唱的，這首《薤露歌》如果唱出來，就是哀樂的調調，而在這首詩中，劉基所要抒發的，也正是人生苦短，壯志未酬的悲哀。

算了，不想那麼多了，想得越多心越凌亂。日薄西山，華燈初放，劉基長嘆一口氣，換了一副笑臉，投入到文人們的狂歡中去了。

平亂是一門技術

在大元朝打工的最後幾年中，劉基的命運幾乎跟方國珍綁在了一起，當朝廷要重用方國珍的時候，劉基就會被打壓，而當方國珍不那麼聽話的時候，劉基的日子就會好過些。

而方國珍每年總有那麼幾天不怎麼聽話。在接受招降之後，方國珍沒有放棄自己的槍桿子，一邊在朝廷當官，一邊也沒放下打劫的老本行，算是半官半匪。於是朝廷有點不爽了。這時便會想起了當年的劉基。而當時整個浙江的局勢，也逼得朝廷不得不重用劉基了。

早在方國珍起事之前，整個浙江地區其實就已經盜賊蜂起了，隨便幾個人拉上一支隊伍就敢佔山為王。對於這些隊伍，有些稱之為「賊寇」「山匪」，也有說他們是「農民起義軍」，其實客觀地講，這些人中確實有很大一部分是被官府逼到走投無路的農民，但也有不少懷著政治野心的地主豪強，當然也有純粹為了造反而造反的流氓。所以，為了敘述方便，以下我都用一個中立的詞語來稱呼他們：「反政府武裝」，簡稱反軍。

到了1356年，紅巾起義的精神鼓舞下，浙江人民的造反事業達到了最高潮。元政府眼看著就要頂不住了。這個時候，什麼政治交易，種族歧視，官場糾葛都不重要了，誰能保住帝國的飯碗誰就是帝國的大救星。

劉基就是時人眼中公認的「帝國飯碗鎮守者」。於是，那一年劉基再次被起用，官至江浙行省都事。他的主要任務是前往處州鎮壓叛亂。

在處州還有一位名將在等著劉基，他的名字叫石抹宜孫。此人是契丹人，卻一直鎮守東南沿海，戰功卓著，也算是元帝國最後一批名將之一了。

在劉基出山之前，石抹宜孫已經苦苦支撐五年了，但局勢卻越來越不可挽回，當時處州七縣，幾乎每縣都有「山寇」作亂，且各縣「山寇」一旦有急，即互相聲援，尤其是吳成七部，其所據地盤已與溫州方國珍的勢力範圍連成一片；又青田潘惟賢、華仲賢等翻山越嶺，曾一度攻佔龍泉縣城，實力不可小覷，這些「山寇」均號稱有數萬之眾。這倒不是石抹宜孫無能，實在是元朝氣數已盡——直到劉基的到來。

劉基跟石抹宜孫其實沒有深交，至少1356年之前沒有，但兩人卻相互慕名已久，劉基之所以能夠復出並且被派往處州，也和石抹宜孫的大力推舉分不開。

到達處州後，石抹宜孫熱情接待了劉基，並神秘兮兮地告訴他，他的三個老朋友也被他請到了自己的軍營裡。哪三人？他們分別是：章溢、葉琛、胡深。

章溢，字三益，是龍泉人，善謀大局，是個不錯的戰略型人才。胡深，字仲淵，也是龍泉人，辦事精細，精通軍事行政，典型的參謀型人才。葉琛，字景淵，處州本地人，擅長排兵佈陣，優秀的指揮型人才。

再加上不世出的策略型人才劉基，石抹宜孫麾下聚集了當時全天下最豪華的文武班底。在和朱元璋、徐達、李善長結成「文武鐵四角」之前，這是劉基遇到的最強大的陣容了。

領導班子搭起了，現在要解決軍隊的問題了。元朝的兵養了幾十年，早就銳氣全無，斷然不能用了，要守衛家鄉，還是自己招募的本地義兵最靠譜。所以，石抹宜孫命令幾位得力手下前往招募義兵。其中當然包括劉基，於是，劉基第一次掌握了兵權，擁有了自己的武裝力量。

此刻的劉基，一掃羈管紹興時的頹唐放浪，取而代之的是躍馬揚鞭，雄姿英發。上馬擊狂胡，下馬草軍書，這不正是每個文人的夢想嗎。

石抹宜孫異常興奮，班子有了，軍隊有了，咱們開打吧！但劉基卻一把拉住石抹宜孫。

不急。因為平亂不是兩軍對壘，你仗著優勢兵力衝上去，把敵軍主力部隊全部殺光仗就算打贏了。不是這樣的。在叛亂中，反軍打散了就是老百姓，老百姓聚集起來就是反軍。義軍真正賴以和政府軍對抗的不是強大的軍事實力，而是人心。你不僅要跟反軍打好仗，也要跟反軍的力量之源：老百姓搞好關係。

《兵法》云：上兵伐謀，其次伐交，其次伐兵，其下攻城。正所謂「百戰百勝，非善之善也；不戰而屈人之兵，善之善者也」。劉基清楚地知道，光靠剿是不夠的，野火燒不盡，春風吹又生，當務之急是先把人心拉攏過來。

於是，劉基寫下了那篇著名的《諭甌括父老文》。

看標題就知道，這是一篇「官樣文章」，無非是打幾句官腔，走個開戰前的形式。難道還能寫出花兒來？

答案是：在劉基手裡，還真能寫出花兒來。

在寫作這篇文章的時候，劉基的指導思想十分鮮明，即對組織造反的「首惡」（比如方國珍），須嚴懲不貸，而對脅從者則認為須從輕發落。因為劉基明白：不管反軍本身是什麼性質的，但大多數反軍的基層官兵，都是在無衣無食，左右俱死的情況下，才鋌而走險落草為「寇」的，根子還在官府本身和「賊首」的忽悠。因此，文告措辭既要堂堂正正，又要動之以情，曉之以理，做到威而不怒，仁而不柔。

首先，在文章開頭，劉基先總結了元王朝建國80餘年來是如何努力建設和諧社會的——主要是為了告訴群眾，皇帝是個好皇帝，政府不是黑社會。那麼為什麼會變成現在這副樣子呢？那當然是貪官污吏的錯（政教不化，政聽壅滯），壞人把皇帝都蒙蔽了。所以，你們的矛頭就指錯了，你們不該造朝廷的反啊，你們該去殺貪官！

當然，你們也確實是這麼幹。不過現在欺負你們的貪官你們也殺得差不多夠本了，該收手了吧。只要你們收手，皇帝就不會追究，你們繼續回去當良民。畢竟皇帝和大家一樣，都是被貪官欺負的人，但你們要是還不依不饒，那皇帝可就不客氣了！

有情，有理，有利誘，有威脅。這份告示寫得確實很有水準，你要說這告示一出反軍如鳥獸散，那是不可能的，但也確實瓦解了一大批造反軍士兵，同時也分化了那些支持同情反軍的老百姓。造反不就是為了口飯吃嗎，既然皇帝說了以前的事情不追究，貪官也確實被我殺掉了，那就回家做良民，就算每天吃得半飽不飽的，總比被砍掉腦袋要好。

這樣一來，造反隊伍中只剩下了兩種人：罪大惡極沒有回頭路的匪首，和確實苦大仇深與元王朝不死不休的窮人。前一種人，死不足惜，後一種人……各為其主，也只能對不住了。

當然，批判的武器不能代替武器的批判，筆桿子可以影響局勢，但只有槍桿子能夠決定局勢。這點劉基很明白。他時刻著手剿匪戰略的部署。

西元1357年，至正十七年劉基再次升官。他當上了行省樞密院經歷。這一年石抹宜孫和劉基帶領著自己組建武裝隊伍，一路上強攻智取，捷報連連。

在整個平定處州農民起義的過程當中，劉基一直沒有放鬆他「首惡必究，從犯不論」，對於反軍將領的懲處，劉基的「尺度」掌握得很好，他的這一舉措，也進一步安撫了民心，於是，政府軍越大群眾基礎越廣（相對而言），反軍越打越孤立，短時間內就剿滅了處州地區的絕大部分反政府武裝。

現在，只剩最強大的那股農民起義力量了——吳成七。

陰謀詭計，這個我懂

吳成七，江浙行省文成縣人，跟方國珍一樣，也是個私鹽販子出身，不過是兼職的，主業還是種地。此人還一身的好功夫，據說幼年時曾經拜水雲寺的武僧為師，十八般兵器樣樣精通。公平條件下基本上已經可以了。而且為人剛勇仗義，好打不平，廣交四方豪傑，在民間很有威望。

俗話說「窮文富武」，從吳成七的兼職工作和興趣愛好來看，他絕不是個貧苦農民出身。那他為什麼也反了呢？

說來話倒不長，1353年的某一天，吳成七去鄰縣的碼頭賣私鹽，不知道因為什麼事情就跟當地的鹽霸發生了衝突。然後就打起來了。吳成七三兩拳就把鹽霸活活打死了。其他鹽霸一看打不過他，就跑到官府把他給告了：怕打死人的罪名不夠重，還額外附贈了一個超值罪名大禮包：謀反。

殺人是個要命的罪名，但謀反可是能要了你全家的命。吳成七一看形勢不對，拔腿就跑，跑回家越想越怕，心一橫，你說我是反賊，我還真就反給你看！於是，吳成七真的反了！

可見那時的處州，造反真的跟請客吃飯一樣尋常。

因為平時人緣好，他振臂一呼有不少人相應，很快湊出一支有戰鬥力的部隊，然後，分別在北邊建了高羊寨、馬羊寨，扼控通入黃坦的咽喉大道，在西南向構築天高、水牯、水盆、龍鬚等屏障寨，於東向建立白羊、牛頭等前哨寨。把自己的大本營守得鐵桶金城般。一時之間，受壓百姓紛紛回應，隊伍很快發展成數萬人。

在吳成七的造反班底裡，能擺上檯面的有三個人，分別是民間武師宋茂四、落第窮儒支雲龍、善研兵法的周一公。從他們的職業就能看出他們的分工：一個打前鋒，一個搞後勤，一個做軍師，吳成七統領全軍。

應該說，元末的浙江確實藏龍臥虎，就這樣一支草台班底，造反初期居然勢如破竹。

到1354年的時候，吳成七的造反生意越做越大，和他的前輩們一樣，想過一把皇帝癮了。稱帝自然是不敢的，但稱王是可以有的，於是自封為吳王，同年秋，又覺得現在的地盤太擠，便主動出擊，攻打青田縣城。

這下朝廷震怒了，在你的小漁村鬧騰一下也就算了，居然敢在我的眼皮底下稱王稱霸不說，還出兵攻打縣城！反了你了！（吳成七：我反了都一年多了。）連忙派出大軍剿伐，大軍的司令姓王，但我們不知道叫啥。

連個名字都沒在史書裡留下，可見王司令這一仗打得是非常窩囊的，事實上也確實如此：既沒有大勝，也沒有大敗，因為這位王司令的所謂的大軍卻根本不敢接近吳成七的據點，來青田旅遊了一圈，就回去了。

官軍是指望不上了，青田人只好自己保衛自己，於是當地的地主徐伯龍、季珍等主動請纓，要求指揮當地民兵去抵擋吳成七。

可別小看民兵，至少那時候的民兵戰鬥力絕對比官兵強。但跟吳成七和他的「三巨頭」還是不在一個級別上，於是，張坳一戰，徐伯龍戰死，船寮一戰，季真戰死，青田縣城淪陷。

佔據了青田的吳成七眼看著自己的「王國疆土」從一個鄉變成了一個縣，於是信心爆棚，第二年，吳成七便拜周一公為軍師、宋茂四為大將、支雲龍為謀臣，甚至還有模有樣地開科取士，選拔文官武將，建立三省六部。並點封朱君達、李夾等數十名戰將，經黃坦為中心四向出擊，把勢力範圍擴大到處州、溫州、婺（金華）及福建北部一帶，形成首尾連絡百餘寨，跟方國珍的地盤連成了一片。

面對吳成七這樣的悍匪，元朝打不過也不樂意打，能想到的最好解決途徑自然是招安，可惜吳成七不是方國珍，革命意志異常堅定，每次都毫不猶豫地拒絕朝廷的招安。

這就是吳成七，浙江頭號悍匪（不算半官半匪的方國珍），本人驍勇善戰，手下人才濟濟，革命意志堅定又擁有廣泛的群眾基礎。

這個人讓劉基非常頭痛。不能拔掉吳成七這枚硬釘子，就沒法給處州剿匪畫上一個完美的句號。

為了配合石抹宜孫的軍事行動，劉基以探親的名義還了一趟家，此刻的青田縣已經被吳成七攻克，到處都是吳成七的軍事基地。劉基花了個把月的時間實際勘測了當地的地形交通情況，掌握了大量一手的情報，當地甚至還有傳說劉基假裝算命先生親自拜訪了吳成七。

因此，當劉基再次回到石抹宜孫身邊的時候，他帶回了大量有價值的情報。1358年秋，石抹宜孫命令葉琛率軍剿討吳成七，劉基作為軍師隨軍。

悍匪就是悍匪，得知消息的吳成七非但不逃跑，反而在金山寨建了連環七營，集結主力要與葉琛決一死戰。金山寨居高臨下，易守難攻，葉琛帶領官兵只能發起非常不利於進攻的仰攻。結果可想而知，打了幾天也沒打下來。

葉琛急得想熱鍋上的螞蟻團團轉，就在這個時候，劉基來找他了。其實這幾天劉基也很著急，所以一直在想計策，聯想到自己在青田縣搜集到的情報，此刻他終於想到一個辦法，用演義小說的話說就是「心生一計」。

葉琛一見劉基，知道他肯定是帶著主意來的，忙問：「先生計將安出！」

劉基也不賣關子（都什麼時候了），將自己的計畫和盤托出：「請派一隊士兵到金山寨對面的黃呈羊山嶺，趁黑夜每人肩挑懸掛有二十多盞燈籠的長竹竿，從山嶺頭挑到龔宅，吹熄後再返回黃呈羊嶺頭，點燃燈籠向龔宅行進，如此往返，每夜以一、二百名官兵輪流進行。」

葉琛一頭霧水，本來帶的兵就不多，你還專門拉出一兩百人去搞彩燈遊行，想跟吳成七聯歡不成？「先生這是逗我玩兒的吧？」葉琛小心翼翼地詢問道。

劉基高深莫測地一笑，俯身到葉琛耳邊，把這個計畫的精髓告訴了葉琛：「這是為了營造一種我軍的增援正在源源不斷趕來的假象，所謂『弱則示之強，強則示之弱』，吳成七色厲內荏，欺軟怕硬，他的軍隊也是良莠不齊，看到我們的大軍壓境，自然軍心就動搖了。」

「原來如此！」葉琛開心地望著眼前這個人：以前只知道你是個聰明人，但從來沒想到你還有這麼狡猾的一面。

這話說得沒錯，劉基征戰半生，奇謀百出，但這種陰謀詭計倒確實用得不多。原因很簡單，劉基的對手當中，不管是方國珍、陳友諒還是張士誠以及後來的王保保，都是重量級的高手，這種程度的陰謀詭計怎麼可能騙得過他們。但面對吳成七這種人就不一樣了。經劉基自己收集的情報，不管是吳成七本人，還是他的所謂周一公，都不過是三流貨色而已。

陰謀詭計，這個我懂。之所以不用，是沒碰上檔次足夠低的人。

果然，吳成七部隊看到不斷有人排成佇列點著燈籠灌進葉琛的軍營裡，頓時就不淡定了，當初就地決戰的霸氣徹底沒了，再加上糧草日減，水源被切斷，吳成七的軍心開始動搖。

雖然吳成七革命意志堅定，但隊伍擴大後難免把關不嚴，混進了不少就為混口飯吃的兵油子，一時之間，恐慌情緒傳遍了全軍，個別覺悟差的早就偷偷開溜了。

趁你病要你命，等的就是這個時候。一看敵人的陣腳已亂，葉琛也抓住了機會，部將陳仲琛統精兵三千，從後山偷偷進攻，自己的大軍則從正面發起總攻，一舉殲滅了吳成七軍，吳成七與手下大將宋茂四也死於亂軍之中。

主力被殲，主帥被殺，吳成七的軍隊立刻土崩瓦解，轟轟烈烈的吳成七起義（這還是可以被稱為起義的）就這樣被撲滅。

處州太平了。儘管天下已經越來越亂，但至少處州太平了，而和平的締造者，正是劉基。四十年的沉寂，終於等來了這一天，「試借君王玉馬鞭，指揮戎虜坐瓊筵。南風一掃胡塵靜，西入長安到日邊。」劉基的上半生，可以無悔了。

1358年，劉基擢升江浙行省郎中，從五品。等了好久終於等到今天，夢了好久終於把夢實現！志得意滿得的劉基已經做好了準備，要放開手腳大幹一場，力挽狂瀾，捨我其誰！

至少劉基是這麼想的。可惜的是有人不這麼想。比如方國珍。很快，方國珍就將用實際行動告訴劉基：白日做夢！

帝國最終失去了劉基

仗打贏了，劉基興高采烈地等待朝廷的封賞。首先等到的卻是一個天大的壞消息：方國珍升官了。

要說方國珍，雖然打仗不行但混官場真的是一等一的高手，他一面維持著自己的割據勢力，一面又不得罪元政府，跟坐了直升飛機似地年年升官。如今，他居然坐上了江浙行省省長助理（行省參知政事）的位子。

元代的行省往往會設置一到四名參知政事，光在本套書中就已經出現過好幾位了，比如蘇天爵、朵兒只班、帖里帖木兒。他們都有一個共同的特點：是劉基的頂頭上司。

劉基的好日子算是到頭了。方國珍再怎麼貴人多忘事，也忘不了自己被劉基困在台州海面上差點餵魚的經歷，忘不劉基那封要把自己趕盡殺絕的奏摺。

小樣兒，不整死你就不錯了，還想升官，門兒都沒有。

劉基也很窩火。方國珍有多恨他，他就有多恨方國珍，這對宿敵眼神相撞都能撞出暴雨雷電來，劉基怎麼甘心在方國珍的手下當差，尤其是一想到自己出生入死立下不世奇功才換來一個從五品官，方國珍除了造反啥正事兒沒幹居然成了從二品官。天理何在！

沒天理的事兒多了去了。

事實上，根本就不用方國珍動手，這些年來從江浙到中央，哪個官兒沒收過方國珍的好處？這些人心裡都門兒清。眼看著方國珍如日中天，哪能讓死敵劉基有打翻身仗的機會呢。於是，沒過多久「封賞」下來了，劉基被調任為處州路軍分區擔任後勤工作（總管府判）——非但沒有升官，反而是降職了。

這是赤裸裸的，毫無遮掩地打壓，藉口理由都懶得找。劉基連憤怒的心情都沒有了，取而代之的是絕望。從1336年走上官場到今天，22年過去了，如果說官場有什麼變化，那就只是越變越黑了。真的徹底幹不下去，劉基收拾包袱，辭官回家。

這不是劉基第一次辭官，也不是最後一次，但確是最特別的一次，因為劉基決定，從今以後，再也不願意在元朝的官場做事了。為了表明自己的心意，劉基取出了元世祖忽必略的牌位，沐浴焚香更衣後，向著北面朝拜道：「世祖皇帝在上，臣劉基不敢辜負您的在天之靈，只是今日朝廷此官相授，臣劉基實在沒有能力再為朝廷出力了。」

從今天起，我就和大元集團有限責任公司再沒有任何關係了。

這的確是劉基最後一次給元王朝打工了。不過，當時的劉基還沒想到要跳槽到起義軍的陣營，打了半輩子反軍，突然讓他投身反軍他還真有點接受不了。劉基想的只是回去歸隱田園，過簡單的日子。畢竟，這時候的劉基已經五十歲了。

辭官歸去的不只有劉基一個人，處州剿匪時的麾下舊部有很多人跟著劉基一起到青田縣歸隱去了。而劉基的老戰友章溢也因為劉基的處境而兔死狐悲，對官場喪失了信心，心灰意懶的他拒絕接收浙東元帥府僉事一職，也回家了。

從1333年中進士，直到至1358辭官，劉基已經替元王朝打了25年工了。這25年中，劉基起起落落，旋即辭去，旋即復用，但他對朝廷的忠心是從來沒有變過的，但是1358年的這次貶官，徹底顛覆了劉基的三觀（世界觀、價值觀、人生觀）。二十五年竭忠盡智，到頭來卻不如反骨仔方國珍混得有聲有色。這樣的公司，這樣的老闆，能有什麼前途。不如歸去。

劉基終於放手了，與元朝的緣，盡於此時此地。歸去來兮，悟以往之不諫，知來者之可追，實迷途其未遠，覺今是而昨非。

就這樣，劉基終於離開了自己奮鬥了25

年的元朝官場，當他再一次出現在元王朝視線中的時候，他已經坐在敵人的中軍大帳中了。

四、如果選擇不對，努力白費

帝國到了崩潰的前夜

帝國終於失去了劉基。但此時此刻，帝國的統治者根本沒有興趣去關心一個小小五品官的去留，他們正在為一件更大的事情焦頭爛額——那就是紅巾起義。

當劉基還在處州「鎮壓農民起義」的時候，這場席捲全國的農民起義也早已席捲全國。而這一切的始作俑者，正是劉基最崇拜的一個偶像。

劉基有好幾個偶像，諸葛亮算一個，張良算一個，嚴子陵也能算一個，但這些都是死人，在活人當中，劉基只崇拜一個人：當朝太師——脫脫。

「太師祗園英，聰明實神啟。」這是劉基對脫脫崇拜之情的真實寫照，在劉基眼裡，脫脫簡直就如同神廟裡的神一樣，英明神武，無所不能。

脫脫倒的確當得起劉基的崇敬，作為元朝最後一個名臣，為了挽救日薄西山的元帝國，脫脫確實也已經鞠躬盡瘁了。但也正是他，在無意間，點燃了整個中國的火藥桶。

故事要從1344年說起，那一年夏天，大雨下了整整二十多天。很快，北京的統治者就收到急報：黃河決堤了——這個時候，劉基正要準備北上旅遊。

黃河決堤了怎麼辦？脫脫的主張是修。不要誤會，脫脫主張修倒不見得是為了老百姓的生命財產安全，而是因為黃河一決堤，一方面各地的漕運就斷了，影響中央的財政收入，而且災區的流民也影響了整個華北地區的和諧穩定。

當然也有人主張不修，這批人倒也並不全是草菅人命之徒，他們的理由也很光明正大：把一大批失去了家園的無業遊民集中到一起幹活，無疑埋下了一顆定時炸彈。

兩派一直爭論了七年，直到1351年，脫脫才拍板，決定修河堤。

事實證明，「不修派」是明智的，因為一修就修出問題來了。

其實早在黃河決堤之前，一個龐大的秘密社團就已經在帝國的土地上生根發芽了，它的名字叫——白蓮教。

白蓮教是從佛教分支白蓮宗演化而來，在發展過程中逐步吸收了摩尼教（就是《倚天屠龍記》裡的明教）、道教，以及其他民間信仰，發展成為龐大的一個秘密結社組織，流行於元、明、清三代。

白蓮教尊崇彌勒佛，其教義認為世界上存在著光明與黑暗兩種互相鬥爭的勢力，彌勒佛降世後，光明就將最終戰勝黑暗。而現在，雖然黑暗勢力佔優勢，但彌勒佛最後一定要降生，光明最後一定要戰勝黑暗。

因為白蓮教的教義主張打破現狀，鼓勵人鬥爭。這一點吸引了大量貧苦百姓。使他們得到啟發和鼓舞。加上教主平日發功治病的種種「神蹟」，白蓮教擁有了眾多來自下層社會的信徒。在白蓮教內部，實行家長制統治，尊卑有序，等級森嚴，成為很多農民起義的組織形式。

到14世紀40年代末，白蓮教已經擁有了幾十萬教眾，嚴密的組織體系和成熟的組織綱領，儼然已經成了江湖上的第一大門派。

當時的白蓮教教主是韓山童，他已經和教友劉福通等人經營這個社團很多年了，現在，他們的實力已經成熟，只需要等待一個機會。

現在機會來了。

幾十萬民夫被集中在黃河邊上，吃住工作都在一起，行事就方便多了。很快，一句原來只有在小範圍內傳播的順口溜傳遍了整個工地：「石人一隻眼，挑動黃河天下反。」

就像現在的懸念廣告一樣，幾十萬人紛紛在猜測，什麼是石人一隻眼。與此同時，許多來歷不明的人也在積極地活動者，他們出入於各大工地、工棚，組織秘密集會，講的都是彌勒佛，黑暗與光明之類玄之又玄的東西。也正是這些玄乎的理念，把整個黃河工地上的數十萬民夫擰成了一股繩，結成了一塊鐵板。原來渾渾噩噩的眾人終於找到了信仰，找到了精神依託——彌勒佛，而各自為政的白蓮教教眾終於找到了組織，串聯到了一起。

監工的官員不會知道，他們眼前來自華北各地看似鬆散的民夫，其實已經成了一個嚴密的軍事化組織。

韓山童和劉福通覺得時機已經成熟了，某一個夜晚，趁著工友們已經睡下，韓山童以常人無法察覺的幅度向劉福通點點頭，劉福通立刻會意，等到夜深人靜，他帶著幾個人，扛著一堆挖掘工具和一個石人雕塑走了。

第二天上午工地就炸鍋了，因為有人挖出了一隻獨眼石人。這不正是傳說中挑動黃河天下反的石人一隻眼嗎！消息傳出，大河南北一片沸騰，反抗的火焰一點即燃，沒有任何挽回的餘地了。韓山童、劉福通振臂一呼，從者雲集，幾乎是一瞬間，起義席捲北中國。由於韓山童、劉福通的義軍都戴著紅色頭巾，所以義軍被稱為紅巾軍，而這次起義被稱為紅巾起義。

從1351年挖出石人到1355年，只花了五年時間，紅巾軍就完成了從被四面圍剿到主動出擊的轉變，當年二月，紅巾軍建立了自己的政權，定都安徽亳州，國號「大宋」（史稱韓宋政權），立韓山童之子韓林兒為小明王（韓山童在起義初期就犧牲了），劉福通為丞相。然後，紅巾軍分三路出擊，分別攻打遼東、華北和西北西南省份，一時間，元軍兵敗如山倒。到1358年紅巾軍攻克河南後，遷都汴京，紅巾起義達到了鼎盛時期。

但是好景不長，連續抱頭鼠竄了八年之後，蒙古人血液裡的驃悍基因終於被喚醒了，跨上馬背的蒙古大軍記起了自己祖先的榮光，他們開始發起反擊，急不可耐地要向天下人證明誰才是最偉大的戰士。1358年之後，蒙古大將察罕帖木兒和孛羅帖木兒（就是被方國珍捉住那位）

率領兩支大軍開始從南向北步步緊逼紅巾軍，第二年，汴京淪陷，劉福通保護韓林兒拚死跑到安豐。但是紅巾軍的餘部依然在北方地區和蒙古軍隊持續著不間斷的鬥爭。

直到1363年，張士誠攻陷了安豐，劉福通戰死，韓宋政權滅亡，轟轟烈烈的紅巾軍大起義才算是落下帷幕。

但對於元帝國來說，這不是黎明，而是黑夜的開始，因為當紅巾軍在北方吸引了元軍主力的時候，南方，有三個梟雄正在崛起，他們的名字分別是張士誠、陳友諒和朱元璋。而元帝國真正的終結者，將在這三人中角逐產生。

朱重八升職記

1352年，劉基剛剛復出擔任浙東元帥府都事，登上了他在大元集團公司職業生涯的最頂峰。與此同時，一個叫做朱重八的年輕人也來到了濠州成義軍元帥郭子興的帥府前，踏出了他職業生涯的第一步。

朱重八之所以會走上這條路，要從1344年說起。

1344年，對於劉基來說這是一個重要的年份，這一年他正在北上旅行的途中，他的目標是北京城裡一位有權勢的朋友——普達世理原理，他希望普達世理原理能夠看在同年進士的份上拉他一把。但劉基不會知道，京裡朋友其實幫不了他多大的忙，而真正能夠改變他命運的，是遠在安徽鳳陽的一個16歲的孩子。此時此刻，這個孩子正伏在父母的屍體上嚎啕大哭。

這孩子就是朱重八。幾十年後他還會有一個名字，叫朱元璋。

1343年，淮河流域經受了幾十年不遇的大旱災，旱災過後是蝗災。整個淮河許多地區幾乎顆粒未收，很快，就有人開始餓死。1944年春天，厄運降臨到了當時16歲的朱重八頭上。五月和六月短短三個禮拜的時間裡，朱重八的父親餓死了。然後，他的母親餓死了。然後，他的長兄餓死了。

都是被活活餓死。

朱重八和他倖存的哥哥伏在父母的屍體上嚎啕大哭，除了哭，他無能為力，甚至連讓父母入土為安都做不到，可嘆兩位老人一生勞苦，生無立足之地，死無葬身之處。最後還是好心人送了他一小塊地，讓朱重八得以安葬了父母。這塊地就是後來鳳陽皇陵。

兩位老人在這裡安詳地躺了兩百年，兩百年後，這兩個被餓死的苦命人又會被另一群餓得活不下去的苦命人從皇陵裡拖出來，當然，這些都是後話。

死者已逝，但生者還要繼續活下去。當年10月朱重八被人送到了洛陽皇覺寺當和尚，至少能有口飯吃。但亂世之下，這些和尚也沒有個慈眉善目的，把朱重八當作下人一樣使喚，朱重八幹的是最髒最累的活兒，吃的卻是殘羹冷炙。

但老天連這樣的日子都不讓朱重八過了。同樣是那一年，黃河決堤，連皇覺寺也斷糧了。朱重八被迫端起飯碗，出去討飯維生。因為到處都受了災，所以朱重八也只能像個盲流一樣到處流竄，聽說哪裡年景好，就去哪裡要飯。他從濠州向南到了合肥，然後折向西進入河南，到了固始、信陽，又往北走到汝州、陳州等地，東經鹿邑、亳州，於1348年又回到了皇覺寺。

那時，劉基正好北上到達河南山東地區。他正在思考國家的前途，百姓的命運。而朱重八在思考自己能不能吃上下一頓飯。

但對於朱元璋來說，這段經歷也是一筆巨大的財富，在這流浪的三年裡，他遍觀淮西地區的山川地理形勝，認識了無數豪傑，也拓寬了自己的見識。這段艱苦卓絕的生活，鑄就了朱重八堅毅果敢的性格，當然，乞討路上的卑微也讓這個17歲的孩子變得敏感、多疑、殘忍。

回到皇覺寺後，朱重八繼續著原來的生活，儘管當時起義的洪流已經席捲了全中國，但朱重八的生活依然是掃地、敲鐘、吃飯、睡覺，他從來沒想過要造反，更沒想過自己有一天會成為義軍的領袖。畢竟對於他來說，有飯吃，就已經很不錯了。既然已經吃上飯了，何必再冒著殺頭的危險去造反？

然而——用一句演義小說的話說就是——合該大元朝氣數已盡，當時的元軍有一個不好的習慣：打不過義軍，卻喜歡殺老百姓去領功勞。如果你還記得，方國珍就差點被當作海盜頭子給殺了。

而朱重八也時刻面臨著這樣的危險。1352年，一封來自兒時玩伴湯和的信徹底把朱重八推到了兩難的境地上。在信裡，湯和告訴朱重八自己已經參加了郭子興的義軍隊伍，現在混得還不錯，真誠邀請朱元璋入夥。

前面說了，朱元璋對造反的興趣不大。可是元軍對抓反賊的興趣卻很大。就在朱重八收到信的時候，他的一個師兄已經把這件事情密告給當地元軍了。

這下朱重八進退兩難，留下吧，必然被當作義軍同黨殺頭，造反吧，估計也九死一生。既然如此，乾脆反了。於是，在25歲那年，朱重八投奔湯和，加入了郭子興的義軍隊伍。從此踏上了革命造反的道路。

以上是朱重八同志悲慘到極致的童年。幸好，他的悲慘到25歲那年終結。

當時天下義軍蜂起，元帥遍地走，將軍多如狗，郭子興部只能算是個創業型的小公司，小公司的招聘流程總是相對簡單些，所以，前來應聘的朱重八獲得了一次郭子興親自面試的機會。在面試中，朱重八給郭子興留下了深刻的印象。事實上，從看到朱重八的第一眼起，郭子興就對這個小夥子留下了深刻的印象：小夥子長得太醜了。

看過朱重八畫像的人基本可以知道他的長相——額頭高，下巴翹，眼睛鼻子嘴巴埋進水平線以下，就像一輪彎彎的新月。這綜合了豬腰子和鞋拔子全部特徵的奇異臉型，堪稱萬眾挑一。在軍隊裡，這叫「生有異象」，是一種威猛的長相，在戰場上，產生的威懾作用遠遠超過小白臉。

真是學得好不如長得好。憑藉「出色」的外形，朱重八順利通過面試並被分配到了一個有前途的部門——郭子興的親兵衛隊。

當然，朱重八也不全是「靠臉吃飯」的。他有自己的核心優勢。那就是精明能幹，有智謀，懂思慮。這在員工普遍低學歷的義軍隊伍裡是很少見的。而且，朱重八雖然聰明，卻從不抖機靈。打仗勇敢，奮勇當先。立下幾次戰功之後，朱重八第一次升職，被郭子興提拔為九夫長，成了一名基層班組長。

升職之後的朱重八再接再厲，打仗時更加賣力，身先士卒，獲得的戰利品全部都上交郭子興元帥，得了賞賜，又說功勞是大家的，就把賞賜分給大家。不久，朱重八在部隊中的好名聲傳播開來。郭子興也越來越器重他，把他視作心腹知己，有重要事情總是和朱重八商量。

事業讓男人魅力無限。蒸蒸日上的朱重八在收穫了事業的同時，也收穫了一個姑娘的芳心：元帥郭子興的義女馬氏——也就是後來母儀天下的馬皇后。在郭子興的親自牽線下，朱重八與馬氏的革命愛情順利開花結果，結成了一對革命伉儷。

從此，朱重八的身分就是郭子興集團公司的駙馬爺了。職位也從一名班組長升級為行政總監（總管）。因此，當時軍中上下都敬稱他為朱公子。這個名字聽起來委實是風度翩翩。唯一與公子風度不符的，是朱重八這個土得掉渣的名字。在當時，這個名字和張狗蛋、趙阿牛是一個性質的。於是，正如漢高祖劉三兒功成名就後改名叫劉邦一樣，朱重八也擁有了一個威風凜凜的大名：朱元璋。

長相有了，名聲有了，地位有了，老婆有了，領導的信任有了，連名字都有了。朱元璋這時候已經儼然成了郭子興公司風生水起的中層領導幹部。

而朱元璋的職業生涯也走到了瓶頸上。這倒不是朱元璋的問題，而是整個紅巾軍集團公司的問題。

站到中層的位置上，朱元璋看到了許多在普通一兵的位置上看不到的東西，也看清了高層的混亂與墮落。

當時的濠州城，紅巾軍集團的分公司不止郭子興一家，幾路義軍相互不服氣，明爭暗鬥，其中最不爽郭子興的，是孫德崖，這兩人一直矛盾重重。這一年九月，徐州紅巾軍主將芝麻李被元軍殺害，其部將彭大和趙均用率兵到了濠州，郭子興覺得彭大這個人很有智謀，所以與彭大走得很近，孫德崖就不太樂意了，趁機跟趙均用挑撥說：「郭子興眼裡只有彭大，根本沒把你當回事兒啊。」趙均用是個粗人，一聽立刻暴跳如雷。他的解決方式也很符合粗人本性：偷偷地把郭子興抓了起來一頓暴打，然後關到了孫德崖家裡。

堂堂大帥就這麼被綁票，這還得了。可是雖然全世界人都知道這是孫德崖指使的，但他們沒有任何證據，就這麼翻臉的話，群龍無首的郭部也根本不是孫部的對手，所以，郭子興兩個不成器的兒子急得團團轉卻一點辦法都沒有。正好朱元璋從外面帶兵回來，一聽到這事兒，大驚失色，心知一旦郭子興有個三長兩短，那整個郭部很有可能就被孫德崖吞併了。

於是，朱元璋立刻找到孫德崖，要求他放人。孫德崖肩膀一聳，手一攤：「不關我事，我根本沒見過你家郭子興。」但臉上的表情卻分明就寫著：「人就是老子抓的，想怎麼著。」一看到孫德崖囂張到連演戲都懶得跟他演，朱元璋豬腰子形狀的臉瞬間氣成了豬肝色。

但沒有孫德崖親口承認，朱元璋一點辦法都沒有，當時的郭部失去了首領，已經是一盤散沙，唯一可以依靠的是彭大。朱元璋當機立斷，帶著郭子興的兩個兒子就找到了彭大，向彭大分析了整個濠州城現在的格局，說服彭大出兵包圍了孫府。而朱元璋親自帶著劍盾衝進孫府地牢裡，一劍劈開大門背出了奄奄一息的郭子興。

有郭子興在手，接下來的事情就好辦了。孫德崖人贓俱獲，無話可說。當然，也沒有人敢進一步制裁孫德崖，最後幾位大帥發揮和稀泥的絕技，這樣一件事情居然不了了之。

這是朱元璋入職以來遇到的最大危機，雖然順利地解決了問題，但卻讓朱元璋感到萬分失望，一個小小的濠州城就能鬥得烏煙瘴氣，這樣鼠目寸光的隊伍怎麼可能求生存求發展。留在濠州城，跟著郭子興這批人混是不會有前途的。

於是，朱元璋決定要拉隊伍自己發展。

1353年六月，朱元璋回到自己的家鄉，招募了一支七百多人的隊伍，雖然朱元璋以後擁有了上百萬的大軍，但對他來說都不如這七百人重要，倒不是因為這是他的第一桶金，而是因為這七百人中有一個人，一個讓敵人聞風喪膽，立下不世戰功的名字：徐達。

憑空多出七百多人來，郭子興當然高興，於是又給朱元璋升了職，升他為鎮撫。

就這樣，僅僅用了一年時間，朱元璋從普通工人升為班組長，再成為部門經理，到現在終於有了一支自己嫡系的團隊。金麟豈是池中物，一遇風雲便為龍。現在朱元璋再也不滿足於小小的濠州城，不滿足於跟眼前這些沒有檔次的「大帥」們廝混。他要出去開一家自己的分公司，自己做總經理！

朱元璋的野蠻生長

1353年，朱元璋打定了主意要帶著自己的團隊離開濠州闖蕩一番。按理說，朱元璋此時的嫡系部隊有七百多人，但這七百多人在濠州這個大染缸畢竟也待了段時間，多多少少染上了一些暮氣。另一方面，帶著這麼多人出去自立山頭郭子興也不是很放心。

所以，朱元璋做了一個驚人的決定：他不要這七百人的部隊，只帶走24人。郭子興一看名單：徐達，湯和，周祖德……都是些籍籍無名的小輩。他放心了，這麼幾個人能掀起多大的風浪來？甩甩手就放行了。

他沒看到朱元璋嘴角的一絲淺笑。如果郭子興還能再活二十年，他就會知道朱元璋帶走的，都是一批怎樣的菁英。

不過菁英歸菁英，打仗還是得靠人數堆的，一騎當千那都是遊戲裡才有的場景。所以，朱元璋離開濠州城之後做的第一件事情就是募兵，說是募兵，其實很有可能是拉壯丁，總之，拉起了一支一千人的隊伍。

不管隊伍是怎麼來的，現在朱元璋手裡有兵有將，說話分量都不一樣了，開始四處收購經營不善的小公司。他第一個盯上的是附近張家堡的驢牌寨。驢牌寨聽起來威風凜凜，其實就是一群窮哈哈的土匪。一聽說朱元璋來收購他們了，挺開心，吃飯是免不了的，飯局上觥籌交錯，兩邊都聊得挺開心。

事實證明，這是一頓和諧的飯局，團結的飯局，卻不是勝利的飯局。也就一頓飯的時間，驢牌寨寨主把朱元璋的老底摸清楚了——二十四個中層幹部外加一千個剛剛拼湊起來的大頭兵。

就這德行還想收購我們？驢牌寨寨主不樂意了，飯局一散就變卦，再也沒提起收購的事兒了。朱元璋也不生氣，第二天又把寨主喊到自己的軍營裡吃頓飯。寨主收到請帖二話不說，抱著「既然合作不成就要把昨天的飯吃回去」的心態就跑來赴宴了。

他沒想到，迎接他的不是美酒而是獵槍。朱元璋根本沒打算請他吃飯，一見面就把寨主捆成了粽子，然後用寨主的名義，吞併了驢牌寨的幾千軍馬。

朱元璋的飯不是那麼好吃的，驢牌寨寨主是第一個明白這個道理的人，可惜他不是最後一個。

解決了驢牌寨，朱元璋把目光移到了橫澗山。橫澗山上屯駐著兩萬名士兵，首領一個叫廖大亨一個叫張知遠。張知遠不足為慮，廖大亨不好對付，這個人治兵有方，帶兵寬厚，非常得軍心。

可惜在朱元璋面前，他依然是路人甲的檔次。當夜，朱元璋趁夜色直接進攻橫澗山，廖大亨幾乎沒怎麼抵抗就一敗塗地，老老實實投降了。

就這樣，朱元璋的隊伍像滾雪球一樣越滾越大，一年下來，已經成了淮西地區不可小覷的一支武裝力量。

朱元璋不再滿足於佔據幾個小山寨流寇一樣東一榔頭西一錘子地幹了。在謀士的建議之下，朱元璋決定南下佔據滁州作為自己的根據地。

滁州地勢險要，歐陽修《醉翁亭記》一開篇便是「環滁皆山也」的議論，可見此地確實易守難攻。不過，滁州城的防守力量並不是非常強大，所以朱元璋倒沒什麼如臨大敵的感覺，只是派了花雲帶著一個騎兵小分隊在前頭開路。

花雲是朱元璋手下的一員虎將，其人名字秀氣，其實長得五大三粗，臉黑得跟煤炭一樣，兇神惡煞。花雲在前面開著路，突然就遇到了數千敵軍，花雲根本沒想過回去找援兵的事，拔劍躍馬直衝敵陣。敵軍大驚：「這個黑將軍非常勇猛，不可當其鋒。」一瞬間便被衝得七零八落。朱元璋的大軍跟在後面沒花什麼力氣，就把滁州守軍給消滅了。

終於有了一塊自己的根據地了，朱元璋小小地鬆了一口氣。在這段時間，他的隊伍繼續擴大，相繼有馮國用、馮國勝（就是後來的馮勝）、李善長、朱文正、李文忠、沐英等人加盟，朱元璋麾下猛將如雲，謀士如雨。

就在朱元璋風生水起的時候，他的母公司老闆郭子興的日子越過越不順心。

本來郭子興還能跟孫德崖分庭抗禮，可是經過上次囚禁事件後，趙均用和孫德崖越走越近，兩人先合力搞彭大，彭大玩不過他們，氣悶不過，居然被活活氣死了。接下來就輪到郭子興了。孫德崖雖然忌憚朱元璋在滁州的幾萬兵馬不敢直接下手，但還是把郭子興趕出了滁州城，讓他哪兒涼快哪兒待著去。

郭子興想來想去，也就朱元璋那兒比較涼快。於是腆著臉來找朱元璋混飯吃了。

這個時候的朱元璋還是非常仗義的，一聽說老泰山來了，立刻打開城門迎接他。朱元璋的態度讓郭子興非常感動，他沒想到朱元璋居然這麼不計前嫌。更讓他沒想到的是，朱元璋居然把這三萬軍隊的兵權也讓給了郭子興。

滁州的糧食本來就不多，現在郭子興又帶了幾萬張嘴過來，就更加不夠吃了。為了不讓老泰山餓著，朱元璋發兵打下了和州，然後自己搬到和州去住了。

這時候的濠州，糧食也不夠吃了。孫德崖聽說朱元璋打下了產量地和州，強行要求來和州混飯吃。他手下的人也不客氣，拖家帶口地跑到和州城，吃起了霸王餐。

郭子興不高興了，我的飯怎麼能隨便給孫德崖吃！氣哼哼地跑來質問朱元璋，朱元璋一臉委屈：明明是孫德崖來吃霸王餐，他一個小服務員，哪裡趕得走。郭子興不相信，帶著軍隊駐紮在滁州城邊上，死死盯住自己的飯碗。

誰吃飯的時候樂意被人盯著看啊，孫德崖心裡毛毛的，當天早上便來找朱元璋說：你岳父來了，這飯我吃不舒坦了，要不我先走人吧。朱元璋當然樂意啊，倒不是捨不得那幾碗飯，實在是兩個小小的和州城裝不下這兩個火藥桶。為了防止撤退途中兩軍發生摩擦，他就建議孫德崖親自殿後，讓部隊先走，為了讓孫軍撤地安心，他親自送出城去。

這件事情上面，朱元璋只做對了一半，他只知道留下孫德崖可以防止孫軍找郭軍的麻煩，卻忘了自己的老岳父郭子興也不是個省油的燈。郭子興一聽孫德崖要走頓時暴跳如雷，去飯館裡吃頓霸王餐還要挨頓揍呢，來我和州吃飽喝足了抹抹嘴巴就想走！沒門兒。

這邊，朱元璋正把孫德崖的部隊送出城，眼看著就要把瘟神送走，後方突然傳來一個驚天霹靂般的消息：孫德崖被郭子興扣下了！

朱元璋到底是朱元璋，反應不是一般地快，別人都還沒反應過來呢，他就當機立斷：跑啊！等孫部的軍士反應過來的時候，朱元璋已經跑出老遠了。孫軍反應是慢了點，可是反應過來後一點不含糊，策馬急追，什麼投槍弓箭一起朝著朱元璋招呼過來，幸虧朱元璋穿著幾層重甲，否則就給射成刺蝟了。饒是如此，幾十里狂奔下來，馬累得夠嗆，終於還是給孫軍活捉了。

郭子興一聽朱元璋給活捉了，頓時沒了主意，這滁州城精銳都是朱元璋的嫡系，雖說指揮權送給了他，可他真要害死了朱元璋，這幫人說不定會活剝了他。最後思來想去，一咬牙一跺腳，同意拿孫德崖去換朱元璋。

可是一來二去，兩家誰都不願先放人。這倒不是說兩人器量小，說到底還是個誠信問題。

郭子興和孫德崖相互之間爾虞我詐也不是一次兩次了。交換頓時陷入了僵局。

幸好，徐達提出了一個創造性的解決方案，具體來說是這樣的：郭子興先把徐達支付給孫德崖部，然後孫德崖部把朱元璋支付給郭子興。確認收貨後，郭子興把孫德崖交付給孫德崖部，最後，孫德崖把徐達歸還給郭子興。

頭暈吧？就這條理清晰的大腦，徐達就算沒成為軍事家也會成為優秀的企業家。

經過一連串複雜的支付流程，朱元璋終於安全回到了滁州城。這件事情他倒沒怎麼往心裡去。但郭子興就不一樣了。一想到到手的孫德崖就這樣飛走了，郭子興越想越氣越想越氣，但又不知道該往哪裡撒氣，最後，居然把自己給活活氣死了！

一代豪傑，就這樣被自己活活憋屈死，真是生得偉大、死得光榮。

對於朱元璋來說，這無疑是件好事，經過數年的奮鬥，他終於可以甩開郭子興，放開手自己幹了，去幹出一番屬於自己的事業來。

不影響歷史的擦身而過

1355年，郭子興病逝，朱元璋終於順理成章地接管了郭子興的軍隊和地盤，以梟雄的身分光榮地加入到逐鹿天下的隊伍中。此時的朱元璋擁兵十萬，聲勢大振，但是朱元璋沒時間慶祝，因為這只是表面光鮮而已，實際上，每次看地圖朱元璋都會無比頭痛，因為他的處境可以說是四面受敵：東有張士誠，西有徐壽輝，虎視眈眈地看著他，而南面北面全是元朝的實際控制區域，相互之間都苦大仇深的，朱元璋夾在中間，連縮頭烏龜都當不成。唯一讓朱元璋可以欣慰的是他和北方元軍之間還夾著小明王、劉福通的紅巾軍主力，只要元軍不使出隔山打牛的太極神功，至少北方暫時是靠得住的。

為了在這團包子餡兒一樣的夾縫中生存下去，朱元璋聽從了謀士朱升提出的九字方針：「高築城，廣積糧，緩稱王。」高築城，這個容易，反正身邊都是惹不起的主兒，不如龜縮在自家院裡修城牆。緩稱王更容易，唯一比較難辦的是廣積糧——想廣積，你也得有糧啊。

於是，朱元璋把目光投向了長江的對岸。江南之地，向來是產糧之地。所謂「蘇湖熟，天下足」，只要佔據了江浙地區，至少糧食問題是不用發愁了。當然，促使朱元璋決定首先拿江浙開刀的原因還有一個：這裡還是元朝的地盤，而且比起北方精銳的蒙古騎兵，這裡的守軍好對付很多。

說幹就幹，當年，朱元璋率軍渡江，攻克了太平（安徽當塗），佔據了巢湖平原的產糧區，第二年，朱元璋又再接再厲，攻下了南京（當時叫集慶），並把集慶改名為應天（和北京一樣，南京在歷史上多次改名，本文為了敘述方便一律沿用今稱）。有了南京這樣一個穩固的軍事基地，到1357年，朱元璋已經基本控制了江蘇西部和安徽南部的大部分地區。

當然，這幾仗對朱元璋來說都不是太輕鬆，特別是南京城，打下來可是費了老勁兒的，之所以一筆帶過，是因為對於劉基來說，這都不是重點。因為此時此刻，正在青田隱居的劉基真正關心的是朱元璋兵鋒所指的浙東平原——這片他戰鬥過生活過的地方。

他知道，南京丟了，朱元璋遲早回來吃下浙江這塊肥肉。這倒不是說劉基的戰略眼光有多獨特，因為當時就連隔壁鄰居家的阿姨都知道朱元璋的下一個目標了。

果然，1368年，朱元璋派部將胡大海南下，十二月，大軍攻克蘭溪，直指婺州，婺州背後就是處州。

這場戰鬥在朱元璋的史傳裡幾乎不被提起，即便是總指揮官胡大海的傳記中都只是寥寥數筆，原因很簡單：這仗打得沒有任何難度，輕描淡寫就略過了。但是對於劉基來說，確是一件比較重要的事情，而在劉基的老朋友石抹宜孫的眼裡，這是一件天大的事。

歷史就是如此，它在每個人眼中都是不一樣的，我們所能看到的，其實只是少數幾個人眼中的歷史而已。

石抹宜孫的天都要塌了，一方面，他是處州的守將，而另一方面，他的母親還在婺州。面對朱元璋的大軍，石抹宜孫最好的選擇是投降，連南京都被攻下了，一個小小的處州如何守得住？即便不投降，他也應該放棄婺州，集中優勢兵力固守處州。經過多年的剿匪戰鬥，處州城的軍事設施和士兵素質都相對比較高，比起婺州，這裡才是最佳的決戰地點。

石抹宜孫當然知道這一點，但是他卻抵抗到底，並且分兵救援婺州。他也明知這樣做無疑是在自尋死路，但是他對部將說了一句話：「做人的大義無過於『君親』二字，守土而不抗戰，這是對不起君王，母親有難而不救，是對不起親情。無親無君，我還怎麼在天地間立足！」值得一說的是，史書記載，石抹宜孫是哭著說這句話的（泣曰）。他知道自己在以卵擊石，是負隅頑抗，終將被歷史的巨輪輾得粉碎。但他義無反顧。我們可以說他不識時務，逆歷史潮流而動，但他盡到了作為大元的臣子和母親的兒子的本分。

石抹宜孫派胡深帶領一萬民兵前往婺州，自己率精銳殿後。這個胡深大家可能還記得，是當年剿匪之戰石抹宜孫黃金班底的一員，但是後來劉基走了，章溢也走了，只有胡深和葉琛碩果僅存。

這場戰鬥連給石抹宜孫作傳的史官都懶得寫，只有兩個字——「敗績」。一敗塗地的石抹宜孫退回處州，但胡大海沒有給他任何的機會，1359年胡大海的軍隊出現在了處州境內。

石抹宜孫依然抱定死戰到底的決心，派遣葉琛、胡深等人構築防線，擺出一副人在城在，城破人亡的拚命架勢。一開始胡大海還真被唬住了，俗話說困獸猶鬥，有文化的說法叫楞的怕橫的，橫的怕不要命的。胡大海打仗比較楞，但石抹宜孫這次不要命了，所以胡大海有點猶豫。

關鍵時刻，當年黃金班底的成員胡深卻做出了一個決定，一個不知道是該評價為可恥還是順應潮流的決定——他叛變了。胡深找到了胡大海，告訴胡大海處州是紙老虎，石抹宜孫早就是強弩之末了。順道，他還把處州的佈防情況耐心細緻地傳授給了胡大海。胡大海很高興，立刻與另一路將領耿再成合兵一處攻打處州城。

沒怎麼費勁兒，處州城破，石抹宜孫身邊只帶了十餘騎逃了出來，一路狂奔逃到福建邊境。但你要以為石抹宜孫是貪生怕死逃之夭夭了，就太小看他了。到了福建後，石抹宜孫依然沒有忘記自己守土的職責，繼續整編殘兵，打算收復處州。遺憾的是，前線傳來的消息一個比一個壞，朱元璋的軍隊像潮水一樣席捲了浙江，元軍毫無抵抗之力，更可怕的是，朱元璋的軍隊所到之處，與民秋毫無犯，老百姓像迎接家人一樣迎接他們，有人還向他轉述了胡大海常掛在嘴邊的一句話：「吾武人不知書，惟知三事，不殺人，不掠婦女，不焚毀廬舍。」一聽到這句話，石抹宜孫就知道大勢已去，自己必然被歷史拋棄了。

他絕望地感嘆：「處州，吾所守者也。今吾勢已窮，無所於往，不如還處州境，死亦為處州鬼耳！」於是，他回到了處州。在處州轄下的慶元縣，被亂兵所殺。

對元帝國來說，這是又一顆將星的隕落，對朱元璋來說，這只是南征路上的小小插曲，對劉基來說，他失去了一個好朋友、好戰友。

石抹宜孫可能不是劉基最好的朋友，但卻是他最好的戰友，但除了眼睜睜地看著處州淪陷石抹宜孫敗走，他卻無能為力。因為這個時候他已經不為元王朝打工了。

很可惜，劉基就這樣和朱元璋擦肩而過，只是因為晚了一年，那個時代最牛的謀士與最強統帥之間沒能擦出火花，這實在是一件比較可惜的事情，甚至有人感慨說石抹宜孫之所以戰敗是因為缺少了劉基的輔佐，這種說法基本比較不靠譜。很多時候，一個偉大的統帥、猛將或者謀臣可以逆轉戰爭局勢，但這是在實力相差無幾的情況下，而當時的石抹宜孫，軍隊實力與佔盡了天時地利人和的胡大海相比根本不在一個層次上面，只有大羅神仙才救得了他。不過話說回來，在絕對的優勢面前，所有策略都毫無價值了。

所以即便當時劉基全程參與了處州防守戰，歷史軌跡也不會發生任何變化。

故事大王劉伯溫

辭官之後，劉基回到青田老家，一度心灰意懶，想要閒雲野鶴度此一生。但劉基畢竟是儒生，很難真的像道家一樣超脫世外，想過去，憶往昔，他此起彼伏，於是乎，他想寫本書。

這本書的名字叫《郁離子》。書名比較費解，所以有必要解釋一下，所謂「郁」，就是有文采的樣子；所謂「離」，就是八卦中的「離卦」，代表火；所以郁離，就是文明的意思，書名的含義就是如果後世能按我書裡說的做，必可抵「文明之治」。

那麼，這究竟是一本什麼樣的書呢？答案是，這是一本故事書。確切地說，是一本寓言集，全書共十八篇，一百九十五個字小寓言，或長或短，無不反映了劉基治國、治軍的觀點、主張。

借助寓言說理，這種模式是莊子首創的，事實上，連「寓言」這個詞兒都是莊子發明的，但是把這種文體玩到登峰造極的人，還是劉基。在這本書中，劉基用一個個生動有趣的小故事表達。不管後人如何評價《郁離子》的思想性，但對於這本書的文學成就，沒有人會有異議——這是一本好看的書。

在《郁離子》中，劉基首先拐彎抹角地揭露了元朝的民族歧視政策，統治者的昏聵、腐敗，以及對老百姓搜刮掠奪等等弊政，從這個角度來看，這本書有點像一本雜文集。

比如，《郁離子》中有這樣一個故事：

郁離子的馬產了一匹幼駒，人們說：「這是千里馬呵，一定得送牠到皇帝的御馬房去」。郁離子大為高興，遵從人們所說，把這匹千里馬送到了首都。皇帝派太僕去察看後才獻上，太僕說：「這馬倒真是一匹難得的好馬，但牠不是河北出產的呵！」於是竟把這匹千里馬安置在皇宮外的牧地裡。

很明顯，這是在諷刺元王朝把人按地域分成三六九等，劉基在元王朝鬱鬱不得志，和他「南人」的出身也有著不小的關係，在這個故事中，劉基用馬作比喻：不是河北出產的馬，再能跑也只能哪兒涼快哪歇著去，不是蒙古人色目人，再能幹也只能沉淪下僚，這就是劉基面對的社會現實。

《郁離子》中有非常多這樣的故事，有趣、辛辣，對社會的黑暗進行了鞭辟入裡的諷刺，堪稱是開了諷刺小說的先河。但如果只是這樣一些發牢騷的諷刺故事，這本書也不過就是本小憤青自費出版的雜文集而已。事實上，《郁離子》中還有許多更有深度的政論文章，其意義遠遠超過了文人的牢騷。

比如這個狙公的故事：

說楚國有個養猴的人，楚國人叫他「猴先生」（狙公）。每天早上，他一定在庭院中分派獼猴工作，教老猴率領著小猴子上山去，摘取草木的果實，抽十分之一的稅來供養自己。有的猴子數量不足，就用鞭子抽牠們。猴子們很害怕他，卻不敢違背。

直到有一天，有隻小猴子問大家說：「山上的果樹，是猴先生種的嗎？」大家說：「不是啊！是天生的。」又問：「沒有猴先生我們就不能去採嗎？」大家說：「不是啊！誰都能去採。」又問：「那麼我們為什麼要仰賴他，還要被他奴役呢？」話還沒說完，猴子全懂了。當晚，猴子們一起等候狙公睡著的時候，就打破獸欄，拿走存糧，一塊兒跑進森林，不再回來了。狙公最後活活餓死。

在這個故事中，劉基藉主人公郁離子說的：「在這個世界上，那種賣弄權術奴役人民而不依正道來規範事物的人，就像猴先生吧！他們之所以能夠得逞是因為人民昏昧尚未覺醒，一旦有人開啟民智，那他的權術就窮盡了。」

這樣的言論，現在我們聽起來都會有些當頭棒喝的感覺，更不用說是出自四百年前劉基之手。不可否認，劉基曾經做過元王朝的鎮壓農民起義的急先鋒，他對農民起義有著複雜的感情，一方面，他同情貧苦的農民，但另一方面，他又不能容忍武裝起義，必須除之而後快。

但是，經歷了這些年的冷靜思考後，至少當他寫下這個故事的時候，我們可以知道，劉基對農民起義的態度已經變了，這等於為他將來能夠投入到朱元璋的起義軍麾下掃清了思想上的障礙。

而另外一個故事就更有意思了。

有一個趙國人憂慮老鼠為害，就到中山國去求貓。中山國的人給了他一隻貓，這貓很會捉老鼠和雞。過了一個多月。老鼠被捉光了，可是他的雞也被貓咬死完了。他的兒子對此深感憂慮，便對父親說：「何不把貓趕走呢？」他的父親卻說：「這個道理不是你所能知道的呵。我的憂慮在於鼠，而不在於沒有雞。有了老鼠就偷吃我的食物，毀壞我的衣服，打穿我的牆壁，損壞我的器具，我將因此受饑受寒，這不比沒有雞更有害嗎?沒有雞，不吃雞就罷了，離開饑寒還遠，怎可趕走那貓呢？」

多麼富有辯證意識的思維方法啊，一下子就抓住了事物的本質，抓大放小，從根本上解決了問題。這個故事，也可以看作是劉基政治軍事智慧的濃縮。

這些形形色色的故事構成了《郁離子》這本書，每一個有趣的故事背後都蘊含了劉基這些年來的思索。雖然劉基身後留下了許多以他自己名字署名的書，比如算命教材《滴天髓》，實戰派兵法《百戰奇略》，兵器知識讀物《火龍神器陣法》，以及鼎鼎大名的預言書《燒餅歌》，但遺憾的是，這些書僅僅是託名劉基，相比之下，《郁離子》就沒有這麼神奇了，只是一本有些趣味性又有些思想性的傳統讀物而已。但它畢竟是劉基親筆寫就，是劉基上半生沉浮幾十年所獲得的智慧沉澱而成的，可以說是劉基的一生思想的分界線。

也許我一開始就錯了

在青田老家隱居的歲月裡，除了著書立說，針砭時弊之外，劉基基本上沒怎麼走動。世道亂了，他不可能像1336年那樣出去旅行了，因為全天下都在打仗，兵荒馬亂的，不是旅遊的黃金季節。而且經過這幾年剿匪，劉基手上也沾了不少人的血，難說沒有恨他恨到牙癢癢的人，總還是留在自己的家裡安全些。

在老家，劉基手頭還有些可調用的兵馬。這些都是他在處州剿匪時訓練的民兵，劉基辭官後，很多人因為害怕方國珍打擊報復，都跟著劉基到了青田縣安頓下來。這些人表面上是良民，其實也跟劉基的私兵差不多，只聽他一個人的。

劉基本人對此倒沒什麼想法，但有人卻動起了劉基的想法。

這人沒留下名字，只知道是劉基的一位門客，有一次屁哄哄地跑來跟劉基說：「大人，您這樣一直蹲在青田縣，不覺得憋屈嗎，以您的才幹，完全可以幹一番更大的事業。」說完，做腹藏百萬雄兵狀。劉基一看他撅的這屁股就知道他要拉什麼屎，卻不說話，只是讓他說下去。

這人一看更來勁兒了，比比劃劃地指點著江山，「我們可以這麼整：先佔據括蒼（麗水），然後吞併金華，然後就能不費吹灰之力攻下紹興，這樣一來，方國珍就只有躲到海上去了。然後我們倚靠長江天險割據一方，至少能做個越王勾踐吧。」說到得意處，這傢伙還摸摸鬍子，頗有當年諸葛隆中對的氣勢。

劉基差點被他氣樂了。劉基當然知道自己家手裡這點兵有幾斤幾兩，更重要的是，他鎮壓了半輩子反軍，怎麼可能自己去造反呢。於是，他義正詞嚴地駁斥道：「我這輩子最恨的就是方國珍、張士誠這種人，今天我要是聽你的，那我和他們有什麼區別！況且你看著吧，浙江的地盤已經有主人了。」沒過多久，朱元璋攻克了括蒼、金華、劉基專程找來了這位門客，說：「你看，我說得沒錯吧。」

其實，那個門客估計也沒經過深思熟慮的謀劃，畢竟那個年代造反跟吃飯一樣隨意，隨便有幾桿槍就敢出來當草頭王，過幾天癮，然後被另一個草頭王幹掉，所以他也想慫恿劉基去趕趕潮流。也就一個隨便說說一個隨便聽聽。

但這段對話裡有一個地方很值得我們注意，那就是即便在和元王朝決裂之後，劉基對於方國珍和張士誠的態度是不太友好的，在他心中這些人依然是叛軍，而不是義軍。

對於後來的史官，包括現在的許多歷史學家來說，這似乎永遠是劉基洗不掉的污點。人們無法接受劉基為什麼革命覺悟如此低下，如此熱衷於給大元反動政府做狗腿子，喪心病狂地武力鎮壓革命群眾。在人民心目中，身為大明王朝「渡江第一策士，開國第一文臣」的劉基就該是個苗紅根正，意志堅定的革命志士才對。

所以明朝的史官很為難，只能小心翼翼地處理這段史料，比如有學者考證，劉基很可能是參加了處州攻防戰的，只是被作為不良紀錄偷偷抹掉了。

劉基的後人也很為難，只能捏造一些劉基其實早就對朱元璋心馳神往的故事，比如著名的「西湖望氣」（後文會講到）。

而後來把朱元璋集團作為偶像的反清義士們就更加為難了，只能想方設法給劉基辯護。比如章太炎就認為，劉基之所以鎮壓反軍，是指為了保衛家園，而不是維護元朝的社稷。（公之起則為鄉邑保障，不為元行省干城。）甚至於，片面解讀劉基寓言的方式，章太炎簡直要把劉基塑造成潛伏在元帝國內部的無間行者了。

其實真沒必要。我們沒有必要太苛責劉基，他只是做了他應該做的事情。劉基確實對元王朝忠心耿耿，並且寫過許多詩來表示他的忠心。但是，學成文武藝，貨與帝王家，這不正是中國文人的傳統價值觀？而劉基時代的帝王家，不就是元朝廷嗎？作為元朝的子民，元朝的進士，他為自己的老闆竭忠盡智有什麼不對？難道那些貪官污吏，不遺餘力搞垮元王朝的蛀蟲們才值得表揚嗎？

屁股決定腦袋，坐什麼位置做什麼事情，這無可厚非。如果說劉基做錯了什麼，那就是太投入於自己的角色，而忘了自己竭力輔佐的元王朝其實早已走到了歷史的對立面。

有個成語叫南轅北轍。如果走錯了方向，跑得越奮力，錯得就越離譜。我們只能惋惜他做錯了選擇，卻不能責怪他做出選擇之後的所作所為。

在青田隱居，劉基隱隱約約也感覺到了。他回顧自己這幾十年的經歷，總感覺自己做錯了什麼，但又好像什麼都沒有做錯，畢竟每一件事情他都盡力做得漂亮，每一個崗位上他都兢兢業業，沒瀆過職沒犯過錯更沒做過傷天害理的事情，但他經世濟民的理想卻從來沒有實現過，反而現在一無所有了。

或許我一開始就錯了，劉基自言自語道，我真正想要的不是做官，而是能夠為國家為老百姓做點事情，而大元王朝，根本就不是一個能實現我夢想的舞臺。

於是，劉基開始反省自己。

我們不知道他究竟反省了多久，更不知道他是經過怎麼樣的思想鬥爭。但是沒過多久，他就想通了，一方面，從他當時的作品《郁離子》中，我們看到了許多同情農民起義，抨擊元王朝的寓言，另一方面他開始考察當時的時局，看看哪一家新公司才是自己未來的歸宿。

話是這麼說，但讓劉基現在就主動跳槽到紅巾軍或者其他義軍（比如張士誠）的隊伍裡，他心理上也不一定能接受，所以，劉基繼續淡定地在家隱居。

當時隱居在浙東的名士中，和劉基名聲相當的還有幾位，比如他的好朋友宋濂。宋濂沒有劉基那麼大的心理負擔，所以一心希望能夠出山輔佐明主，「今之入山著書，豈得已哉？」相比之下，劉基出山輔佐新主的意願就沒有這麼強烈了——不是不想，但也不是特別想。畢竟年紀大了，劉基有點心灰意懶。

這就意味著，劉基是可以爭取到義軍的隊伍裡來的。但是想要請劉基出山，恐怕要費一番大工夫了。

五、三分天下諸葛亮，一統江山劉伯溫

不要迷戀孔明，他只是個傳說

1358年，朱元璋的手下猛人紮堆，什麼徐達、常遇春、花雲、朱文正，捧著花名冊朱元璋都能笑出聲了。

但沒過多久朱元璋就笑不出來，因為他發現手下人才偏科太嚴重了，清一色都是武將，這幫人砍起人個頂個地玩命，殺人見血那是真沒話說，但這些人腦子也是真心不太好使。隨著產業越滾越大，朱元璋已經過了隨便拉幾千人就敢上陣群毆的創業階段。現在，他除了需要能砍人的藍領工人之外，還需要一些能運籌的白領文人。

朱元璋手下倒也不是沒有文化人，打下滁州的時候，有個儒生打扮的人跑來投奔朱元璋。這個人的名字叫李善長。那時候的朱元璋還把砍人當作人生第一大事，沒怎麼把文人當回事，就隨便指派了一個後勤工作讓李善長去做。

李善長什麼也沒說就去辦了入職手續，幾個月後，不管多麼雜零狗碎的事情到了這個李善長手裡都能被處理得井井有條，不管多千頭萬緒的帳務到了他手裡都能有條有理，於是慢慢地開始重用李善長。

有一次，朱元璋跑去跟李善長聊天。本來朱元璋跟李善長之類的文人是沒有什麼共同語言，不過這幾年朱元璋自學了不少科學文化知識，感覺跟文人能說上話了，他很得意。

於是他對李善長談古論今，不知怎麼就說到當今局勢上去，朱元璋問：先生你覺得我們下一步該怎麼走比較好呢？

對於這個問題李善長心裡有點打鼓。心想術業有專攻，我一個搞後勤的，你拿這種問題來問我，還不如去問徐達來得對口呢。但領導問話總要回答，於是他決定避實就虛。「元帥您的背景跟漢高祖劉邦差不多啊，我看可以學習一下劉邦。」

朱元璋來勁了，這兩年書終於沒有白讀——他恰好知道劉邦是誰！還知道劉邦在做皇帝前也就是個到處蹭飯吃的混混，地位跟他朱元璋差不了多少。

「請先生教我，劉邦是怎麼奪得天下的！」朱元璋身子前傾，一臉急迫。

李善長出了口氣，幸虧朱元璋沒讀過《史紀．高祖本紀》，否則還真不好糊弄。於是，他搬出了劉邦自己總結的成功之道：「因為劉邦手下的『蜀中三傑』，也就是三個一等一的能人：韓信、張良跟蕭何。」

朱元璋扳扳手指：「韓信會打仗，我有個徐達，不比韓信差吧。張良是個文人，上知天文下知地理，運籌帷幄鬼謀百出，我看先生就當我的張良吧……」

「不不不！」李善長差點從炕上跌下來，「運籌帷幄這種事情我不專業啊，幫元帥搞好後勤，讓元帥在外面打仗沒有後顧之憂，這才是我的專長啊。」

朱元璋想想也是，點頭道：「那先生就是我的蕭何，但誰是我的張良呢？」朱元璋思來想去，過篩子一樣把自己手下的猛人過來一遍，始終沒找到一個能當得起張良2.0版的謀士。

看到朱元璋皺著眉頭，李善長馬上就明白了，於是對朱元璋拱拱手道：「元帥不是剛剛打下了浙東嗎，浙東多名士，說不定能找到個張良，我聽說那兒有個叫宋濂的……」（宋濂位列浙東四學士之首，李善長第一個想到他也很正常。）

一聽到宋濂的名字，朱元璋突然想起另一個人來，興奮地一個激靈，打斷李善長說：「我想起來了，我聽不少人給我推薦過，浙東隱居著一個不得志的儒生，叫劉基，說這人算無遺策，用兵如神！我立刻讓孫炎去把他請過來。」說完，就跳下炕啪嗒啪嗒地跑去下命令了去。留下憋著半句話吐又吐不出，嚥又嚥不下的李善長。

這一艱巨的任務當仁不讓地落到當時的紅巾軍浙江軍分區司令胡大海身上。

胡大海是個粗人，比朱元璋還粗的那種人。不過劉基倒不在乎這個，他在軍隊裡摸爬滾打了這麼久，什麼樣的粗人沒見過？所以看到胡大海拿著聘書傻愣愣地衝進來，劉基也只是一笑置之。

真正讓劉基頭痛的不是胡大海，而是胡大海手裡的聘書。事實上，一看到胡大海，劉基的腦子裡就開始嗡嗡響了，兩個小人就坐在劉基的腦子裡展開了一場辯論。

辯論的主題是要不要出山輔佐朱元璋。正方辯手劉基，反方辯手還是劉基。

正方發言：當然要出山。元王朝腐朽至極，奸人當道，妖孽橫行，正直的人反倒沒有立足之地，連當朝太師脫脫，如此忠心不二的人，居然落到身死異鄉的下場，這樣的王朝，連老天都要拋棄它了。

反方陳詞：不能出山，咱畢竟是吃過大元朝俸祿的人。雖然元朝有負於咱，那也只是職位薪水方面的糾紛，到底也不是什麼血海深仇。現在說反誰就反誰，實在有點對不起天地良心，對不起忠義二字。

正方反駁：說到這個「義」字，本朝立朝之初就不把老百姓當人看，橫徵暴斂，草菅人命，黃河決堤淹死多少人，淮西大旱餓死多少人！此獨夫民賊耳，你助紂為虐才是不仁不義吧！

反方觀點：對方辯友說得很好，但是毫無意義，天下烏鴉一般黑，難道所謂義軍就是什麼好東西，你看看方國珍，丫什麼玩意兒……還有難道你忘了，我們前不久殺了多少義軍！

正方發言：對方辯友不要以偏概全，朱元璋是什麼人你不知道嗎！朱元璋的隊伍是什麼樣的隊伍你不知道嗎！胡大海的大軍打進浙西這麼久了，你見過他們殺人放火，縱兵劫掠嗎！當今天下，除了朱元璋，還有誰能當得起英雄二字！

反方……

正方繼續發言：良禽擇木而棲，良臣擇主而事，你青燈苦讀十餘載，難道不想有一番作為嗎？難道不想為天下黎明蒼生做點什麼嗎？你滿腹才學，難道就甘心躲在這個小山村裡面一事無成孤老終身嗎！

反方：可是……我好歹曾是元朝的官吏，好歹鎮壓過處州的義軍，現在朱元璋讓我去我就去，豈不是很沒面子！

正方……

於是，劉基拒絕了胡大海。對胡大海說道：「我本是鄉間小民，閒散慣了，逐鹿天下這種事情我不想再參與了，將軍請回吧。」胡大海眼看著劉基在邊上沉吟半晌，突然冒出這麼句話來，正要開口說些什麼，劉基已經背過身進屋了。

胡大海就這樣鬱悶地回去了，把結果報告給了朱元璋。朱元璋的思維很簡單，胡大海請不來，就找個級別更高的人去請。於是他想到了處州太守孫炎。

從軍以來頗讀了幾本書的朱元璋不是不知道劉備三顧茅廬的典故。但一方面朱元璋現在的日子比劉備好過，可謂一帆風順，另一方面，朱元璋的軍務也比當時劉備繁忙多了，東有張士誠，西有陳友諒，都虎視眈眈的，實在是走不開啊，於是他決定讓孫炎去，也算是給足面子了。

接到命令的孫炎二話不說就跑去青田縣，接替胡大海第二次探訪劉基。

劉基內心依然很掙扎。他也知道朱元璋是百年不遇的明主，自己如果再不出山，可能永遠都沒機會幹一番事業了。可是一想到自己曾經為大元王朝竭忠盡智，特別是想到自己的好朋友石抹宜孫就是間接死在朱元璋手裡，劉基心裡的結就解不開。

「再等等吧。」劉基心想，看看朱元璋的誠意如何，如果他是真心誠意請我出山，那我就勉為其難地輔佐明主吧，當年劉玄德三顧茅廬才請得諸葛亮出山，更何況我與反軍一直是對頭，怎能說出山就出山呢。於是，劉基拒絕了孫炎，就像當初拒絕胡大海一樣。

然而孫炎不是省油的燈，一個勁兒地說自己任務在身，劉基不出山，他不好跟朱元璋交代，反正回去也沒好果子吃，索性就賴在這兒了。

這耍流氓似地行徑讓劉基很光火，說不出山就不出山，我劉基在浙東官場和江西官場上都是出了名的一根筋二愣子，還能讓你脅迫！逼急了劉基乾脆拿出一柄寶劍「啪」地塞給孫炎。你把這玩意兒拿走吧，就當我精神上支持你們的造反工作了。

孫炎也惱了。前面說了，朱元璋的飯不是那麼好吃的。他在朱元璋的大灶裡吃飯，就得替朱元璋把活兒幹好，現在連個小小的劉基都請不回去，以後還怎麼混！

於是他放了一句狠話：「寶劍當獻天子，斬不順命者。我人臣，豈敢私受？」

聽著孫炎咬牙切齒的聲音，劉基心裡一緊，「斬不順命者」……誰是不順命者？那不就是我嗎。劉基是讀過書的，知道奸雄曹操的處世法則：不為我用者，殺。他知道，朱元璋跟曹操也差不到哪兒去。

不過劉基也是見過大風大浪的，豈能讓孫炎恐嚇，扭頭就進了屋子，把門甩得震山響。孫炎沒轍，只好帶著寶劍回到處州城，給朱元璋寫了封信說明了情況。朱元璋臉上也有點掛不住，因為除了劉基，他還請了宋濂、章溢、葉琛，這仨老哥都樂呵呵地來了，唯獨你劉基，怎麼請都請不過來！

但朱元璋到底是朱元璋，情商高沒得說，搖搖頭就把火氣帶過去了，既然劉基派頭這麼大，那就不妨再請他一次。要朱元璋離開南京親自去青田不太實際，但，朱元璋還是寫了一封情真意切的親筆信交給孫炎，讓孫炎帶給劉基。

收到朱元璋親筆信的劉基也算滿足了，雖然朱元璋沒有親自三顧茅廬，但好歹人家也耐著性子請了他三回。內心深處劉基也有點遺憾，差一點就能享受到諸葛亮級的待遇了。

不過想想也沒有太多好遺憾的，畢竟三顧茅廬的故事有很多杜撰的成分。劉基不一定讀過當時新出版的《三國演義》，但一定讀過《三國志》，他知道，諸葛家族是河東望族，跟劉表都能稱兄道弟的，而當時的劉備只不過是個寄人籬下的小老闆。再對比一下自己，雖然是浙東名士，但是離豪門望族還有些距離，而朱元璋此時儼然已經是大軍閥了，想要複製諸葛亮的傳說，有點難。

於是，劉基收拾行裝，跟著孫炎踏上了前往南京的道路。在離去之前，他還不忘把義兵指揮權交給自己的弟弟劉陛，告誡他一定要死死防備方國珍（善守境土，毋為方氏所得也。）

1358年，劉基走進了朱元璋的軍營，那一年，元帝國失去了最忠貞的策士，朱元璋得到了優秀的軍師，他終於擁有了屬於自己的「蜀中三傑」。

劉基版《新版隆中對》

決定出山的劉基離開青田，先到金華報到，跟早已等在那裡的宋濂、章溢和葉琛集合，然後由胡大海同志帶團，北上南京。

聽說浙東四先生集體出現了，朱元璋樂得屁顛屁顛的，這四個人一來立刻就把整個朱元璋部隊的文化水準拉上去了。於是早早準備好了一桌豐盛的酒宴，接待劉基一行。

飯桌上其樂融融，朱元璋發現跟文人吃飯真是別有一番雅致。平日裡跟徐達、常遇春吃飯吆五喝六，喝酒如牛飲水，嘴裡說的都是些今天剁了幾個腦袋割了幾隻耳朵之類（那時候靠首級和耳朵記軍功）的話題。今天幾位先生在，席間文質彬彬，小口慢嚥，說的都是青山綠水，詩詞歌賦。實在是讓一桌子菜都變得雅致起來。

朱元璋也受到了感染，想雅致一把，順便也想試試劉基是不是真的那麼有才。於是，他放下筷子對劉基說：「伯溫，你會作詩嗎？」在朱元璋眼裡，有才的人大抵都是會作詩的。

劉基露出了孔乙己聽別人問他是不是真的讀過書的表情，朱元璋也不惱，繼續說：「那你來作首詩吧。」做個什麼詩呢，朱元璋隨手指了指桌上的筷子，說：「，就把這雙筷子給你，你想首詩吧。」

對於從小接受詩文教育的劉基來說，這事兒簡直太容易了，他略一沉吟，開口便道：「一對湘江玉並看，二妃曾灑淚痕斑。」

朱元璋皺皺眉頭，覺得牙齒有點酸溜溜地，有點不滿道：「秀才氣太重。」用現在話說就是太小資太矯情。的確，又是玉又是淚痕的，小家子氣。

劉基捋捋鬍子，微微一笑，道：「別急嘛，還有下半句。」說著，他吟出了下半句：「漢家四百年天下，盡在留侯一借間。」

這句詩一般人還聽不懂，因為用到了一個典故：「借箸籌」。這個典故說的是西漢的張良——有一次張良陪劉邦吃飯的時候，兩人聊起天下大勢，張良就向劉邦借了一雙筷子（箸）當算籌用，給劉邦比劃當前的局勢，定下了全域的戰略。

在這裡，劉基明顯是把朱元璋比作劉邦，把自己比作了張良，這和朱元璋之前的想法倒是不謀而合。

不過也是劉基運氣好，因為前不久李善長讓朱元璋學習劉邦之後，他找人惡補了很多秦漢史的知識，這才能夠聽出劉基的弦外之音。若是劉基用個姜子牙、諸葛亮的典故，那大老粗朱元璋還真不見得能聽懂，那時候的場面必然非常尷尬。

朱元璋對劉基的這首詩很滿意。終於相信劉基確實是個有才的人。不過劉基接下來做的一件事情，讓朱元璋真正知道了「有才」二字怎麼寫。

劉基在詩裡把自己比作張良，把朱元璋比作劉邦，這話題一開就剎不住了，大家紛紛就爭奪天下的議題踴躍發言，表達自己的看法。輪到劉基的時候，他捋著鬍鬚道：「三位先生說的都是治國之本，見地非凡，我已經沒有什麼可以說的了，這樣吧，我在青田隱居的時候就曾縱覽天下大事，出發來南京之前為主公寫下了十八條逐鹿天下的建議，謂之《時務十八策》，請主公過目。」說完，劉基把隨身帶的《時務十八策》遞呈給了朱元璋。

讀完這十八條建議後，朱元璋的表現是：「大喜」。那麼，究竟這讓朱元璋大喜的十八條建議究竟是什麼呢？

很遺憾，我不知道。

不光我不知道，相信也沒有別人知道了，因為《時務十八策》已經失傳了。這麼重要的文獻怎麼可能失傳呢？據說是因為這十八策對時局的預測實在是太準了。當朱元璋讀到時務十八策的第一時間，這十八條建議的價值遠遠超過了這一桌子的名士，所以決定對底稿「留中不發」。

後來，朱明王朝建國，當朱元璋把時務十八策發出來再看的時候幾乎汗流浹背，因為從1358年起朱元璋的每一個重要政策都沒有偏離過《時務十八策》的軌跡。那時候的朱元璋已經讀過不少歷史，知道一千多年前，諸葛亮的《隆中對》幾乎掩蓋了劉備的全部光芒，導致後人一說起蜀漢的功業首先想到的都是諸葛亮而不是劉備。因此，如果讓「時務十八策」像隆中對一樣流傳開去，他朱元璋又會被置於何地呢？為了鞏固自己和子孫後代的地位，即使是對於李善長、藍玉這樣的功臣，朱元璋說殺就殺了，更何況是當時還沒有被寫進民法的著作權？

於是，朱元璋銷毀了《時務十八策》的底稿。

可惜，可惜。

無論如何，除了朱元璋收起《時務十八策》時的眼神有點怪之外，當時大家還是其樂融融，而朱元璋對劉基也刮目相看，最後，飯局在團結友好的氣氛中勝利閉幕。

飯局過後，朱元璋又單獨留下了劉基，就時局的一些問題跟劉基進行了深入的探討。

當時的時局是，朱元璋周圍還有三大割據政權：北方的韓宋政權、東方張士誠的周政權，和西方徐壽輝的天完政權（已經被陳友諒控制）。這三大勢力中，韓林兒是朱元璋抵禦北方元王朝的屏障，也是他名義上的君主，算是盟友關係。而張士誠佔有了蘇南、浙北等廣大富裕地區，雖然與朱元璋雖也爭城奪地，小戰不斷，但卻滿足於安富尊榮，不會有所作為。而陳友諒跟隨徐壽輝起兵以來，野心勃勃，先後殺了倪文俊、趙普勝等，掌握了天完的實權，成為起義諸部中最強悍的一支。也是朱元璋的最大威脅。

在這樣的夾縫中，如何選擇戰略成了朱元璋眼下最重要的大事。

對於這種問題，劉基早已胸有成竹，就像當年諸葛隆中對一樣，劉基分析道：「方今天下大亂，元失其鹿，天下共逐之。主公崛起於草莽之間，披荊斬棘，以有寸土，如今雖是強敵環伺，但也不是沒有制勝的方法。東方張士誠，氣勢雖盛，卻僅有邊海之地，南不過會稽，北不過淮揚，如竄伏之鼠，才疏器小。西方徐壽輝，包有饒、信，地跨荊、襄，幾乎是佔了天下之半，但天完的權柄卻都在陳友諒手中，陳友諒這個人，挾持其君而又威脅其下屬，下屬心懷怨恨；而且他本人做事又不計後果，窮兵黷武，數戰以後，勞民傷財，民怨很大，人心渙散，所以，他也不是不可擊敗的敵人。所謂獵獸就要獵猛獸，擒賊就要擒強賊，今日之計，莫若先消滅陳友諒，若得其地，則取天下之勢便自然形成了。」

劉基的這段議論，堪比諸葛亮未出茅廬先定天下三分的隆中對策，對時局分析、把握得十分準確，講得又如此透徹，使朱元璋一下子看準了戰略方向：如攻陳友諒，張士誠很可能按兵不動；如攻張士誠，陳友諒必會乘虛而入。所以，戰局的關鍵在於能否擊敗陳友諒。

就像當年諸葛亮的隆中對奠定了劉備先取荊州後取川的戰略思路一樣，劉基的這番議論，奠定了朱元璋先陳後張，然後北向中原，統一中國的基本戰略方針。

經過這番問對，朱元璋對劉基的才華已經有了深刻的認識，但他還是要最後確認一下，於是，朱元璋找到了手下的謀士陶安。

「先生你覺得剛從浙東請來的這四個人怎麼樣啊？」

「都是能人。」陶安給了個等於什麼都沒說的答案。

朱元璋不樂意聽虛的，便進一步問：「那跟你比起來怎麼樣？」

這個問題太難回答了，逼得陶安只能把自己的分析和盤托出：「在這四個人當中，論學問我比不上宋濂，論行政能力我比不上章溢、葉琛，論謀略，我比不上劉基。」

看上去陶安似乎把四個人都誇了個遍，但我們要知道，陶安也是因為謀略受到朱元璋重視的，而他本人也是朱元璋參謀班底的一員，也就是說陶安承認自己的學問不如宋濂，行政能力不如章溢、葉琛都很正常，但是他肯承認自己的謀略不如劉基，卻說明了劉基的能力確實已經讓陶安佩服得五體投地。

於是，朱元璋徹底放心了，覺得自己的力氣沒白花。一封親筆信，胡大海、孫炎三次跑腿換來個張良再世，值了。

沒過多久，朱元璋任命宋濂為江西省教育廳廳長（儒學提舉司提舉），又任命章溢、葉琛為國營農場管理局局長助理（營田司僉事），而唯獨把劉基留在自己的中樞指揮系統，參謀機密要事。

就這樣，劉基完成了一生中最重要的跳槽，站在南京城牆北望北京，劉基的心像石頭城下的潮水一樣澎湃。他一心想做大元王朝的忠臣，但元王朝卻把他親手推到了對立的陣營。

「從今天起，我們就是敵人了。」劉基面向北方輕聲感嘆。

不過，元王朝暫時沒必要太傷悲，因為第一個吃到劉基苦頭的人不是他們，而是西邊的陳友諒。

陳友諒的野望

陳友諒比朱元璋大八歲，湖北沔陽人。出生於一個漁民家庭。

雖然文人筆下的漁民生活非常浪漫，比如柳宗元的《漁翁》：「漁翁夜傍西岩宿，曉汲清湘燃楚竹。煙銷日出不見人，欸乃一聲山水綠。」但藝術終歸是藝術，高於現實的。從這首詩美輪美奐的藝術描寫中我們其實可以看到這樣的社會現實：普通漁民一般都是被主流社會排除在外的，過著離群索居的生活。

陳友諒從小就是在遠離人群的漁船上長大的。他從不覺得「漁翁夜傍西岩宿，曉汲清湘燃楚竹」是件多麼美好的事情，也沒有「回看天際下中流，岩上無心雲相逐」的藝術細胞。他在意的只有每次上岸去鄉鎮趕集時候別人輕視的目光，和身上永遠揮之不去的魚腥味。

陳友諒不是個自甘平庸的人，他不想一輩子過這種生活，陳友諒暗暗下定決心，無論如何，要改變自己的命運。陳友諒的父親陳普才也是這麼想的，所以，他拿出自己的全部積蓄請了先生教陳友諒讀書。

應該說，陳友諒的日子比朱元璋好多了，畢竟他沒有挨餓，父母健在，而且，家裡還有餘錢讀書。但陳友諒的童年幸福指數卻遠遠低於朱元璋，因為當時朱元璋的需求層次還停留在相對容易滿足的溫飽上，而陳友諒的需求金字塔已經上升到尊嚴層次了。

所以陳友諒所受的挫敗注定要比朱元璋更多，這也就解釋了為什麼陳友諒的性格比朱元璋更加偏執，更加極端，也更加不擇手段。

這樣的性格是把雙刃劍。至少在一開始，這是陳友諒成功的巨大動力。

極度渴望改變命運的陳友諒拚命地讀書。陳友諒讀的是孔孟書，但他從來沒有相信過孔孟這一套。他讀書的唯一目的，就是離開腳下這條臭烘烘的小漁船。

陳友諒的努力得到了回報，數年苦讀後，他終於取得了分配指標，進縣城當上了一名小吏。

吃上皇糧的陳友諒得意洋洋，以為自己這下鹹魚翻身了，但沒幹幾天就發現，自己依然是社會最底層的那條死魚。在官大一級壓死人的官場上，沒有地位，沒有背景，身上還一股子魚腥味兒的陳友諒一樣被人看不起，就像同時期在皇覺寺當和尚的朱元璋一樣，挨欺負是難免的。

這時候的朱元璋正在餓肚子，沒有時間東想西想。而吃飽了肚子的陳友諒卻有大把的時間胡思亂想。在這樣的情況下，想不心理變態都難。那時候的陳友諒，心裡只剩下了一個信念：往上爬，我要往上爬，只要爬到權力的巔峰，我就能得到我想要的一切：金錢，權勢，地位，還有——尊嚴。

所以，當紅巾軍席捲沔陽時，陳友諒毅然「棄暗投明」，陳友諒的想法很明確：創業型公司的上升通道總比沒落臃腫的大元集團要多些。

在所有著名的義軍將領中，陳友諒是動機最不純正的那個。

陳友諒的新老闆名叫徐壽輝，是這支紅巾軍力量的統帥。對於這個人，陳友諒的評價是兩個字：「草包」。

徐壽輝本來是個賣布的小商人，但布生意只是個幌子，徐壽輝的真實身分是當地白蓮教的黨魁。1351年紅巾軍起義爆發以後，當地白蓮教組織的另外兩位名高管彭瑩玉（就是《倚天屠龍記》裡的那個明教五散人之一）和鄒普勝共同起兵響應，順便也拉上了徐壽輝。

為什麼要拉上徐壽輝呢？原因讓人啼笑皆非：因為徐壽輝長得帥。彭瑩玉和鄒普勝大概是覺得自己的長相鎮不住場子，所以非但拉來帥哥徐壽輝入夥，還推舉他當了領導。

兩人也不傻，頭銜可以給你，但實權不能給你，義軍的實際控制權一直牢牢掌握在彭瑩玉和鄒普勝手裡。

在一位帥哥和兩位牛人的英明領導之下，起義軍形勢不是小好，而是一片大好，打敗元朝威順王寬徹不花大軍，連陷饒州、信州以及湖廣、江西諸郡縣，沒多久又破昱嶺關，攻克杭州。九月份，徐壽輝圻水稱帝，並且起了一個非常富有想像力的國號：「天完」。

為什麼叫「天完」呢？這其實是個文字遊戲，我們把天字去掉頂上一橫，把完字去掉頭上寶蓋，就成了「大元」，所以，天完就是蓋過大元的意思。在國號上都要佔個便宜，這也只有做小生意出身的徐壽輝才能想得出來。

天完天完，天要你完蛋，橫看豎看都不像是很吉利的字眼。果然，天完的好日子沒過多久，1353年，大元調集數省人馬集中圍剿天完，天完軍節節敗退，一年前打下來的城市又一個個地被元軍打了回去，最後連「國都」都被打下來了，彭瑩玉也在這一連串混戰中戰死。

彭瑩玉死了，鄒普勝孤掌難鳴，徐壽輝終於成了名符其實的一把手。可是，個人的能力畢竟放在那裡，面對似乎不可逆轉的頹勢，徐壽輝絲毫沒了主意，手足無措。

幸虧老天暫時還沒有讓天完國完蛋的意思，1354年，元王朝分兵北上圍剿劉福通、韓林兒，給了天完國喘息的機會，天完國元帥倪文俊趁機率軍接連攻克沔陽、襄陽、中興（江陵）、武昌、漢陽、蘄水等地，最終吃進去又吐出來的城池——又吃了回去。

由於功勳卓著，倪文俊也在這一站後被升級為丞相，並且把控了天完國的政權——徐壽輝悲催地再一次淪為花瓶。

而陳友諒就是這個時候加入天完軍的。在倪文俊手下做個文書。陳友諒非常重視這次機會，拚命表現，所以進步很快，而倪文俊也非常賞識他，一再提拔，沒過幾年，陳友諒就跟朱元璋一樣，自己帶兵外出發展，擁有了一支不小的武裝力量。

但陳友諒並不滿足於此，他苦苦思索，怎麼樣才能繼續壯大自己的實力。1357年，機會來了——陳友諒的頂頭上司倪文俊打算殺掉徐壽輝。

倪文俊不爽徐壽輝不是一天兩天了，陳友諒不是不知道這一點，但沒想到倪文俊說動手就動手了。陳友諒表示十分震驚。

他的震驚還沒表示完，倪文俊的謀反計畫就以迅雷不及掩耳之勢火速地失敗了。倪文俊只好跑路，思來想去，還是去黃州投奔陳友諒吧，畢竟陳友諒是自己一手提拔起來的親信。

事實證明，陳友諒果然夠義氣。他恭恭敬敬把倪文俊請進城，擺上一席豐盛的酒宴，說著同仇敵愾的話，做出義憤填膺的樣子。

倪文俊感動得眼淚汪汪的，覺得自己真沒看錯人，悲憤與感動之下的倪文俊一杯一杯地喝著陳友諒為他斟上的酒，直到喝得酩酊大醉。

醒來以後，倪文俊發現自己的腦袋不見了——更科學的說法是，倪文俊沒有機會醒過來了，因為陳友諒連夜砍下了倪文俊的腦袋送給徐壽輝邀功請賞去了。

在陳友諒眼裡，仁義廉恥算個屁，所謂兩肋插刀就是有需要時兩肋插你兩刀，不管朋友，恩師一樣是可以出賣的，只是價格要高一些而已。

很顯然，倪文俊賣出了一個好價格。倪文俊死後，陳友諒接管了倪文俊的殘部，實力大增。最重要的是，他立刻得到了徐壽輝的器重，勢力越來越大，然後……他接替了倪文俊在天完國的地位，成為天完國實際的統治者。

徐壽輝很鬱悶地發現，自己又淪為了陳友諒的傀儡。

他就是個傀儡的命，他幾乎都認命了。

但陳友諒不給他認命的機會，在陳友諒的字典裡只有兩個詞語：巔峰和谷底。要嘛踢開一切障礙爬上巔峰得到一切，要嘛墜落谷底失去一切。他見不得有人蹲在自己頭頂發號施令，哪怕是名義上的也不行。

他要剷除一切障礙，毫不留情。

天完國建國之初，在最高領導層能夠說得上話的，除了精神領袖彭瑩玉、帥哥皇帝徐壽輝之外，還有所謂「四大金剛」：丞相鄒普勝、元帥倪文俊、大將趙普勝、傅友德。在這些人中，彭瑩玉已經死了，鄒普勝退出了權力中心，倪文俊勢力被陳友諒收編，只剩下趙普勝和傅友德還堅定圍繞在以徐壽輝為核心的天完統治集團周圍。

趙普勝的聲望比傅友德要高一些，此人堪稱天完國第一猛將，人稱雙刀趙，勇不可擋，戰功赫赫。陳友諒決定先拿他開刀。

1359年九月，陳友諒以會師為名招趙普勝前往安慶，趙普勝是個粗人，沒什麼心機，親自帶著美酒和燒羊肉坐小船就過去了。兩舟交會，陳友諒一臉笑容現於船頭，趙普勝連忙跨身上前見禮。老趙剛一低頭，精光一閃，腦袋就掉在自己雙腳之間，剎那間，他還挺詫異：這一揖作過頭了不成？

趙普勝死了，傅友德可不傻，腳底抹油，投降了朱元璋。

陳友諒終於掃除了全部障礙，現在，天完國已經沒有能和他抗衡的力量了。陳友諒終於把目光投向了徐壽輝。

此時的徐壽輝很鬱悶。雖然從起兵以來他就一直是個傀儡，但不管是彭瑩玉還是倪文俊都還好歹給他些面子，可是到了陳友諒手裡，現在別說面子，連人身自由都沒有了——他被軟禁了。徐壽輝不知道，他馬上連人身安全都要沒了。

1360年，陳友諒攻下了朱元璋的採石磯，然後，他裝模作樣地邀請徐壽輝去採石城的五通廟和他共同討論作戰計畫。

徐壽輝有一種不祥的預感。陳友諒已經很久很久沒有和他一起商量什麼作戰計畫了。但他還是惴惴不安地去了。在五通廟門口，他看到了陳友諒似笑非笑的臉，和身邊殺氣騰騰的衛士。

徐壽輝嚇得渾身發抖，手腳冰涼，強堆著笑臉，但笑得比哭還難看。

陳友諒沒什麼話可以跟徐壽輝說的，他還有一件事情要忙，不過這件事情得等徐壽輝死了才能開始。所以，他簡單地擺了擺手，就轉過身去了。

徐壽輝還沒明白陳友諒這個姿勢是什麼意思，就眼前一黑什麼都不知道了——他的後腦勺已經被身後的武士用金瓜錘擊碎了。

這種死法的優點是沒有痛苦，缺點是，徐壽輝甚至都沒有機會反思一下自己失敗的人生。

總而言之，徐壽輝退場了。他的屍體被拖走，血跡被擦乾，很快地上又乾乾淨淨了，好像從來沒有一個叫徐壽輝的人出現在這裡過一樣。

陳友諒很滿意，他終於可以開始那件他等了很久的事情了，那就是——登基，當年的漁家子，小縣吏，終於登上了權力的巔峰。那一刻陳友諒傲視一切，因為他終於得到了他想要得到的一切。

西元1360年6月16日，陳友諒在五通廟——也就是兇殺現場——登基為帝，定國號為漢。定年號為：大義。

大道廢，有仁義。智慧出，有大偽。六親不和有孝慈。國家昏亂有忠臣。殺倪文俊，殺趙普勝，殺徐壽輝得來的天下，卻以大義為號。越是標榜自己仁義的人，越是不仁不義之人。越是叫囂「大義」，越是暴露陳友諒的心虛。

心虛歸心虛，但實力卻實實在在的。大權在握的陳友諒，論實力已經可以當之無愧地稱為天下第一。現在，陳友諒只需要在地圖上抹掉一些礙事的小雜魚，就能君臨天下，履至尊而制六合。

不幸的是，在雜魚榜上排行第一位的，正是朱元璋。

張士誠的逆襲

另一個讓朱元璋頭痛的鄰居是張士誠。

張士誠的家鄉泰州興化自古以來就是東南沿海最重要的產鹽地，張士誠就出生於興化的一個大鹽場：白駒場。長大後，順理成章地成為一名鹽業工人——鹽丁。

用現在的話說，張士誠成了元王朝最盈利的壟斷央企——中鹽集團白駒分公司的正式職工——也算是鐵飯碗了。

可惜大元朝的待遇實在是太差，非但沒有巨額年終獎金，連工資都不一定發得上，而且每天的工作量極大，絲毫沒有大國企應有的悠閒氣質。

張士誠覺得這份工作實在養不活自己，於是喊上自己的三個弟弟張士義、張士德、張士信一起搞起了三產：賣私鹽。

賣私鹽的利潤能高達百分之非常高，否則也不會有人鋌而走險去幹這個。但利潤率高是一回事，能不能盈利是另一回事。張士誠做了幾個月私鹽販子後發現一件非常痛苦的事情：收不到回款。

客戶收了鹽，不給錢，張士誠基本沒轍，本來自己就是不法份子，難道還能去報警不成。非但客戶欺負他，連鹽警也勒索他。張士誠的日子過得苦不堪言。

尤其是鹽警隊伍裡一個叫做邱義的弓箭手，待人尤其刻薄，勒索的比例每次都比別人要多那麼一點點，交不上錢就打人，下手也每次都要比別人重那麼一點點。

張士誠終於忍無可忍。這飯吃活不下去，活下去也沒尊嚴，這日子乾脆不過了！1353年，張士誠糾集兄弟四人，和其他志同道合的朋友十三人，拎起挑鹽的扁擔衝進了邱義的家，將邱義亂棍打死。接著，一不做二不休，哥幾個殺進周圍的富戶（主要都是他們的私鹽客戶）家裡，有怨抱怨有仇報仇，一頓扁擔全部打死，然後開倉放糧。

興化聚集了大批無產階級，了無牽掛，所謂光腳的不怕穿鞋的，這批人在張士誠的號召下紛紛投入到起義洪流中，沒過多久，張士誠就聚集起了上萬人的隊伍，聲勢大振。

這就是歷史上著名的「十八條扁擔起義」。

一開始，誰也沒把張士誠放在眼裡，以為幾個鹽工幾條破扁擔能興起多大的風浪？張士誠很快就讓這些人受到了教訓，三月底，張士誠就把泰州攻陷了，帶著部隊大搖大擺地進了城。

這下，張士誠上了元王朝的問題人物榜了，於是，元王朝使出了他的撒手鐧：招安。

這一招對方國珍相當管用，但是對張士誠無效。至少那個時候的張士誠，還是個鐵骨錚錚的硬漢子，他非但拒絕了招安，還把來招安的使節都扣了下來。然後繼續用兵。

當年五月，張士誠攻陷了高郵。第二年，張士誠在高郵稱王，國號大周，改元「天祐」，張士誠自稱「誠王」。

你都稱王了，再不打你就太沒面子了，1354年2月，元朝廷任命湖廣行省平章政事苟兒為淮南行省平章政事，率兵攻高郵；同年六月，派遣達識貼睦邇攻張士誠；隨後又命令江浙行省參知政事佛家閭會同達識貼睦邇攻張士誠。來的人級別一次比一次高，但張士誠的招待級別是一樣的——全部打回老家。

然後，張士誠再接再厲，擴大了義軍在江蘇地區的疆土，並牢牢控制了運河，扼斷了元朝糧食和賦稅北運北京的通道。

如果說之前張士誠稱王只是傷了元王朝的面子，現在控制運河那可就關乎帝國的肚子了，恰好這個時候北方紅巾軍起義已經差不多被打殘了，騰出手來的元王朝開始把目光轉向了南方。

1354年九月，張士誠迎來了級別最高的客人：脫脫。而脫脫對張士誠這個主人也極為重視，幾乎抽調了北方地區全部的元軍主力，帶來了整整四十萬人。

這是元末規模最大的一次軍事行動，四十萬大軍，號稱百萬，浩浩蕩蕩地開到了高郵城下。張士誠要說不怕那絕對是假話，他這輩子見過的人加起來都不一定有四十萬，他這輩子見過的官兒級別加起來都不一定有脫脫高。再加上和脫脫大軍的幾次接觸都以完敗收尾，張士誠心裡怕得要死。

可是怕又能怎麼樣，現在他連投降的餘地都沒有了，只有拚死抵抗。要是擋不住，就是個死——元朝立國不到百年，當年蒙古兵屠城的光輝事蹟大家都還是心有餘悸的。

在這種破釜沉舟的心理下，高郵守軍表現出了驚人的戰鬥力。張士誠冒著弓弩投石親自上城牆指揮，守誠的官兵輕傷不包紮，重傷不下火線，一次又一次地打退脫脫的攻城部隊。這就好比獵狗抓兔子，獵狗跑贏了頂多賺一頓飯，兔子跑輸了就是送掉一條命，誰會更賣力一些？

要說脫脫也不是省油的燈，作為元帝國最後的頂樑柱，他的戰術素養絕對過硬。一邊打高郵，攻佔了六合、鹽城和興化等地，構築了一條蒼蠅都飛不進來的絞殺網。

張士誠在高郵城裡無比絕望。他的軍隊只剩下了幾千人，援軍進不來，突圍出不去。當時的情況是脫脫的四十萬大軍就算什麼都不幹讓張士誠砍，也能把高郵守軍全部活活累死在戰場上。

在這樣的情況下，義軍內部分成了兩個派別，一派主張投降，而另一派主張繼續死守。毫無疑問，張士誠堅持死守。要知道，「從犯不究，首犯必殺」可不只是劉基處州剿匪時候的專利，至少，脫脫也明白這一招。張士誠知道，一旦投降，其他人能活命，可是他，死路一條。

城裡的屍體越來越多，活人越來越少。張士誠覺得部將看自己的眼神都不一樣了，自己的腦袋在他們眼裡，彷彿已經成了一張活命符，和一張可以立刻兌現的銀票。

然而，上天注定要拋棄大元朝。就在張士誠快要絕望的時候，有一位未曾謀面的「朋友」無私地幫助了他。

這位朋友叫哈麻，其實他並不算是張士誠的朋友，他的身分是權奸、小人，外加脫脫的政敵。看到脫脫帶兵在外威風八面，哈麻的鬱悶可想而知，於是和所有小人、佞臣一樣，哈麻天天在皇帝面前囉嗦，說脫脫帶兵打了那麼久，什麼成績都沒拿下，錢倒是花了不少，而且還仗著自己有權有勢隨意任命朝中百官。（出師三月，略無寸功，傾國家之財以為己用，半朝廷之官以為自隨。）前三句話說得都挺有道理，唯獨第四句話貌似和主題無關，但實際上卻是最能置脫脫於死地的一句話，因為沒有哪個皇帝會喜歡越權辦事的權臣。

於是，皇帝怒了，下詔書斥責脫脫吃飽了不幹正事兒，還挖朝廷的牆角（「坐視寇玩，日減精銳，虛費國家之錢糧，誑誘朝廷之名爵」），削去了脫脫的兵權，讓他立刻滾回北京來領罪，就差發十二道金牌了。

脫脫眼看著高郵城裡沒幾個能喘氣的人了，上面卻來了這麼一道聖旨，他沒有將在外君命有所不受的膽氣，只好功敗垂成，帶著不甘交出了大軍指揮權。脫脫幾乎都想高歌一曲：「怒髮衝冠，憑欄處，瀟瀟雨歇。抬望眼，仰天長嘯，壯懷激烈。三十功名塵與土，八千里路雲和月。」

張士誠並不知道北京發生了什麼事，畢竟他其實並不認識哈麻，但張士誠敏銳地發現，元軍的陣腳已經亂了，士氣已經不如之前高漲了，很快，張士誠得到了消息，脫脫卸任，取代他的是河南省省長（河南行省左丞）太不花、國務院地方特派員（中書平章政事）月闊察兒和總參謀長（知樞密院事）雪雪（哈麻之弟）。

且不管這三個人能力怎麼樣，臨陣換將是軍隊的大忌。特別是這四十萬大軍來自全國各行省，除了脫脫，誰都沒有辦法統一節度他們，脫脫一走，指揮系統徹底陷入混亂，大軍群龍無首，亂成了一鍋粥。

高郵城中的張士誠見元軍不戰而潰，立刻率領城中僅剩的幾千名義軍殺出城來，大敗元軍，終於撿回了一條命。

勝利實在來得匪夷所思，張士誠想起來都依然驚魂未定。他很感謝他的朋友哈麻，雖然他跟哈麻其實並不認識，但是哈麻的所作所為卻比張士誠任何一個朋友都要讓他感動——一個蒙古人，毫不利己，專門利人。不畏艱辛，不怕指戳脊樑骨，排除萬難黑掉了脫脫解除了高郵之圍，這是一種什麼樣的精神！

所以說國號年號很重要，張士誠年號天佑，關鍵的時候有皇天保佑，正如徐壽輝國號天完，沒過幾天就徹底完蛋。

張士誠擋住了脫脫的四十萬大軍，也是徹底拯救了南方的廣大起義軍隊伍，而他對反元大業的貢獻還不止如此：因為高郵之戰而獲罪的脫脫回北京後，立刻就被發配到了雲南，緊接著，哈麻矯詔賜毒酒，毒死了脫脫。

大元帝國最後的支柱倒了。

張士誠就像意外殺了個大怪的小號一樣，價值嗖嗖往上漲，聲望更是如日中天。江浙一帶的武裝紛紛前來投奔。義軍趁勢四面出擊，不但收復了失地，而且佔領了江南的大片土地。

到了1355年冬天，張士誠派自己的三弟張士德率軍渡江南下，到次年三月為止，先後攻佔了福山港、常熟、嘉定等地。1356年三月，張士誠率領主力軍進駐平江——這些，可都是全國最富庶的地方。

從此，張士誠成了全天下最闊綽的人，徹底完成了平凡人的逆襲，華麗地變身為高富帥，以至於後人有（陳）友諒最桀，（張）士誠最富」的說法。

光腳的人一旦穿上鞋，就再沒那股拚勁兒了。逆襲之後的張士誠變得不思進取，只想守著自己的一畝三分地做富家翁，他甚至開始模仿方國珍有事沒事投降一下元王朝——他再也不想跟元王朝硬碰硬了。

不得不說，張士誠是個好人，他減免了江浙地區的稅賦，江浙人到現在還在懷念他，但是，在江南三雄逐鹿的格局下，他的這種性格已經讓他處於必敗的境地了。

可張士誠畢竟是割據一方的大軍閥，說他氣量小也好，能力差也罷，那都是跟陳友諒和朱元璋比較。在這個江南的格局中，張士誠依然是強大到極致的存在，朱元璋對他也很頭痛。

屌絲何苦為難屌絲

陳友諒，張士誠和朱元璋都是苦孩子出身，按理說應該抱成團一起逆襲元帝國這個高富帥才對，可惜，這三位屌絲當時的戰略卻出奇地一致：先南後北，先統一南方，出兵伐元。

當時的江東三足鼎立，無論誰跟誰聯合起來，都足以滅掉第三個人。而剛剛打下南京的朱元璋很鬱悶地發現，自己就夾在張士誠和陳友諒中間，最有可能成為被滅掉的第三個人。

陳友諒和張士誠也確實都不太喜歡朱元璋，其實最不喜歡朱元璋的人是陳友諒，但是1356年的陳友諒還在忙著搶班奪權，所以最先跟朱元璋產生衝突的是張士誠。

張士誠看不起朱元璋，雖然張士誠自己也是貧苦勞動人民出身，但他好歹是國企員工，對叫花子出身的朱元璋有種天然的優越感。朱元璋打下南京後，就與張士誠的大周政權直接對峙了。常言道，臥榻之側豈容他人鼾睡——尤其是豈容叫花子鼾睡，張士誠一萬個不樂意，大大小小跟朱元璋打了有上百戰，雖說不分勝負，但是張士誠家大業大不在乎，朱元璋本來兵力就吃緊，跟張士誠實在是耗不起。

所以，當年六月，朱元璋低聲下氣地給張士誠寫了封信，大致內容是咱倆都是窮人，窮人何苦為難窮人，能不能和睦相處呢？

張士誠的拒絕鏗鏘有力：不能！為了不讓朱元璋繼續對二人的關係產生幻想，張士誠還用行動進一步強化他的態度：第二個月，便發兵攻打朱元璋的鎮江。

這下朱元璋真的毛了：老子沒招你沒惹你，你還沒完沒了了！老虎不發威，你當我是病貓！朱元璋決計不能忍了，一下子打出了手裡的兩張王牌：徐達和常遇春——發誓一定要給張士誠點顏色瞧瞧。

徐達和常遇春，這兩位不世出的名將也確實沒讓朱元璋失望，非但守住了鎮江，而且打破張士誠軍，第二年，兩人再接再厲，又打下了張士誠，控制下常州、長興、江陰、常熟等地，殺傷無數，還俘虜了張士誠的傷兵損將，就連他的三弟張士德也被朱元璋俘獲。

這才叫偷雞不成蝕把米。就在這個時候，劉基的老朋友方國珍也正如日中天，率領部隊攻佔了昆山和太倉，張士誠兩面受敵。大周政權人心浮動。

張士誠終於算是可以消停一陣子了。而朱元璋可以抽出更多的精力面對西方的陳友諒。

1358年，在劉基的規劃下，朱元璋已經確定了他的戰略方針：先南後北，先陳後張。不過朱元璋對自己的實力有很清醒的認知，知道自己和陳友諒不是在同一個量級上的對手，尤其是水軍，在陳友諒的航母特混編隊面前，朱元璋那幾艘不成器的小漁船簡直就跟玩具一樣。

所以朱元璋一直在積蓄實力，尋找戰機。

但打仗就跟談戀愛一樣，是兩個人的事情，陳友諒豈會巴巴地等著朱元璋積蓄實力？1360年，陳友諒首先發難，挾持著天完國皇帝徐壽輝帶著大軍自安慶沿江而下攻打朱元璋。

朱元璋還沒徹底反應過來，天完大軍已經到達太平城外。太平是南京的門戶，一旦太平淪陷，整個南京城就徹底暴露在陳友諒的面前了。

局勢非常不妙，眼下城內守軍不滿三千，糧草不夠三日，與數倍於己的敵軍相比力量懸殊太大，而朱元璋的大軍又遠在揚子江左，遠水解不了近渴。

現在唯一可以倚仗的只有太平守將黑先鋒花雲了。這個花雲之前打滁州的時候露過臉，是一員打起仗來不要命的猛將。一聽陳友諒來了，一咬牙一跺腳，打吧，反正背後就是南京城了，逃也沒地兒逃了，能拖幾天拖幾天吧。

決戰的日子到了，西南方向傳來隆隆金鼓之聲。花雲提刀登上城樓，放眼一看，只見陳友諒的無敵艦隊烏壓壓地朝太平城頭壓過來。花雲一面督促守軍做好迎戰準備，一面派人飛馬傳報守衛東門的許瑗、王鼎，自己則抖擻精神，準備殺個痛快。

天完軍的前鋒在城外焦家圩灘頭登岸。不一會，幾十萬大軍便把太平城圍得水洩不通。隨著陳友諒一聲令下，攻城開始了，密如飛蝗的箭矢鋪天蓋地射來，一批批士兵扛著雲梯攻城錐衝到城下，城頭的滾木礌石卻像不要錢一下嘩啦啦地砸下來，沒多久就是一片屍山血海。花雲本人也早已砍紅了眼睛，他情知太平城受不了多久，砍死一個夠本，幹死兩個賺一個，腰間寶劍砍鈍了，隨手撿起一把步兵刀繼續砍，不多時便是一身鮮血，黑先鋒變成了紅先鋒。攻城戰從上午一直持續到傍晚，一天激戰，花雲清點一下人馬，發現死傷近千。他不敢怠慢，立即派人將幾處崩裂的城牆缺口重新堵上。為了防止敵兵夜間偷襲，他又命令兵丁運來一捆捆松枝、麻桿，紮成火把，每隔十來步就點上一把，遠遠望去，宛如一條火龍在滾動。就這樣，雙方連續鏖戰三日，傷亡都很慘重。但陳友諒水師是有增無減，而城中守軍瀕臨糧盡彈絕。

花雲整整拖了三天，他已經盡力。可是屋漏偏逢連夜雨，正是黃梅季節，長江上游連日暴雨，江水猛漲，使城牆陡然矮了數尺。

高牆變成了矮墩，陳友諒也懶得攻城了，把大船開到城牆下，甲板就和城垛一樣高了，天完軍士兵輕輕一跳，就跳進了太平城。

花雲提刀左右衝殺，終因眾寡懸殊而被縛，陳友諒勸花雲投降，花雲破口大罵：「你們不是我主公的對手，為什麼不趕快投降！」罵後，花雲猛然一發力，連綁他的繩子都被綳斷了，趁勢奪下敵刀，又連砍殺了五、六人，陳友諒大驚失色，立即命令兵丁蜂擁而上，又將花雲縛住，將其綁在戰艦的桅杆上，用亂箭射死，花雲臨死猶罵聲不絕，場景極為壯烈。

在陳友諒眼裡，花雲和太平都不過是個小插曲，打下太平之後，他又繼續東進，攻克採石。在那裡，他擊殺了徐壽輝，自己當上了皇帝。

這些都是順理成章的事情，沒有任何操作難度。清理完徐壽輝腦漿迸裂的屍體，陳友諒站在採石的敵樓上東向而立，極目遠眺，在長江水氣的盡頭，便是他真正的目標：朱元璋和南京城。

此時此刻的朱元璋也忐忑不安地張望著西方，他知道，陳友諒的無敵艦隊很快就會出現在石頭城的波濤下。

決戰已經無可避免。

六、勝敗二字，全在參悟「天機」

大決戰：軍師的決斷

花雲戰死，太平失陷，陳友諒的大軍打到了南京城下。壞消息傳來，朱元璋的頭都大了。

朱元璋趕緊召開緊急軍事會議。會上，各路謀士紛紛踴躍發言，獻計獻策，場面十分活躍，在一番爭吵和抗辯中，逐漸形成了一下幾種意見：

一是退守鍾山，理由是鍾山有「王氣」，打起仗來有天佑。

二是戰略撤退，先退出江南，然後「徐圖大計」。

三是傾全軍之力攻打太平，這樣至少能牽制陳友諒

四是投降（好乾脆）。

總而言之就是四個字：放棄南京。

沒有任何人相信以朱元璋現在的兵力能和陳友諒的無敵艦隊在南京城下決戰。

在這些吵吵嚷嚷的謀士中，只有劉基保持著沉默，嘴角帶著一絲輕蔑的笑，斜著眼地打量著眼前這些跳樑小丑。他實在瞧不起這些人，平日裡紙上談兵一個個自吹自擂一副胸藏十萬甲兵的樣子，可一到關鍵時刻，就暴露了草包的本質。

朱元璋也在冷冷地看著手下這幫謀士張牙舞爪，唾沫橫飛。這些人實在讓他十分失望，所有人都知道陳友諒的目標不光是南京，而是整個江南乃至天下，一旦主動放棄了南京這樣一座營造了上千年的堡壘，他還有什麼資本跟陳友諒抗衡。

朱元璋明白，即便自己失敗了，眼前這些人依然能在陳友諒的帳下混口飯吃——可是自己的下場，卻不會比徐壽輝好多少。

眾謀士完全沒有注意到朱元璋臉上紅一陣綠一陣的表情，還在自顧自地爭論不休。

這時，朱元璋注意到了劉基。在這幫人已經被陳友諒嚇破了膽的人中，鎮定自若的劉基顯得十分醒目。

和劉基的目光對視的一瞬間，朱元璋就看到一絲希望。他相信，這位自己好不容易請來的浙東名士，一定有什麼獨到的見解。

於是，他對著劉基躬躬身，道：「不知先生可有良謀？」劉基卻只是笑而不語。

朱元璋猜得沒錯，劉基確實對戰局有獨到的見解。但劉基不想當眾說，他的觀點和所有人都相左，一旦他開口，其他謀士就會群起而攻之。劉基倒不是怕他們，而是不想把寶貴的精力浪費在無意義的口水戰上。

朱元璋是個明白人，立刻猜到了劉基的顧慮，於是，他把劉基喊進了會議室邊的小房間，把門一關，轉身一揖，道：「請先生不吝賜教。」

朱元璋還沒抬起頭來，就聽見劉基用低沉的聲音惡狠狠地說道：「請主公把那些主張棄城和投降的人全部斬首！」（主降及奔者，可斬也。）朱元璋嚇了一跳，感覺劉基跟換了個人似地，從沒見過文質彬彬的劉先生如此咬牙切齒。但劉基的話說到朱元璋心坎裡去了，於是他示意劉基說下去。

「陳軍勢大，我卻看出他有可以被擊敗的地方，我軍勢孤，我卻看出我們有可以打勝仗的優勢。」

劉基這句話立刻提起了朱元璋十二分的興趣。他雖然一心想要和陳友諒在南京決戰，但是一想到自己和陳友諒的實力對比，就覺得簡直是以卵擊石。一聽劉基說自己有獲勝的可能性，不由得洗耳恭聽。

於是，劉基開始給朱元璋分析：

「兵法云：進而不可禦者，衝其虛也。（再弱小的軍隊總有長處，再強大的敵人總有弱點，如果能夠用我們的長處去面對對手的弱點，則攻守易置，強弱易勢。）」

看到朱元璋連連點頭，劉基繼續侃侃而談：「陳軍的強大不可否認，但弱點也不是沒有：其一、陳友諒在行軍途中匆匆弒殺徐壽輝，僭位稱帝，人心未附就急急發兵東來，陳軍若是勢如破竹則罷了，一旦有所敗績，陳友諒必然眾叛親離，陳軍必然瓦解。其二，陳軍遠來，士卒疲敝，且不識地形。而我軍據守南京，佔據地利，因勢利導，以逸待勞，未必找不到破陳的機會。」

朱元璋聽了劉基的分析，眉頭舒展了幾分，但還是有所疑慮：「每支軍隊都會有弱點，即便如此，陳軍的兵力確實佔了壓倒性的優勢……」

劉基微微一笑道：「主公撕過布帛沒有？再堅韌的布帛，只要找到一個小小的裂口就可以一撕到底。既然我們找到了陳軍這一致命弱點，那麼我們的戰術安排就要圍繞這一弱點展開。」

朱元璋點點頭，請劉基繼續說下去。

「其一、陳軍人心浮動，一旦敗績必然兵敗如山倒。那麼我軍就必須軍心穩定，即便小規模失利也能穩住陣腳，等待給陳軍致命一擊的機會，因此，請主公放開府庫，不遺餘力犒賞將士，只要全軍同心同德，人人奮勇，未必不能重創陳軍。

「其二、以弱擊強，必須出奇兵才有勝算，最好的打法便是伏擊，而陳軍遠來疲敝，不識地理，且陳友諒驕縱狂傲，這不正是出伏兵的天然良機嗎？」

朱元璋聽了心花怒放。

想朱元璋這樣身經百戰的人當然是一點就透，不會像個二愣子一樣追著劉基詢問各種細節問題，事實上，劉基剛說完，朱元璋心裡就已經浮現出大概的行動計畫了。朱元璋心想當初三請劉基真是太值了。

當朱元璋挽著劉基的手回到會議室的時候，心情已經一片大好。臉上陰霾一掃而空。大廳裡的謀士都是一群擅長察言觀色的主兒，自覺地閉了嘴。朱元璋一掃之前的猶豫和躊躇，一一駁斥了各種錯誤言論後，在地圖上指著南京城外的龍灣，自信滿滿地說道：「我軍將在此處，伏擊陳軍。」

然而不少人還是有疑問：憑什麼認定陳友諒就會在龍灣登陸呢？你讓陳友諒去哪兒他就去哪兒？他傻啊？況且陳友諒的優勢是水軍，他憑什麼要放棄水軍跟朱元璋打陸戰呢？

對於這個問題，朱元璋早有準備，他只是神秘地一笑：「這你們就不用管了。我已經準備好了一張牌。」

朱元璋的牌，叫做康茂才。

百試百靈的詐降計

康茂才是一員降將，在攻打南京的戰役中投降了朱元璋，之後一直駐防在龍灣，也打過幾次勝仗，但沒立過大功，在將星雲集的朱元璋麾下，他也就是個三線配置。但康茂才在地下戰線上的地位確實別人難以企及的。

康茂才和陳友諒曾經有過不淺的交情，即便加入朱元璋的隊伍後，康茂才也沒有斷絕過和陳友諒的聯繫，不過，這一切都是在朱元璋的認可甚至授意之下進行的——康茂才其實是朱元璋安插在陳友諒身邊的雙面間諜。

當然，一開始，康茂才這個雙面間諜並沒有發揮多大的作用，朱元璋是個有遠見的人，他知道自己和陳友諒必然有決戰的那一天，在那天到來之前，他不敢把這張牌玩得太大。

朱元璋在打一盤很大的麻將，直到今天，才是打出康茂才這張牌的時候。他找到康茂才，要康茂才向陳友諒投降——當然不是真降，而是詐降。老牌地下工作者康茂才欣然領命。

幾天後，陳友諒收到來自康茂才的信，信中，康茂才猛烈控訴了朱元璋對下屬如何薄情寡義，尤其是對康茂才這種降將如何刻薄寡恩，然後，康茂才充分肯定了陳友諒大軍實力和正義性，他指出，江東父老日日夜夜盼望陳友諒的大軍前來弔民伐罪，解民倒懸。在陳友諒的無敵艦隊面前，朱元璋的漁船小分隊根本就是蚍蜉撼大樹，可笑不自量。最後，康茂才提出，願意投降陳友諒，作為內應和陳友諒裡應外合，大破朱元璋。

陳友諒收到信心裡喜孜孜的。有人來投降總歸是一件好事，康茂才這樣的三線武將雖然軍事價值不高，但是政治價值高，他充分反映了朱元璋反動政權不得人心，逆歷史潮流而動，而自己則是大勢所趨，人心所向。

更何況，大戰在即，能有個內應少死幾個人少沉幾艘船總是好的。於是陳友諒問送信的人：「康茂才現在駐守哪裡？」信使回答說：「江東橋。」陳友諒對這一片的地形還不是很熟，於是又問了一句：「是座什麼橋？」信使回答道：「木橋。」

陳友諒很滿意，讓信使回去告訴康茂才，到時候他的大軍會走江東橋方向，到時候以高喊兩聲「老康」為信號，康茂才就出馬把擋著江面的木橋拆了，然後給陳友諒的艦隊帶路，沿江直下攻打南京。

當康茂才把回信交給朱元璋的時候，朱元璋終於長舒了一口氣，不由得佩服起劉基來。雖然派康茂才詐降是自己的計謀，但這一切全都仰仗劉基對戰局的把握和對敵我雙方的透徹分析。

現在，陳友諒的大軍已經入套了，正在向著自己的伏擊圈乘風破浪而來。陳友諒志得意滿，他開始考慮消滅朱元璋後怎麼再接再厲多快好省地幹掉張士誠這個問題了。

而朱元璋的軍隊正在忙碌地調動著，李善長帶領工匠連夜拆除了江東橋，在原來的位置重建了一座石橋，而駐守於龍灣的城防部隊則主動放棄陣地，給陳友諒開闢出一片登陸場，馮國勝、常遇春率帳前五翼軍三萬人，伏於石灰山（今南京幕府山）側；徐達軍於南門外集結，楊璟駐兵大勝港（今南京城西南15里），張德勝、朱虎率領水師出龍江關（今南京興中門外）。這些是龍灣伏擊作戰的主力部隊。而朱元璋本人則帶著預備隊駐紮在西北面的盧龍山（今南京獅子山），作為最後的決戰力量。同時，胡大海已經奉命自婺州、衢州出兵信州（今江西上饒），騷擾陳友諒後方。

這一戰，還未開局，朱元璋就已經穩穩佔據上風。但畢竟兩軍實力相差太大，就像一個小孩兒想揍大人，再怎麼奇謀百出，也不能完全避免被大人一拳打飛的可能性。

跟隨朱元璋出征的劉基，臉上依然鎮定自若，但胸中卻免不了有些澎湃。當初辭官時他還以為自己要永遠告別戰場，想不到今天又重新回到了這片刀光劍影中。聽著金鐵相交，馬蹄聲起，劉基心中雄心萬丈的火焰再一次被點燃。

等埋伏圈終於形成的時候，一切又歸於沉寂，龍灣的夜靜悄悄，彷彿從來沒人來過。

西元1360年6月23日，陳友諒懷著無比激動無比緊張的心情率領著他的艦隊沿秦淮河一路進攻，到達了江東橋。陳友諒按捺住興奮喊出了事先約定的接頭暗號：「老康，老康！」

沒人理他。期待中的老康沒有出現。只有幾隻蛐蛐兒還在夜鳴。

陳友諒有點尷尬，加重嗓音喊了一遍：「老康，老康！」喊完後瞪大了眼睛四處搜索，連個人影都沒有。

陳友諒有些不祥的預感，藉著月光他仔細觀察了眼前的江東橋，哪裡是木橋，分明是一座堅固的石橋！陳友諒心中一凜，幾乎躥起來：「不好，中計了！」

按照一般的歷史套路，他這句話喊完，就該切換成伏兵四起，箭如飛蝗，吶喊震天的鏡頭了，可讓陳友諒更加尷尬的是，等他喊完了躥完了，這裡的午夜還是靜悄悄，沒有任何伏兵的跡象，周圍安安靜靜，讓他剛才一聲驚叫顯得更加觸耳驚心。

自己跟唱獨角戲似地一驚一乍了半天，饒是陳友諒臉皮厚，也覺得有點掛不住。他想破腦袋也想不明白老康到底在搞什麼飛機。要說投降嘛不見人影，要說詐降嘛也不見伏兵，莫非他在逗我玩？

陳友諒丈二金剛摸不著頭腦。眼見石橋橫江，艦隊是沒法繼續往前走了。陳友諒有點懊惱，早知道就不走這條路了。但既然都來了，那就賊不走空，況且總不能再回頭重新換條路走吧，那得有多丟人？

於是，陳友諒決定，就在江東橋附近的龍灣，大軍登陸。

正是這個決定，把陳友諒送上了不歸路，在距離他人生最輝煌的日子整整六天之後，陳友諒開始走下坡。

其實，朱元璋這條詐降計算不上是天衣無縫，只要陳友諒對康茂才稍微留個心眼，提防一些，他就不可能陷入這樣的圈套。為什麼陳友諒會對康茂才如此深信不疑呢？正如劉基所分析的，因為陳友諒太驕傲自大了。在他眼裡，朱元璋的部將望風而降是很正常的一件事情，根本沒有什麼值得懷疑的，反倒是朱元璋以卵擊石負隅頑抗讓他感覺很詫異。這和當年曹操臨戰接受黃蓋詐降其實是一個道理：當一個人的自信無比膨脹的時候，他會變得很容易被欺騙，要是一個本身就對自己不太自信的人，就算你是真心投降他都會百般猜忌。

也正是摸準了陳友諒的極度自負必然導致他智力值下降這個關鍵點，劉基才敢信心滿滿地向朱元璋提出詐降計這樣在平時成功係數不是特別高的計策，因為他知道這種計策在什麼情況下不太靈光，在什麼情況下百試百靈。

天氣預報就是核心競爭力

被老康莫名其妙放了鴿子，有些惱羞成怒的陳友諒迫不及待地要和朱元璋決戰，於是下令全軍開赴龍灣，從陸上攻打南京。

陳友諒的艦隊確實是當時中國第一流的水軍，登陸作戰有條不紊，第一批「海軍陸戰隊」透過小船登岸後立刻豎起拒馬、柵欄，然後在這些防禦工事後佈好陣勢，建立防線。

朱元璋的主力部隊潛伏在盧龍山上，他的指揮中樞當然不可能設在能直接望見灘頭的地方。所以想要瞭解陳友諒軍隊動向，只有依靠斥候的探報。

而一批批的探報也著實讓朱元璋心悸。本來以為陳軍只是一批窮兵黷武的驕兵悍將，可是對方在登陸作戰中體現出來的戰術素養卻表明，陳友諒雖然狂妄，但他著實有狂妄的資本。

是否應該半渡而擊，趁陳友諒的軍陣還沒佈好的時候就衝散他？朱元璋轉頭望望身邊的劉基，徵求劉基的意見。劉基搖搖頭，示意朱元璋再等等。如果現在進攻，陳友諒的主力必定乘坐大艦立刻脫離戰場，以朱元璋水軍的實力，別說追不上，追上了也是乾瞪眼。

這必須是一場殲滅戰，而不是擊潰戰。如果不把陳友諒的主力消滅在龍灣，一旦讓他回過神來重新組織一次水路並進的進攻，那就連神仙也救不了南京城了。

朱元璋自然明白這個道理，所以劉基也沒有必要說破。於是朱元璋又耐著性子坐下來。前方的探報依然絡繹不絕，陳友諒的大軍像倒口袋一樣從大艦上傾倒到龍灣，很快就把灘頭填滿了。難得的是，陳軍的軍陣一點都沒有混亂的跡象。每一隊下船的士兵第一件事情就是找到自己的位置，防守的防守，行軍的行軍，進退有度，調度有方。

這個時候，已經快到正午了。六月份的南京烈日當空，酷暑難當，身上的鐵甲都曬得滾燙滾燙，有點無精打采。朱元璋看在眼裡，心想這可不行，本來是以逸待勞的，結果搞了半天我們自己先勞頓了，必須激勵一下士氣。

可是眼下打仗擊呢，低調才是王道，也沒法搞些慷慨激昂的演講。這個時候朱元璋能夠做的就是和其他士兵同甘共苦，於是，他命令手下收了為他遮陽的傘蓋，他也和其他戰士一樣身披鐵甲站立在烈日之下。

子曰：不患寡而患不均。朱元璋這個小小的細節無聲地激勵了全軍將士。這個時候陳友諒的大軍也登陸得差不多了，於是，部將就要求，趁著士氣正旺，攻打灘頭。

朱元璋徵詢劉基的意見，劉基依然擺擺手，道：「主公請再忍耐一下，我算定等下必然有暴雨，等暴雨降下的時候我們在趁亂進攻不遲。」

將士們聽了，忍不住要上去摸摸劉基的額頭，看他是不是中暑了。眼下烈日當空，沒有一絲雲彩，怎麼可能下暴雨？朱元璋也是將信將疑，但他早就聽說劉基精通天文——那時候所謂的天文就是星相學和天氣預報——雖然將信將疑，但還是下令部將按劉基說的，再等等。

軍令如山，眾將雖然不太相信劉基有這樣通天徹地的能力，但還是按捺住性子繼續等待，時不時拿眼睛偷瞄劉基。

劉基心裡其實也有點小緊張，天文本來是他從小研究到老的領域，再加上他對江南地區氣候的常年總結，他有九成把握推斷出午後必有大雷雨。但劉基畢竟是人不是神，電影裡的牛人往往對未來做出了出人意料的預測後還能鎮定自若，那是因為他們知道編劇已經替他們安排好了未來。而劉基不認識編劇和導演，他也不知道老天會不會突然抽風不按常理出牌——借助現代科技的天氣預報都有不準的時候，更不用說古代那種純憑前人經驗的預測。在這樣重大的場合做出這樣重要的預測說劉基不緊張絕對是假的。

但劉基還是有足夠的把握，所以他願意搏一搏，地利人和都有了，只需要天時，就有十成的把握讓陳友諒有來無回。

事實證明，劉基的天文沒有白學，沒過多久，江邊真的起了大風，很快，從不知何處飄來了一片烏雲遮蔽了天空。江浙地區午後的雷陣雨來得往往極為猛烈，天越來越黑，風越來越大，大有黑雲壓城城欲摧之勢。

眾人看劉基的眼神瞬間從疑慮變成了崇敬。懂天文是一個頂級謀士才有的配置，幾百年才能出一個，居然讓他們遇到了，一瞬間朱元璋的軍隊士氣大振。

沒讓大家等多久，只聽一聲暴雷，幾乎就在一瞬間，大雨傾瀉而下，天上豆大的雨點從天上砸下來，砸到盾牌上都能打出一個幾寸高的水泡，雨點連成雨幕，伴隨著狂風黑雲，電閃雷鳴，背後的長江也開始捲起波濤。

陳軍猝不及防，大雨砸得人眼睛都睜不開，幾米開外就沒有了能見度，看不見旗號也聽不見號令，一個個被狂風驟雨打得盔歪甲斜，頓時陣腳大亂。

等的就是這個時候！

劉基朝朱元璋堅定地點點頭，朱元璋令旗一揮，陳友諒等了半天的「伏兵四起，箭如飛蝗，吶喊震天」的場景終於出現了，伴隨著電閃雷鳴，暴雨如注，更加令人肝膽俱裂。

龍灣是一個口袋地形，本來就適合打伏擊，而陳軍又在突如其來的暴雨面前亂了陣腳，對於佔據了天時地利的朱元璋來說，這場戰鬥已經沒有任何懸念了。儘管陳友諒奮力組織起了抵抗，但依然挽回不了節節敗退的命運。

夏日午後的雷雨來得快去得也快，老天像是瞬間用光了庫存，沒過多久，雨就停了，風小了，烏雲也散了。陳友諒到底身經百戰，立刻重新著手組織陣形，傳令兵馬不停蹄地在各部兵馬之間飛奔，軍官們拚了命一樣嘶吼著軍令，維持陣形，排在最後的督戰隊也大刀出鞘，毫不留情地斬殺臨陣脫逃者。

戰場又重新陷入了膠著。可惜陳友諒已經將是強弩之末，而朱元璋還留了後手。

朱元璋再次揮了揮令旗，號角聲起，張德勝、朱虎的水師出現在了陳友諒大軍後方的江面上。

前後夾擊之下，陳軍徹底亂了，連督戰隊的鬼頭刀都沒用了，陳軍丟盔卸甲，一心只想跑上船，現在，也只有高大的戰船能給他們安全感了。可是登陸的時候大軍是分批分次上岸的，小船就這麼多，後軍搶到了小船，拚命要往大船上划，前軍哪裡肯，憑什麼打仗的時候衝在前面，跑路的時候把老子落在後面？於是也拚了命地往小船上扒拉，扒不上就動刀子，場面瞬間亂作一團。有人被砍死的，有人被淹死的，有人被踩死。廝殺變成了大屠殺。

陳友諒是何等英雄？他能夠爬上今天的位置，靠的就是一大優點：識時務。他一觀戰局就知道已經無法挽回了，於是，陳友諒當機立斷，帶著親兵衛隊衝到江邊，奪下一條小船，玩了命地逃回了大船了。

陳友諒一回旗艦，整個艦隊就起錨準備突圍了。聽到斥候的探報，朱元璋有點著急，此戰的目標是盡可能多地殲滅陳軍有生力量，要是讓他們跑了，那可遺患無窮，於是急急忙忙調動預備隊——也就是自己這支隊伍，準備掩殺過去。

看著朱元璋心急火燎的樣子，劉基卻笑笑道：「主公不必著急。現在正是退潮之時，陳友諒的大船必然擱淺，這十萬大軍一個都跑不了。」

不出劉基所料，潮水退去後，陳友諒引以為傲的超級戰艦都成了一堆漂不起來的廢木頭，最後，除了陳友諒和一批高級軍官在各自親兵衛隊的護衛下乘坐小船離開，其他人全都成了活靶子。

此戰，陳友諒乘興而來敗興而歸，帶著十萬大軍數百艘巨艦而來，只帶著數千親兵幾十艘小船回去。而朱元璋，繳獲陳友諒艦隊的主力戰艦百餘艘，俘虜陳軍兩萬餘人，南京城華麗地保住了。

最後打掃戰場的時候，有人從陳友諒的旗艦上找到了康茂才寫給他的信，陳友諒還當寶貝似地鎖在箱子裡。

朱元璋拿到這封信，樂得哈哈大笑，對身邊諸將說道：「陳友諒這個呆鳥，自以為深謀遠略，哪裡知道我有劉軍師神機妙算，哈哈。」眾將也跟著哈哈大笑。

龍灣決戰，對於朱元璋集團來說意義非凡：此戰非但動搖了陳友諒的根基，而且震懾了張士誠，使得張士誠不敢輕舉妄動，為朱元璋施行劉基提出的「先陳後張」戰略奠定了堅實的基礎。

而這一戰中，劉基憑藉出色的謀略水準、豐富天文地理知識和對人性的精妙把握，為朱元璋屢獻奇策，可以說是此戰最大的功臣。雖然從上陳《時務十八策》之後朱元璋就十分重用劉基，但是這一戰真正讓大家見識到劉基的謀略水準，無論是戰前對時局的分析，作戰計畫的制定，戰鬥當中對天文地理的把握，劉基都當之無愧天下第一謀士之名。

以彼之道，還施彼身

戰前劉基就曾分析過陳友諒的軍隊是一盤散沙：若是打了勝仗，必然人人奮勇向前，若是打了敗仗，則必定分崩離析。事實證明劉基的分析絲毫不差。

在陳友諒軍中有一員名叫張志雄的將領，原本是雙刀趙普勝的手下，驍勇善戰，是一員難得的虎將。但是，陳友諒為了自己的權力殺死趙普勝的行為深深刺痛了他的心，所以趙普勝死後，這員猛將就開始了磨洋工生涯，一磨就是一整年。龍灣決戰之後，他毫不猶豫地、英勇地淪為了俘虜。作為一員高級別的俘虜，他接受了朱元璋的親切接見，懷著對陳友諒的憎恨——以及希望在新領導面前立功的渴望，他向朱元璋透露了一個重要的資訊：陳友諒東征的時候帶走了安慶所有的精銳部隊，現在，安慶的守衛非常空虛。

安慶自古以來都是南京的門戶，朱元璋一聽，這簡直是天降大禮，立刻命人帶兵進軍安慶，果然沒費多少力氣便把安慶打了下來，而此時，胡大海的軍隊也已經攻克了信州。大傷元氣的陳友諒只剩下了挨揍的份。

陳友諒忍氣吞聲可不是因為脾氣好，而是實在傷筋動骨，沒轍兒了。但每次想到自己居然打了這麼窩囊的一場敗仗，陳友諒都能氣得鼻子裡噴出蒸汽來。儘管如此，打心底裡陳友諒還是沒把朱元璋當回事，他覺得自己的失敗都是因為中了康茂才的詭計。

像陳友諒這種人永遠不會接受這樣的事實：他之所以慘敗，是因為有人已經把他的弱點摸得清清楚楚，並且巧妙地利用了他的弱點。因此，他能失敗第一次，也將失敗第二次。

無論如何，龍灣大捷讓陳友諒消停了——消停了一年。一年之後，恢復了元氣的陳友諒新仇舊恨湧上心頭，又不淡定了。1361年七月，陳友諒派遣大將張定邊和陳明道分別攻打一年前淪陷的安慶，信州。

拿了我的給我還回來，吃了我的給我吐出來。這是陳友諒的人生哲學，兩年後，陳友諒會在這一條人生哲學上跌一個讓他永世不得翻身的跟頭。

張定邊，沔陽人，漁民出身，陳友諒手下第一猛將，面對由非著名將領鎮守的安慶，他表示毫無壓力。一戰下來，陳友諒又可以喜孜孜的把安慶劃進自己的地圖裡了。

陳明道，另一位非著名將領，跟張定邊相比充其量也就是路人甲水準，能力就差遠了，被信州守軍和胡大海的元軍前後夾擊之下全軍覆沒，自己也投降了朱元璋。

朱元璋幾天之內就聽到了一個好消息一個壞消息。對於朱元璋來說，信州的戰略地位遠沒有安慶重要，可是安慶卻丟了，朱元璋暴跳如雷，一心要殺了從安慶跑回來的敗將。

還是劉基比較清醒，立刻勸住了朱元璋：「主公，現在與其糾結安慶的敗將，不如想想主意怎麼應對陳友諒。」

這話在理，安慶守將本來就不是張定邊的對手，現在再砍人腦袋也於事無補。朱元璋何嘗不明白這個道理，只是一時激動，被劉基一勸也就冷靜下來了，於是向劉基請教應對陳友諒的策略。

劉基給朱元璋分析：陳友諒錘殺徐壽輝自己登基當皇帝不到六天就大敗而歸，還損失了十萬大軍兩百艘戰船。本來就有很多天完政權的舊部不服陳友諒，外加陳友諒本人心黑手狠，這個時候，應該是陳漢政權內部矛盾最激烈，人心最渙散的時候。而朱元璋經過一整年的休整，已經基本上消化了龍灣大捷帶來的降兵、艦船和地盤，現在正是進兵陳漢，與陳友諒一決高下的時候。

朱元璋聽了很動心，而降將陳明道的描述也進一步證實了陳漢政權內部將士離心，軍心渙散的現狀。

最後，劉基又補充了一句：「屬下昨夜夜觀天象，金星在前，火星在後，這是出師得勝的徵兆！」劉基是不是真的夜觀天象，是不是真的相信這樣的天象能夠帶來好兆頭已經不重要了，重要的是，這個時候劉基對於天文的造詣已經得到了眾人的廣泛認可，所以朱元璋也深信不疑。於是，他終於下了決心，舉大軍親征，先下安慶，跟陳友諒面對面地幹上一架。

朱元璋的艦隊主要來自陳友諒遺棄在龍灣的大艦，正所謂「沒有槍沒有炮，敵人給我們造」，朱元璋和劉基乘坐著陳友諒的船，行駛在原本屬於陳友諒的長江之上，還打著「弔民伐罪，納順招降」的旗號，這一切，一年前都只屬於陳友諒。

是可忍孰不可忍。

在安慶，陳友諒再次發揮自己識時務的優點——他還真忍住了，一看勢頭不對，留下張定邊鎮守安慶，自己腳底抹油跑到了江州。

要說張定邊當真不愧為陳漢第一猛將，雖然老闆跑了，他卻一點都不含糊，朱元璋水陸並進，打了整整一個通宵，硬是沒有把安慶打下來。

一宿沒睡的朱元璋算是理解之前安慶那些敗將的苦衷了，遇到這樣一個猛人跟你死磕，確實誰都沒轍。他打算休息休息，中午接著打。

劉基也是一宿沒睡，但他琢磨明白了一個道理，於是大清早就趕來找朱元璋，獻計獻策道：「安慶的戰略位置雖然重要，但陳友諒的老巢在江州，而安慶城也不是我們攻打江州的必經之路，為什麼要在這裡死磕呢？我們為什麼不繞過安慶直接打江州？」

劉基這話一語驚醒夢中人，朱元璋現在腦子裡只有安慶和安慶城裡的張定邊，幾乎把自己真正的目標給忘了。反應過來的朱元璋連聲叫好，立刻命令主力移師江州，同時讓部將仇成繼續在安慶城下裝模作樣，一方面麻痹江州守軍，一方面也牽制張定邊。

江州就是現在的九江。這裡「陸通五嶺，勢拒三江」，地勢極為險要，一向是兵家必爭之地。陳友諒憋著一肚子的氣，正好藉著江州的地勢打算跟朱元璋來個硬碰硬的死戰。為了保險起見，他派出傅友德、丁普郎駐守小孤山，建立抵擋朱元璋的第一道防線。

傅友德、丁普郎是兩員老資歷的將領，當年和鄒普勝、趙普勝並稱天完國四大猛將，是陳友諒手下除了張定邊外最能打仗的將領了。陳友諒把他們安排在第一線，可見對小孤山防線的重視程度。

聽說了陳友諒的部署，朱元璋也摩拳擦掌準備好大戰三百回合了，可是讓他跌破眼鏡的事情發生了：大戰前夕，傅友德、丁普郎居然率軍來投降了！

這兩人都是把腦袋別在褲腰上跟著徐壽輝革命的狠角色，當然不是兩面三刀的反骨仔，也不是貪生怕死之徒，但是陳友諒殺倪文俊，殺趙普勝，殺徐壽輝，而對他們這些遺老雖然留著命，卻百般提防，不由得讓兩人心灰意懶。他們不怕死，但是他們不想為陳友諒這種人送死，更不想死在陳友諒的刀下。

這對朱元璋來說簡直是一份人才大禮包。看著朱元璋欣喜若狂的樣子，劉基笑而不語。這些早就在他的意料之中。他知道，就算丁普郎，傅友德二人不主動投降，他們也不會有太強的戰鬥欲望和戰鬥力了。

有了這兩員老將，接下來的路就好走多了。朱元璋讓二人為先導，一路上碰到攔路的守軍兩位老將衝上去劈頭蓋臉就是一頓臭罵，內容無非是老子都投降了你個小烏龜蛋子還充什麼英雄，陳友諒這個老烏龜蛋子值得你替他玩命嗎！眾人一想也是，有了兩位老將做榜樣，自己還逞什麼能啊，於是紛紛望風而降。

朱元璋的艦隊沒花多少力氣，便打到了江州城下。陳友諒在敵樓上眼看著自己熟悉的戰艦跑來打自己，恨得牙癢癢。「來吧，朱元璋，江州城城高塹深，我看你怎麼進來！」

陳友諒發狠自有他的資本，瘦死的駱駝比馬大，江州城經過他多年經營，不是一天兩天就能打下來的，朱元璋強攻了兩天，損兵折將，卻沒有絲毫斬獲。

朱元璋氣狠狠地站在船頭，咬牙切齒地盯著江州城樓，城牆上陳友諒也咬牙切齒地盯著這支本屬於自己的艦隊。兩個宿敵相隔幾百大步，大眼瞪小眼。

劉基一會兒看看陳友諒身前的城樓，一會兒看看朱元璋腳下的大艦。他突然想起了同樣背靠長江的太平城。

當初陳友諒趁著漲水從船上直接掉進太平城牆，這何嘗不是一種攻城的思路?的確，江州城牆高，江水水位低，但這沒關係，只要讓船變得更高就行。

聰明人之所以稱之為聰明人，就在於他們能從歷史中汲取經驗，而且觸類旁通，舉一反三。

朱元璋採納了劉基的建議，根據城牆高度偷偷在艦尾搭建了天橋，趁著夜色靠近城牆，船上的士兵直接就能從天橋上跳進城牆裡。

大軍進了城，那這城等於就算失守了，陳友諒怎麼也沒想到自己當初靈機一動想出來的主意居然會被劉基複製還加以了改進。江州城裡沒有花雲這樣的猛將，面對神兵天降般的攻城大軍，守軍沒有絲毫還手之力。

沒多久，江州城破，陳友諒帶著妻子和一肚子委屈倉皇逃到了武昌。他怎麼都想不明白，自己怎麼就每次都會被朱元璋的奸計害得跑路。

而與此同時，聽說了江州之圍的張定邊急率馳大軍援陳友諒，仇成趁虛而入，重新收復了安慶。

一箭雙鵰。

相繼攻克了安慶和江州後，朱元璋勢力大盛，四面出擊，控制了江西大部分區域，只剩下了江西首府：龍興（南昌）。

龍興守將是陳漢的丞相胡延瑞，一直很受陳友諒器重，所以他也沾染了陳友諒的不少優點，比如——識時務，他看著地圖上姓陳的地盤越來越少，投降的心思越來越濃厚。

然後陳友諒的這一優點畢竟沒有普及到每個人頭上，龍興城內還有不那麼識時務的人，這讓胡延瑞很為難。為了安撫主戰派，胡延瑞派人給朱元璋寫信，提出了有條件投降。具體條件就是他可以獻出龍興城，但朱元璋不能拆散他的舊部，不能遣散他的軍隊，更不能解除他的兵權。

這要求有點苛刻了，這樣一來龍興城幾乎成了特區了。朱元璋勃然大怒，都兵臨城下了還敢跟我談這種條件，見過不要臉的，沒見過這麼不要臉的。

朱元璋的憤怒劉基都看在眼裡，他也覺得胡延瑞提的要求過分了，但現在出兵在外，一時之間接收了這麼大一塊地盤還來不及消化，能不打仗儘量不打仗，更何況龍興城防堅固，打起來不是一天兩天的事情，萬一中途後院起火就糟了。

於是，劉基輕輕踢了朱元璋一腳，眼神連連示意。朱元璋立刻會意。

要不怎麼說朱元璋也是個牛人，劉基很多話根本不用點透，朱元璋就心知肚明。只有這樣的統帥才能跟劉基這樣層次的謀士尿到一個壺裡，否則劉基的時間精力就只能花在給領導解釋自己的計謀策略上了。

朱元璋同意了胡延瑞的條件，這下，龍興城的主戰派也無話可說了。因為他們倒不是有多麼忠於陳友諒，只是不信任朱元璋，而朱元璋的所作所為，已經徹底博得了他們的信任。

此後，江西省一直在負隅頑抗的建昌、吉安、南康等郡縣也紛紛聞風而降。

江西省從此姓朱了。

相繼失去了親人和朋友

1361年八月，在劉基陪同朱元璋西征陳友諒的第二個月，一個噩耗傳來：劉基的母親富氏去世了。

劉基的上半生一直奔忙，而且鬱鬱不得志，沒有機會盡孝道，現在終於跟著朱元璋眼看著日子有了奔頭，老太太卻沒能享著福氣就撒手走了。

子欲養而親不在，人世間最大的悲哀莫過於此。

劉基得到這個消息後感覺天塌地陷，急急忙忙收拾起行囊，然後找朱元璋請假去了。

劉基的假條讓朱元璋十分為難。那個時代也沒有捨小家為大家這樣的說法，讓劉基放著病死的老娘不管留下來幫他在江西殺人放火，這種話王八蛋才能說出口。可是如果真就這麼讓劉基走了，那以後誰來給他出謀劃策？

千軍易得，一將難求。不管在哪個世紀，最貴的都是人才。尤其是在朱元璋整體軍事實力不如陳友諒的情況下，定奇謀，出奇兵成了制勝的唯一法寶，而劉基這樣的頂級謀士就是最重要的籌碼。

不准假就是不讓人盡孝，用孟子的話說簡直是「禽獸」，准假就有可能打敗仗。思前想後，朱元璋覺得還是當一把禽獸划算。當然，一定要當得足夠藝術，足夠隱晦，足夠不顯山不露水。於是，朱元璋特地給劉基寫了一封長長的信，原文就不摘錄了，翻譯過來大概是這樣的：

今天聽說令堂辭世了，享年八十多歲。先生你是不是要來跟我請假回家啊？先生你現在是我的骨幹菁英，我的大事還沒做成，能不能先緩兩天再走？（開門見山：雖然你娘死了，但是我這兒實在太需要你了，你暫時不能走。）

當然呢，按照道理我是不該阻攔先生請假的，為什麼呢？因為我本人用忠孝節義來教育部將和老百姓，我怎麼可以阻礙先生回家行孝呢？（知道有人要用這一點來擠兌我，我乾脆自己先提出來。）

而且，東漢末年，曹操擄走了徐庶的母親，徐庶要求離開劉備，要去曹操那裡和自己的家人團聚，劉備也是允許了的。（知道有人要拿這個例子來說事兒，我也主動提出來。）

但是（辯解開始了），首先，你老娘跟徐庶老娘不一樣，徐庶老娘是被擄走了，如果你老娘被擄走了，我肯定也二話不說就放你回去，可你老娘是死了（「今日老母任逍遙之路，踏更生之境」），你趕回去除了出席葬禮做把孝子賢孫外，又有什麼用呢？還不如多吃多睡，多保重好身體，幫助我成功。畢竟我這裡的工作實在是太重要，一刻都離不開你，等到我們打完這一仗，我一定派遣高級官吏跟你一起回家，讓你母親也在身後風風光光一把，你看怎麼樣？（不是我無情，實在是我權衡利弊，捨不得讓你走啊。）

話都說到這份上了，於情於理，劉基都沒有什麼可說的了。於是，朱元璋終於留下了劉基，也留下了勝利。

在劉基的運籌帷幄之下，到第二年二月，江西幾乎都投降了，陳友諒也跑路了，劉基一看局勢差不多穩定下來，就再一次向朱元璋請假。

這次，朱元璋沒有什麼可說的，只好批准了劉基的假條。臨走之前，朱元璋巴巴地握著劉基的手，一副欲言又止的樣子。劉基明白朱元璋的心思，於是對朱元璋說道：經此一役，陳友諒暫時掀不起什麼風浪，張士誠也被我們的軍威嚇得夠嗆，能消停好一會兒，現在唯一值得擔心的是龍興的降兵和浙江的苗兵，這幫傢伙都不是自己人，同床異夢，一旦造反麻煩就大了。主公只要處理好這兩個老大難，暫時不會有問題。

歸心似箭的劉基並沒有注意到朱元璋心不在焉的眼神，該交代的都交代完了。劉基急匆匆地踏上了返鄉之路。

很可惜，劉基這番話沒有被朱元璋放在心上，就在劉基走後沒幾天，他所擔心的事情便一一應驗。

首先是苗兵叛亂。

說起苗人，大家首先想到的肯定是武俠小說中神秘莫測的苗疆。的確，所謂苗兵就是來自於西南邊疆的少數民族雇傭兵。這幫人自古就給力，身體素質過硬，打起仗來玩命，三國時代蜀國最精銳的部隊「無當飛軍」就是由這些苗人雇傭兵組成。在山地地形下，別說是文弱的漢人，就算是魏國最驃悍的鮮卑族武士，在無當飛軍面前也基本白給。

而蒙古人雖然也是驍勇善戰的少數民族，但蒙古騎兵只有在北方平坦乾燥的大平原地區才有風光的資本，一到地形複雜，氣候潮濕的長江以南地區，就成了戰鬥力只有5的渣滓。因而，從小在山地叢林長大，視蛇蟲瘴氣為無物的苗兵就成了彌補元帝國在南方地區的重要軍事力量。

可是，這群苗兵只是一群雇傭兵，和所有雇傭兵一樣，他們對任何人都沒有忠誠可言，這樣的國之利器，用好了就讓敵人腦袋搬家，用不好就是自己腦袋落地。

很可惜，元帝國駕馭不了這幫人。1362年，他們已經投降朱元璋好幾年了，成了朱元璋在浙江地區一支重要的武裝力量。

更可惜的是，朱元璋也駕馭不了這幫人。1362年2月，朱元璋在江西還沒坐熱屁股，鎮守金華的苗軍大將蔣英、劉震、李福便發動了叛亂。

金華的最高軍事長官是劉基的老朋友胡大海。前面說過，是個驍勇善戰的猛將。苗人雖然驃悍，但是想襲殺胡大海，還是要費一番心思。

蔣英不愧是苗兵頭子，智商比普通苗兵要高出那麼一點點，他想出一個辦法。

2月初7，蔣英邀請胡大海去八詠樓觀看一場射箭比賽。胡大海不知是計，跟著蔣英就去了，走到半路上，突然一個叫鍾矮子的苗兵斜插出來，抱住了胡大海的馬頭，哭訴說蔣英要殺自己。所有人的注意力都被鍾矮子吸引過去，連蔣英突然抽出鐵錘的動作都沒有在意，以為是他惱羞成怒要錘殺鍾矮子。

可是蔣英的鐵錘沒有揮向鍾矮子，而是揮向了胡大海，胡大海回過頭來剛要問是怎麼回事，就被迎面擊來的鐵錘打碎了頭顱，橫屍馬前。

蔣英這一套和當初陳友諒錘殺徐壽輝幾乎如出一轍，可見鐵錘砸腦袋是那個時代居家旅行，殺人篡位的不二選擇。

緊接著，叛軍相繼殺死了胡大海的兒子胡關注和副官（郎中）王凱，控制了整個金華城。

當時的劉基正在返鄉途中，剛好走到衢州郊區。

蔣英一面囚禁了所有金華的官吏，防止走漏消息，一面通知其他各地的苗兵將領一起起事。

幸好，還有一個叫李斌的典史偷偷溜了出來。

所謂典史，就是官吏監獄的基層小公務員，因為工作的關係也沒少跟各種雞鳴狗盜之輩打交道，特別機靈。這個李斌非但從蔣英眼皮底下溜走了，還偷偷溜進胡大海的辦公室，偷走金華軍隊的兵符，然後又溜出城，一溜煙地跑到了嚴州。

當時駐紮在嚴州的是江浙行省右丞李文忠。李文忠是朱元璋軍中一等一的牛人，十幾歲的時候就從軍東征西討，砍人無數。十九歲那年在池州大破徐壽輝的天完軍，威震天下。如今，李文忠一聽說小小的蔣英敢在自己的後院放火，還殺了昔日的老戰友胡大海，氣得不輕，果斷出兵攻打金華。胡大海的養子胡德濟聽說養父被害，激動地哇哇叫，也親自率軍過來替父報仇。

前面說了，苗兵本質上是一群雇傭兵，雇傭兵的特點就是算計得比誰都精明。誰都知道李文忠這種狠貨惹不起，於是他們在金華大肆劫掠了一番後，棄城投奔張士誠去了。

花開兩頭，各表一枝。且不說李文忠輕而易舉平定了金華叛亂，金華隔壁的處州，苗將李佑之收到蔣英的密信，又聽說胡大海死了，於是也跟著起兵造反。

處州的最高軍事長官是劉基的另一個好朋友：孫炎。仗著手裡的苗兵，李佑之很快控制了處州城，活捉了孫炎和朱元璋的侄子朱文剛。這個李佑之的智商比蔣英還要高上那麼一點點，他知道孫炎是個人才，很希望能夠勸降他，於是單獨把孫炎關了起來，好酒好肉伺候著。

但是孫炎很不給他面子，他一腳踢翻李佑之親手送來的酒肉，指著李佑之的鼻子破口大罵：瞎了你的狗眼，老子落到你手裡就沒想過要活著出去，你們這幫忘恩負義的狗賊，遲早把你們剁成肉醬，拿去餵狗狗都不吃！

李佑之的忍耐是非常有限的，被孫炎一罵立刻怒從心頭起惡向膽邊生，要一刀剁了孫炎，可他強忍住沒有下手，而是要孫炎先把上衣脫了——敢情是他看中了孫炎身上那件衣服，覺得一刀把衣服切了太可惜，想留著自己穿。

這都什麼人吶！孫炎徹底抓狂了：「休想！我身上這件紫綺是主公親手所賜，我死也要穿在身上！」李佑之心想這種情況下上去扒人家的衣服實在有點不像話，於是忍著心痛，把孫炎連衣服帶人一刀給砍了。

這個時候，劉基剛剛進入了衢州城。

撿便宜？沒那麼容易

人要倒了楣，喝水塞牙，放屁砸腳。浙江的亂局還沒完，張士誠又來橫插了一腳。

張士誠充其量就是個暴發戶，沒什麼大格局，用劉基的話說也就是個「守土之賊」而已。但器小歸器小，和所有商人一樣，張士誠秉承「有便宜不佔是王八蛋」的商界古訓，看到江浙大亂，張士誠動了渾水摸魚的心思。再加上降將蔣英等人不斷地唆使，1362年3月，張士誠決定：派自己的弟弟張世信攻打諸全州（就是現在的諸暨），撿現成便宜去。

諸全州在已經被李佑之控制的處州北面，一旦攻克了諸全州，張士誠就能順勢接收處州，而朱元璋在浙江的地盤會被切割蠶食得只剩下衢州、金華兩地。

一時之間，人心惶惶。牆倒眾人推，衢州的苗兵得到消息後也騷動起來。叛亂一觸即發。

衢州的守將叫夏毅。眼看比自己牛無數倍的胡大海和孫炎都死於非命，夏毅急得團團轉。這時候，突然聽說朱元璋的首席謀士劉基正好在自己的境內，夏毅激動地差點跳起來。真是天降幸運大禮包，有劉基這樣的頂級高手加盟，還用怕苗兵這種不入流的敵人嗎？

夏毅立刻親自前往驛館邀請劉基。而劉基也早就聽說了金華、處州兩地的叛亂。也得知了胡大海和孫炎的死訊。當初兩人來青田請自己出山的場景還歷歷在目，胡大海的粗豪憨直，孫炎的精明睿智浮現在他的眼前，如在昨日，此時卻陰陽兩相隔。

先是自己的母親，然後是胡大海和孫炎（此時此刻，劉基的另一位朋友葉琛也在洪都被殺害，但劉基暫時還沒得到消息），征戰半生，劉基第一次如此密集地面對自己親友的死亡。劉基隱隱一陣心痛。

除了失去朋友的悲傷，劉基心中也有另一層擔憂：一旦朱元璋的浙東大後方被張士誠所奪得，那麼朱元璋就要面臨一個兩難抉擇：如果收復失地，就必須要和張士誠開戰，這等於破壞了劉基一開始就定下的「先陳後張」的佈局，可是如果不收復失地，失去了戰略縱深的朱元璋很難繼續和陳友諒抗衡。

避免這種兩難抉擇的唯一方法，就是穩住浙江。於公於私，劉基都沒有理由拒絕夏毅，所以他留在了衢州。而回家盡孝的事情，只能再往後推一推了。

夏毅把劉基請到上座，召集文武諸將詳細彙報了浙東地區的軍情。劉基在浙江待了大半輩子，又在這裡打過仗，本來就很熟悉本地的形勢，又仔細聽取了彙報之後，劉基花了整整一個通宵時間，擬定了大概的戰略方針。

首先是要穩定衢州的局勢。

劉基認為，衢州的苗兵動向和處州、諸全州戰局息息相關。一方面，衢州的苗兵時刻在觀望處州和諸全州的動向。另一方面，衢州的動向也會影響到處州和諸全州的戰局。

因此，劉基一面以個人名義向衢州各地屬縣發文件，要求各級官吏務必保持鎮定，採取綏靖政策盡可能防止事態惡化，一面寫信給朱元璋，叫他火速來把處州的事情擺平。

收到信後，朱元璋立刻命令大將邵榮帶兵征伐處州。這個消息等於給衢州吃了一顆定心丸，夏毅小小地鬆了一口氣。但劉基不敢有絲毫懈怠，他知道，真正決定時局的，還是諸全州的攻防戰。

諸全州的守將叫謝再興，也是個牛人。在張士信的狂轟濫炸之下居然堅守了整整一個月，還忙裡偷閒伏擊了張士信一把，生擒了數千人。

張士信跟著老哥作威作福慣了，哪裡受過這樣的憋屈，氣得哇哇直叫，重新集結紹興各地兵力，還從杭州拉來了一大批外援，要跟謝再興玩命了。

守城跟攻城不一樣。攻城的人，雖然風險大死亡率高，但是兵員補給是源源不斷的，而守城的人，雖然平時可以躲在城牆後面偷著樂，但打起仗來死一個少一個。很多時候城牆沒塌城門沒破，守城的人先死光了。

經歷過高郵守衛戰的張士信深知這一點。處於圍城中的謝再興當然更加明白這個道理。他只能向李文忠求援，但李文忠自己的軍隊也是捉襟見肘，愛莫能助。

局勢到了最危險的時候。劉基全部看在眼裡。

但智者和普通人的差距就在於，普通人看到的是敵人的強大，自己的弱小，他們的心中只有恐懼。而智者看到的卻是敵人強大背後的弱點，自己弱小深處的強大。劉基看陳友諒是如此，看張士誠依然如此。

當所有人看到的都是張士信志在必得的攻城大軍，劉基卻看到了張士誠內心的真正弱點：他是來打秋風，撿便宜，來渾水摸魚的，不是來和朱元璋正面衝突的。如果要和朱元璋翻臉，早在龍江之戰的時候張士誠就該翻臉了。張士誠並不害怕朱元璋，但他不想和朱元璋決戰，他只想守著自己的一畝三分地當個土財主。有便宜就撈，撈不到拉倒。

避實就虛，避開敵人最強大的鋒芒，攻打其最薄弱的環節。這是劉基用兵的一貫方針，而張士誠的薄弱環節就是他的這種「守成」心態。

於是，劉基命人到處張貼告示，聲稱朱元璋已經派了大將徐達、邵榮率大軍主力向浙江進發——其實朱元璋只派了邵榮來收復處州，但是徐達是朱元璋的頭號王牌，因此，派邵榮和派徐達前來所傳遞的訊息是不一樣的，再加上劉基「稍稍」誇大了一些軍隊的數量，一種決戰前的蕭瑟感油然而生。

為了防止張士誠消息閉塞，劉基特地派人千方百計將這個資訊直接「洩露」給張士誠。

不出劉基所料，張士誠慫了。他現在是江南這幫屌絲軍閥裡最有錢的。佔據著全中國最富庶的地區，富得流油。相比之下，窮得「治安基本靠狗，交通基本靠走，取暖基本靠抖，娛樂基本靠手」的浙東山區根本算不上香餑餑，犯不著為了這種地方跟朱元璋主力決戰。

但是，畢竟所謂的徐達大軍還只是個傳言，在得到確切消息之前張士誠也不想讓自己顯得太懦弱。所以張士誠並沒有下達撤軍的命令。

可前線諸將已經從張士誠的軍令中看出了搖擺不定的態度，更重要的是，張士信比張士誠更加不願面對天下第一名將徐達和殺人魔王常遇春。

將心動搖，則軍心必亂。

李文忠是何等人物。透過斥候的偵察報告，他敏銳地嗅到了這一新動向。戰機轉瞬即逝，現在就是最好的機會！更令李文忠高興的是，從江西趕來為父親胡大海報仇的胡德濟也恰好在這個時候趕到。手裡有了兵力的李文忠悄悄接近張士信大軍的營地，三更半夜的時候突然殺進大營，一時之間鼓角雷鳴，殺聲震天，張士信以為傳說中的徐達大軍到了，立刻兵敗如山倒，諸全州城中謝再興趁勢殺出，張士信一敗塗地，士卒死傷無數。諸全州自動解圍。

張士信的軍隊退去，衢州的苗兵立刻消停了，到了四月份，邵榮的援軍也及時趕到了。劉基辭別了衢州，前往處州和邵榮會合，商討平亂事宜。同時參與平定處州還有胡深率領的一支軍隊。而因為張士信的敗退，李文忠也閒了下來，於是一起參與圍攻處州。

這一戰沒有絲毫懸念，三路大軍連圍都懶得圍，衝開處州城東北大門，一路殺進城，鎮壓了作亂的苗兵。李佑之自殺身亡。

為了防止浙江再次發生動亂，朱元璋任命王佑和耿天璧一起鎮守處州，並委任胡深全權負責處州的軍政民大事。

自此，浙江苗兵的叛亂終於平息。靠著謝再興的拚死守城，李文忠的運籌帷幄和劉基的神機妙算，浙江的局勢化險為夷，朱元璋度過了這場危機。

而劉基，也終於可以回家了。此時，離劉基母親過世已經過去八個月了。

離開你我做不到

劉基在母親的靈柩前守了整整一個晚上，雖說忠孝不能兩全，但是作為一個兒子，他覺得自己有愧於母親。

第二天，朱元璋派來了禮官，在老夫人靈前擺了三牲祭禮，宣讀了祭文，叩拜祭奠。全家人向禮官回拜，並向北遙拜，答謝朱元璋的恩情。

出殯這天，老婦人的排場異常浩大，劉氏本來就是當地的士族，再加上朱元璋對劉基的敬重，浙東各地都派來了代表為老夫人送葬。

令劉基稍稍有點詫異的是，連他的「老朋友」方國珍都派遣使者來參加了葬禮。

送走了老太太，劉基開始了三年守孝。按照儒家古禮，父母去世後子女要守孝三年，因為孩子學會走路之前，有整整三年是在父母的懷抱中度過的。

普通人在這三年中不能有任何娛樂活動和交際活動，而如果是官員，則要停下手頭一切工作，立刻請假回家，這叫做「丁憂」。

那麼，能不能隨機應變，把守孝時間縮短呢？答案是：儘量不要。孔子的弟子宰予曾經問孔子說：「老師啊，守孝三年時間實在是太久了，能不能短一點？」孔子當時反問他：「父母去世後三年之內你吃香喝辣的心裡能過意得去嗎？」這當然是個反問句，可是宰予卻不知好歹，厚著臉皮回答說：「能啊。」老夫子脾氣再好也被氣得夠嗆，強忍住踹宰予一腳的衝動，拂袖而去：「你要是覺得心安理得，那隨便你！」私下裡，孔子到處跟人抱怨：「宰予真不是個東西。」（予之不仁也！）

朱元璋以忠孝治國，當然明白這個典故，但是，他實在無法離開劉基整整三年。

劉基離開的這段日子裡發生了很多事情。先是浙江苗兵叛亂，幸好劉基就在當地，給鎮壓下來了。然後，是洪都守將叛亂。

當初洪都守將胡延瑞提出了苛刻的投降條件，在劉基的暗示下，朱元璋全盤同意了。其實劉基還有後招，但是走得匆忙，來不及把後招落實，只能提醒朱元璋小心洪都降將，偏偏朱元璋沒放在心上，果然，劉基一走，這幫人立刻起兵造反，殺死了洪都太守——劉基的另一個好朋友——葉琛。幸虧當時徐達的大軍就在附近，及早回援，重新打下了洪都，鎮壓了叛變。

而經過這件事情，朱元璋才徹底重視起洪都的防務，他撤換了全部降將，命令侄子朱文正為大都督，鄧愈為副將，鎮守洪都。

劉基走前的兩個擔憂全部應驗，朱元璋越來越覺得自己離不開劉基。他不停地給劉基寫信，既有噓寒問暖，也有詢問軍國大事，但字裡行間透露的都是讓劉基快點回來的意思。

劉基也會在回信裡幫他分析形勢，提出應對策略。例如，在徐達出征武昌時，劉基就建議朱元璋兵貴神速，一定要趁陳友諒立足未穩在兩個月內攻克武昌，否則就難了。結果，徐達因為鎮壓洪都叛亂延誤了時日，給了陳友諒喘息時間，果然，再也無法攻克武昌了，朱元璋不得不令他返回南京。

許多事態的發展都證明了劉基的算無遺策。朱元璋愈發希望劉基能夠回來。

劉基何嘗不知道朱元璋的心理，但是正如孔子所說，守孝三年不單單是禮節那麼簡單，更是一種追求內心安寧的方式，劉基自覺虧欠母親的實在太多，他想要多陪陪母親的陵寢。

其實劉基在丁憂期間也並沒有閒著，他都沒有停止過為朱元璋的大業奔忙。處州地區守備薄弱，民風又驃悍，胡深一個人搞不定，劉基便幫他出謀劃策，親自參與防務體系的規劃和建立。同時還利用自己的聲望給一些不願意投降朱元璋的當地義軍和知識份子做思想工作。

在丁憂的這段時間裡，劉基連續組織了好幾次朱元璋集團的企業招聘宣講會，向大家展示朱元璋集團有限公司的廣闊前景和優渥待遇，鼓勵大家參加多多給朱元璋投簡歷，成為一名光榮的朱元璋公司員工。

在劉基的努力下，處州一代的不穩定因素幾乎被消除殆盡。有了穩固的大後方，朱元璋才有心力對付眼下最大的敵人：陳友諒。

1363年正月，劉基再一次收到朱元璋催促他回南京的信。這一次，劉基發現自己再也沒有理由拒絕朱元璋了，因為朱元璋告訴他，他要準備跟陳友諒進行最後的決戰了。

這一戰，有你無我。朱元璋不敢有絲毫的懈怠。

這些戰略都是劉基給朱元璋制定的。他當然知道，現在的確已經到和陳友諒大決戰的最佳時機了，作為這一戰略的制定者，他沒有理由缺席這場關乎一切的決戰。

於是，正月裡，剛剛過完年的劉基辭別了父老鄉親，辭別了母親的牌位和陵寢，重新踏上了回南京的路。

他真正的守孝時間，只有九個月。沒有劉基在身邊，這是朱元璋能夠忍受的最長時限。

劉基回青田的時候就因為苗兵叛亂被阻隔數月，而回南京的路，也不好走。張士誠和朱元璋之間雖然大仗不起，但是小衝突，相互之間各種游擊戰，侵襲戰從來沒有停止過。劉基一路上秉著少惹麻煩多趕路的原則，對於這種動亂地區能躲多遠就躲多遠。

但也有躲不開的。劉基路過建德的時候，發現這裡打得挺熱鬧，看陣勢雙方都下了點本錢。而守備建德的，又恰好是劉基的老相識李文忠。於是，拗不過李文忠的邀請，劉基還是留了下來，幫助抵禦張士誠。

經過諸全州一戰，現在的李文忠闊了，手裡要兵有兵要將有將，不想窩在建德城裡做縮頭烏龜，於是找來劉基討論主動出擊的策略。

劉基卻擺擺手道：「急什麼，等三天之後他們退兵了，我們再追擊也不遲。」

「哦……嗯？」李文忠有點暈，「三天之後？張士誠退兵？誰跟你說的？」

劉基一副神秘莫測的樣子，笑而不語。李文忠急了，「不是不相信先生的神機妙算，可這也太懸乎了，總得給個理由先，否則我怎麼跟將士們解釋啊。」

這也是人之常情。於是，劉基先便問李文忠：「敵軍主將是誰？」

「是個之前沒聽說過名字的將領，估計也就是路人甲級別，但也不排除是從其他戰區調過來的將領，我這裡掌握的情報不多。」李文忠老實地回答。

「不用猜了，我看敵軍軍容不整，士氣不高，主帥肯定是個路人甲。讓一個路人甲帶兵，可見張士誠根本沒把這場戰鬥當回事。連主帥都沒當回事，這群人能有多大的勁頭攻城？」

李文忠點點頭，敵人雖然人數眾多，但確實戰鬥欲望一直不是很旺盛。

「但憑什麼就認為他們三天後會退兵呢？」李文忠還是有疑問。

劉基笑道：「本來是不會退的，但現在他們看到百姓都在幫著拚死守城，知道攻城無望，就肯定會退兵了。」

「啊？」李文忠有些凌亂。建德城的防務都是他的軍隊一手承擔的，根本沒有老百姓幫助守城。因為朱元璋在浙江的根基不深，而張士誠的名聲本來也不壞，所以老百姓很少參與到張朱二人的戰鬥中去，況且，沒受過訓練的老百姓上了城牆非但起不了作用，反而會礙手礙腳。

你哪隻眼睛看到老百姓在幫忙守城了？李文忠心想。

這本來就是劉基故意抖的包袱，李文忠這些心理活動自然瞞不過劉基：「以守軍現在的實力的確根本不需要老百姓幫忙，但是，如果我們能找些老百姓做出一副拚命守城，與城池共存亡的架勢來……」

李文忠也是一代名將，自然一點就通，當下一拍腦門就明白了：「先生是要找人來作秀啊，了然，了然！哈哈！」

當天，張士誠的軍隊就看到建德城的老百姓披著簡單的盔甲，舉著土製的長矛出現在了城樓上，雖然跟職業士兵比起來，這些「死老百姓」弓弦也拉不滿，長矛也端不直，但從他們的眼神中，能看到一種「城在人在，城破人亡」的決心——這些吃便當的臨時演員演技也都不錯。

第一天，敵人沒動靜。第二天，敵人沒動靜。第三天，敵人還是沒動靜。李文忠靠在城樓上觀望敵陣，鬱悶地發現對面依然旌旗獵獵，戰鼓陣陣，正要找劉基質問一番，卻看到劉基哈哈大笑起來：「他們果然不戰自退了，還真是準時啊！」

李文忠不信：「你在逗我玩吧？」

劉基知道李文忠肯定不信，「你自己帶兵出去看看就知道了。」

李文忠將信將疑地帶兵衝入敵營，卻見果然是一座空營，只有幾個老弱兵丁在擊鼓。

真是神了！李文忠就像小孩纏著魔術師一樣纏著劉基，問他是怎麼知道敵人已經退兵了呢？劉基回答說：「我聽他們鼓聲微弱，看他們旌旗散亂，就可料定他們已經走了。」

看到李文忠的瞳孔裡已經閃起了崇拜的星星，劉基又語重心長地補充了一句，「帶兵的人，防守的時候一定要學會用民心，進攻的時候一定要會聽鼓點、看旌旗，這是前人告訴我們的經驗啊！」

這下，李文忠徹底服了。

劉基在建德不能逗留太久，張士誠的軍隊一退，他就繼續出發去南京了，朱元璋還等著跟他探討與陳友諒的最後決戰呢。

看著劉基遠去的背影，李文忠對即將到來的大決戰充滿了希望。

七、決戰鄱陽湖，掀翻陳友諒

天子的療效是「脅諸侯」

就在朱元璋如日中天的時候，北方的紅巾軍正統皇帝韓林兒的日子卻越過越衰。經過1358年的幾輪嚴打，韓宋政權基本上是被歷史掃進了回收站。

沒過幾年，韓林兒發現自己就要被徹底刪除了，因為張士誠要來清空回收站了。1363年，已經投降了元王朝的張士誠派遣大將呂珍率軍十萬攻打安豐，名義上是替元王朝征討逆賊，實際上是趁火打劫撈現成便宜去了。

自從高郵圍城之後，張士誠除了四處撈便宜就沒怎麼幹過正事兒。

韓林兒苦不堪言。本來就已經被元王朝打得只剩下半口氣兒，哪裡還擋得住張士誠的精銳部隊，半個月後，孤城安豐就陷入了彈盡糧絕的境地。

沒有了糧食，就只能吃人了。現成的死人吃光了，連幾個月前埋入地下，腐爛了一半的屍體也被挖出來吃了。到後來連屍體都沒得吃了，有人甚至發明了挖出井底的泥巴捏成丸子，用人油炸著吃這種「烹飪」方式。

人要絕望到何種境地才能激發出如此恐怖的想像力？

年少的韓林兒從沒見過如此慘狀，在自己的房間裡日夜號哭。當年和韓山童一起創業的劉福通也沒有任何辦法，他唯一能夠想到的只有南方的朱元璋了。

此刻的朱元璋正在積極準備與陳友諒的決戰，收到劉福通的求援信後，他十分震驚。

雖然朱元璋跟韓林兒沒有直接的聯繫，但至少在名義上，朱元璋還是隸屬於紅巾軍系統，是韓林兒的臣屬。而且，在他渡江發展地盤，然後又跟陳友諒、張士誠二人死磕的這幾年中，韓宋一直是朱元璋在北方的堅實屏障，一旦安豐淪陷，張士誠就坐擁了淮河南北之地，對朱元璋的威脅十分巨大。

不管是從名義上還是從實際戰略價值上，朱元璋都覺得自己應該出兵救援安豐。

剛剛結束丁憂回到南京的劉基旗幟鮮明地反對救援安豐。他回南京本來是來跟陳友諒決戰的，可不是來替韓林兒跟張士誠玩命的。所以，在其他謀臣保持沉默的情況下，劉基一一反駁了朱元璋的出兵理由：

劉基首先再一次提出，張士誠是個「器小」的人，只求自保，不會有大作為，他此番攻打安豐就是單純想擴大地盤——而不是為了實現對朱元璋的戰略包圍。

接著，他再次強調，陳友諒才是那個最窮凶極惡的敵人，當前社會的主要問題是：背水一戰的朱元璋和復仇心切的陳友諒之間的衝突，這是不可調和的，無法避免的。他指出，一定要堅持「先陳後張，先南後北」基本國策五十年不動搖，因為事實雄辯地證明，兩線作戰四處樹敵的人必將被歷史的車輪輾作齏粉。更何況陳友諒本來就已經虎視眈眈，他必然會趁這個時候興兵來犯！

最後，面對一小撮不明真相的將領（包括朱元璋）提出的「韓林兒是我們名義上的皇帝，豈能見死不救」的疑問，劉基分析道：既然韓林兒是我們「名義上」的皇帝，那我們「名義上」去救他一下就行了，何必真刀真槍地幹？

劉基說得天花亂墜，但朱元璋卻罕見地固執，當場否決了劉基的建議，毅然堅持己見，決定出兵安豐。

這次，劉基也發狠了。

連三年守孝都沒守完就巴巴跑回來南京，只為跟陳友諒決一死戰，為了這一天我佈局了這麼多年，不能讓一個小小的韓林兒毀掉一切！

他死死拉住朱元璋的衣角，說出了一句本不該放到檯面上來說的話：「主公不能出兵！即使安豐丟了，只要韓林兒一死，對我們利大於弊啊！」

朱元璋站住了腳步。雖然他一直沒把韓林兒當盤菜，但劉基的話還是震驚了他。

看到朱元璋遲疑，劉基繼續說道：「主公想過沒有韓林兒這個皇帝一開始的作用？」

只一句話，朱元璋有些開竅了。

元末紅巾軍最初分為東西二系，西系的開山祖師是彭瑩玉，推徐壽輝為首領，就是天完政權。東系是以韓山童、劉福通為首。韓山童死後，劉福通又物色了韓林兒，建國曰宋，號小明王。因兩系的反元目標相同，便合而為一，同尊小明王。

但是，宋和天完的紅巾軍主力本來並沒有互相協調的軍事行動，還是「各有其眾，各戰其地」。而徐壽輝被殺後，西系的紅巾軍主力為陳友諒所擁有。陳友諒根本沒把自己當作紅巾軍看，所以眼裡完全沒有韓林兒，韓林兒對其毫無統束之力。而朱元璋另外的幾個敵人張士誠、方國珍不屬於紅巾軍範疇，小明王的存在也並無意義。

「韓林兒本是紅巾軍的精神領袖。現在徐壽輝已死，淮河地區的紅巾軍全軍覆沒，除了朱元璋外，天下再無響亮的紅巾軍旗號，那還要這個韓林兒有什麼用！」

該說的不該說的，劉基都說了，1363年的朱元璋在政治上還是一個剛學會走路的青年。劉基發現討論戰術戰略的時候，朱元璋往往一點就通，但是一提起政治，眼前這個人就有點愚鈍。他研究過朱元璋的發家史，他相信如果自己早幾年追隨朱元璋，他絕不會允許郭子興這樣的人在朱元璋頭上拉屎撒尿。

亂世之中，有槍便是草頭王，槍桿子裡出政權。皇帝有什麼用，無非代表了一種話語權而已，用皇帝的名義來挾持各路諸侯，是歷代梟雄最得意的公關手段，可是，現在連諸侯都沒有了，要皇帝還有什麼用？

朱元璋看著一臉陰險的劉基，很無語。的確，劉基說的每一句話都讓人無從反駁。跟後來那個殺戮無度的洪武皇帝相比，1363年的朱元璋還是一個講義氣重感情的純良少年（這一點從他對待義父郭子興的態度上就可以看出來），在厚黑學的造詣上，他還遠遠比不上混跡官場半生的劉基。

「韓林兒可以不救，安豐不能不保。」朱元璋最終還是撂下一句話，走了。

劉基頓時明白了。說什麼都沒用了。他甚至已經猜到了朱元璋的心理，他確實不想背上害死韓林兒的罵名，也不想自己的北方暴露在張士誠的鋒芒下，但是朱元璋真正憤怒的是這幾年來張士誠一直像趕不走的綠頭蒼蠅一樣在耳邊嗡嗡叫，咬不死人，卻能煩死人。

朱元璋對張士誠已經同樣忍無可忍了。

1363年三月，朱元璋以徐達、常遇春為先鋒，親率大軍救援安豐。

朱元璋傾巢而出，南京空虛。劉基時刻關注著身在武昌的陳友諒，讓人意外的是，陳友諒居然絲毫沒有動靜。所有人似乎都鬆了口氣，只有劉基越想越心驚。

陳友諒不是一個優柔寡斷的人，他不會錯過戰機，他之所以等待，是在等待更好的戰機。陳友諒就像一個引弓不發的殺手。弓拉得越滿，箭的殺傷力越大。

而在北線戰場上，朱元璋發現自己悲劇了。

等大軍趕到安豐的時候，安豐城已經破了，更令人哭笑不得的是，擊潰了呂珍的大軍後，韓林兒被救了回來。

該來的不來，該走的不走，咋什麼破事兒都讓我碰上了？抓狂中的朱元璋把氣都撒到了張士誠的身上，如果不是你這個私鹽販子上下跳樑，我怎麼會遇到這麼尷尬的事情！盛怒之下，朱元璋做出了這一個月來第二個錯誤的決策：進攻廬州。

廬州就是今天的安徽合肥，攻下了廬州，朱元璋就可以打開通往張士誠老巢的一條通道，扼住張士誠的咽喉。如此重要的地方，張士誠自然會派遣重兵把守。

朱元璋再次被自己的情緒控制，至於先陳後張的策略，已經被徹底拋在了腦後。

這一次，連徐達都開始反對了。真正的敵人是陳友諒，而不是張士誠。如果說救援安豐還勉強有理由，那打廬州就純粹是胡搞蠻纏了。但心煩意亂的朱元璋根本聽不進去這些。他出兵這麼久陳友諒都沒有動靜，他相信，陳友諒已經被自己打怕了，此刻正躲在武昌看著地圖畏首畏尾地猶豫要不要出兵。

「等陳友諒這個窩囊廢回過神來，我早就打下廬州回南京了。」朱元璋是這麼想的。

無敵艦隊VS無敵堡壘

此時此刻，「窩囊廢」陳友諒的無敵艦隊剛剛從武昌起錨。

陳友諒不是一個特別能沉得住氣的人，但是朱元璋大軍開赴安豐的時候，他忍了。安豐的泥潭不夠深，他要等朱元璋陷進更深的泥潭不能自拔，然後，給朱元璋最致命的一擊。

廬州就是陳友諒等待的那個泥潭。當朱元璋的大軍在廬州城外壘砌屍牆的時候，陳友諒已經坐上了他的旗艦，他的身邊是兩百餘艘超級戰艦，展開後密密麻麻充斥了整個江面。

這些大艦都是龍灣會戰後重新打造的，高達十幾米，分為三層，可以搭載兩到三千名士兵。一般的戰船裝載的都是步兵，但陳友諒的大艦卻非同凡響，每一層都有馬棚，騎兵可以在甲板上縱橫馳騁。在空軍還沒出現，水戰以接舷為主要戰術的時代，陳友諒的「跑馬母艦」是絕對無敵的存在。

陳友諒面無表情地端坐在噸位最大的那艘「跑馬母艦」指揮艙的龍椅上。自從龍灣會戰後，他已經受夠了從巔峰到谷底的屈辱，所以，這次出征，他連後路都沒給自己留，非但徵集了領地內幾乎所有的壯丁，湊足了真真實實的六十萬大軍，而且連文武百官和自己的妻子孩子都隨軍同行了。他就像一個紅了眼的賭棍，把所有籌碼都往注上一扔，輸了就一無所有，贏了就擁有一切。

1363年四月，陳友諒的大軍來到了洪都城的腳下。這座城市曾是他的驕傲，但一年前，它背叛了陳友諒，今天，陳友諒要把它奪回來。

自從上回叛亂後，朱元璋把洪都的守將換成了朱文正和鄧愈。

鄧愈，一代名將。在太平－集慶（今南京）戰役，安慶、江州戰役中全都屢建奇功。有這樣一位將膽在，洪都城的守軍感覺稍微有了點底氣。

朱文正，朱元璋的侄子。跟鄧愈比起來，朱文正簡直是一塊渣。自從來到洪都這個燈紅酒綠的大城市，紈絝子弟朱文正天天吃喝嫖賭，不務正業，太守辦公室裡根本找不到他的蹤跡，因為他不是在妓院，就是在去妓院的路上。

可誰都沒想到的是，最後決定洪都命運的居然是朱文正這塊渣。

收到前線軍情之後，朱文正突然收起了花花公子的模樣，從妓院回到自己的辦公室，召開了緊急軍事會議，以一個最高長官的身分用堅定的口吻對每一個將士說：「城亡與亡，我等誓死保衛洪都城！」

緊接著，朱文正立刻分配兵力防守各個城門，洪都城城門多，守軍少，但朱文正分配起來卻有條不紊，最後居然還給自己留下了上千人的預備隊。

朱文正突然之間的華麗大變身讓洪都諸將目瞪口呆，他們甚至懷疑朱文正是不是還有個雙胞胎兄弟：一個負責吃喝嫖賭，一個負責運籌帷幄。

但不管眼前這個人是朱文正本人還是他的隱形兄弟，在朱文正的堅毅眼神中，大家看到了希望。

四月二十四日，陳友諒發動了進攻。他的目標是撫州門。陳友諒的選擇倒是沒錯，這裡地勢開闊，非常適合大部隊展開，最大限度地發揮人數優勢，可惜的是，防守撫州門的人是鄧愈。

鄧愈一點也沒跟陳友諒客氣，滾木礌石不要錢一樣往陳友諒頭上招呼，陳友諒的大軍是臨時組建的，沒經受過良好的訓練，連裝備都是些臨時拼湊的皮甲竹盾，對從天而降的大傢伙沒有絲毫抵抗力，不給砸死也砸暈過去，幾天下來，城下屍體堆成了山，也沒人能夠登上城頭一步。

活人不能一泡尿憋死，六十萬活人不能讓一堵城牆堵死，既然攀不上牆頭，就改成挖牆腳。

四月二十七日。在重盾方陣的掩護下，一隊五大三粗的士兵手持砍刀接近城牆根，衝著城牆一頓猛砍。城牆上的守軍看傻了眼，有力氣不去砍人，幹嘛跟城牆過不去？心裡這麼想著，手裡卻不肯鬆懈，強弓硬弩流水價地往「挖牆腳大軍」頭上送去利箭。挖牆腳的人多了，搭雲梯爬城牆的人自然就少了，牆頭上的守軍沒有了壓力，一個個探出身去，「嗖嗖」放冷箭放得別提多過癮了。

快樂的日子總是短暫的，沒過多久，守軍就發現城牆真的被鑿開了！常言道「只要鋤頭揮得好，沒有牆角挖不倒」。今日方知，古人誠不我欺也！漢軍非但挖開了撫州門的牆角，還挖了有十丈那麼寬的洞！

陳友諒一陣興奮，按照歷史常識，大軍衝破了城牆，幾乎這座城市也就離被攻陷不遠了。

可是接下來發生的一件事情讓陳友諒淚流滿面，感嘆自己生錯了時代：

鄧愈及時調來了一支裝備秘密武器的部隊堵住了空缺，一陣震耳欲聾地「砰砰」聲過後，第一批挖牆腳的工人應聲倒地，抽抽了幾下，就沒氣兒了。

後面的漢軍面帶恐懼地看著眼前這支部隊和他們手中的秘密武器——火銃。

火銃這種武器其實在元朝的時候就已經登上歷史舞臺，由於射速慢，射程短，精度低等缺點，一直沒有被大規模列裝部隊。但是，用來防守一段十餘丈的牆洞，已經足夠了。

漢軍中絕大多數人都沒見過這種會發火冒煙的鐵管，在巨大的槍聲震懾下，攻勢稍稍有所減緩，趁著這個時間，鄧愈在斷城後面建起了一道柵欄。

鄧愈也知道，這道柵欄支撐不了多久，於是又組織施工隊以這道柵欄為依託，臨時砌起了一堵城牆。陳友諒當然不能讓鄧愈這麼安心地築牆，在他的親自督戰下，漢軍像洪水沖向這個缺口。

朱文正也意識到了鄧愈的施工隊現在是全洪都城的命脈，關鍵的時刻派出了預備隊，終於讓鄧愈安心地修完了城牆。

陳友諒重新解讀了「挖牆腳」這個俗語，而鄧愈則向陳友諒闡釋了什麼叫做「亡羊補牢，為時未晚」。眼看著人死了不少，挖開的城牆卻又被補了起來，漢軍失去了再挖一遍的勇氣，終於在第二天清晨撤軍。

撫州門保住了。

出師不利。這一戰對漢軍士氣的打擊是巨大的，就好像你懷揣價值六十萬美金的無敵板磚氣勢洶洶地去找人報仇，卻在高速路口被堵了整整三天，你說窩火不窩火。

但再窩火也得接著往下走啊。休息了幾天之後，陳友諒放棄了撫州門，把新目標鎖定了新城門。

惹不起我還躲不起嗎？陳友諒是這麼想的。可惜他想錯了，因為新城門的守將薛顯是個更加惹不起的主兒。

薛顯，安徽碭山人，原來是義軍統帥趙均用（就是在滁州城綁架郭子興的那個）的部將，趙均用死後投降朱元璋，一直擔任朱元璋的親兵隊長，跟隨朱元璋全程參加了安慶、江州會戰，洪都叛亂後被留在洪都坐鎮。

這樣的猛人，惹得起嗎？

五月初六，漢軍主力開到新城門外，還沒來得及擺出攻城陣形，新城門居然「嗷～」地一聲開了，城裡殺出一隊騎兵，衝鋒到漢軍陣前一通亂砍，砍死了陳友諒部將劉進昭，生擒活捉了趙祥，然後又仗著馬力快馬加鞭就衝回城了。

漢軍目瞪口呆，不少人還沒反應過來就被馬刀砍死了，圓睜著難以置信的大眼死不瞑目。沒見過這麼不講道理的！惹不起，真心惹不起。陳友諒本身就是個不按常理出牌的人，但是在薛顯面前，他簡直像個模範生一樣循規蹈矩。橫的怕愣的，楞的怕不要命的。陳友諒算是怕了他了，從那以後，就沒敢對新城門發起猛攻。

六月十四日，陳友諒決定從洪都的沿江一側進攻，放著強大的水軍幹嘛不用啊。

可惜，陳友諒又打錯算盤了。安慶－江州會戰後，朱元璋重修了沿江一帶重要城市的城防，汲取了太平和江州淪陷的教訓，洪都城的城牆往內側挪了一小步，確保沒人能從戰艦上直接跳進城裡。

所以，漢軍只能乘坐小船去衝擊江邊唯一的水門。而守軍早就準備好了長矛，漢軍一來，直接就拿長矛往死裡捅。本來也不是什麼大不了的戰術，漢軍本能地抓住了伸出來的長矛，卻聽見「滋」地一聲響，然後傳來一股烤肉的清香，緊接著手掌一陣劇痛——原來守軍的長矛已經被燒得滾燙了。

太缺德了。

正是在這一連串缺德帶冒煙的戰術之下，陳友諒打死都沒能打開水門。他沒轍了，只能移師士步門。在那裡，陳友諒倒是小有收穫，一箭射死了守將趙德勝。可惜沒用，守軍見到主將英勇殉國，反而更加鬥志高昂，硬是沒讓漢軍染指城牆半步。

陳友諒真的絕望了，本來在他的計畫中，六十萬人打下洪都還不是幾分鐘的事情。但結果卻跟他預料的正好相反，在突然變身為鋼鐵戰士的前花花公子朱文正，和一直以來發揮穩定的一代名將鄧愈的通力合作下，洪都成了一台絞肉機，陳友諒留下了無數具屍體，卻什麼也帶不走。

洪都城下一堵，就是八十五天。

六十萬人，滯留八十五天，這是個什麼概念？六十萬人，既是六十萬把刀，更是六十萬張嘴，六十萬人同時扒在鄱陽湖邊喝水，能把鄱陽湖喝乾一小半；六十萬人同時吃飯能把鄱陽湖平原一年的產糧吃得乾乾淨淨！別人都以為統率百萬大軍是件威風凜凜的事情，那是因為他們沒看到百萬大軍留下的帳單。

陳友諒沒有意識到，這一切都是自己造成的，因為他犯了一個無可挽回的錯誤——其實他根本沒有必要在洪都死磕。洪都的守軍自保有餘出擊不足，他完全可以繞開洪都直取南京，到時候主力被陷在廬州的朱元璋就只有挨打的份兒。等打下了南京，再把朱元璋部各個擊破就不是難事了。

可是陳友諒太自信了。手裡有了無敵艦隊和六十萬大軍後，他瞬間把一切失敗都拋在了腦後，從而放棄了斬首行動，一心想要穩紮穩打，從洪都開始一口一口吃掉朱元璋的每一寸土地。當然，還有一個他說不出口的理由：拿了我的給我換回來，吃了我的給我吐出來。凡是背叛過我的，我一定要讓你受到加倍的懲罰。

八十五天，除了換回一堆讓陳友諒難以承受的帳單，更給了朱元璋足夠從任何一個泥潭中抽身的時間，眼看著幾乎是天賜的良機正在從指縫裡溜走，陳友諒急紅了眼，像頭狂怒的野獸一樣在洪都城下嘶吼，卻拿這座城市一點辦法也沒有。

遇見，在宿命中的戰場

1363年七月初六，朱元璋率領二十三萬大軍出發前往洪都。

一個月前，一個叫做張子明的人來到他面前，把朱文正的親筆求援信交給朱元璋，信上，朱文正詳細描述了洪都保衛戰的種種慘狀，但他沒有說你趕緊來救我，再不來大家一起完蛋之類動搖軍心的話，反而告訴朱元璋，陳友諒這兩個月傷亡慘重，糧草供應不上，只要援軍一到，就能破陳漢大軍。

但朱元璋的主力此刻正在廬州跟張士誠耗著，要把這支部隊撤回來，同時再集結其他地區的精銳部隊，至少需要一個月。

「你告訴文正，再堅持一個月，一個月後，大軍一定如期趕到。」經過一番斟酌後，朱元璋說出了這句話。

在六十萬大軍之前再堅守孤城一個月，不是兩片嘴皮子上下一番那麼容易的。他後悔之前沒有聽劉基的勸諫，但後悔已經來不及了，此時此刻，他只能把接下來的命運寄託在朱文正的洪都城和眼前這個信使的身上。看著朱元璋信任的目光，張子明重重地行了一個軍禮。

「無論如何，我會把這個口信帶到。」張子明的眼中閃過一絲決絕。

張子明的確履行了自己的諾言，以一種極為慘烈的方式：回洪都的途中，張子明被陳友諒活捉了。他假意投降陳友諒。陳友諒得意洋洋的把張子明拉到城下，想讓他喊話勸降，張子明定了定神，喊出了那句寄託著朱元璋全部希望的口信：

請諸位再堅守一個月，主公的大軍馬上就要到了！

說罷，張子明一臉嘲弄地看著陳友諒，看著陳友諒臉上交織著憤怒與不可思議的神色。

惱羞成怒的陳友諒一刀劈死了張子明。但已經來不及了，洪都城裡的守軍已經看到了希望，雖然希望遠在一個月之外，但總比無窮無盡的絕望要好。

已經差不多快蔫下去的洪都城再次爆發出了無敵的小宇宙。

洪都城下堆起了更多的屍體，但陳友諒卻絲毫無法撼動這座城池半分。

而南京這邊，戰爭總動員的工作也在有條不紊地展開。徐達的大軍不是一天兩天能夠撤回來的。朱元璋等得有些煩躁，有謀士跟朱元璋出主意，說大軍集結好之前先派一支軍馬過去馳援洪都，朱元璋又是擔心洪都又是擔心侄子朱文正的安危，心中有些猶豫，便去諮詢劉基。

「哪個王八蛋出的主意！」劉基一聽就火了。別讓我知道名字，就這點智商還敢來南京混飯吃？「主公！陳友諒起傾國之兵六十萬大軍，我們這邊滿打滿算也不過三十萬，還要分出十萬來防備張士誠，現在再把二十萬拆開，這仗還打不打，對於洪都，送上幾萬人馬等於是給陳友諒下酒，對於最後的決戰，少了幾萬人馬就是少了十分氣勢，這種事情根本毫無意義而且得不償失。」

朱元璋本來也只是在猶豫，經劉基一說，心裡就敞亮了，再也不提分兵的事情。

一直熬到七月份，各路精銳相繼在南京集結完畢，李善長督造的戰船軍器也相繼完工，而這個時候，劉基也找到朱元璋，彙報了自己的最新科研成果：長江水位會下降一段時間，到時候陳友諒的巨艦靈活性就會受限制。

現在，是決戰的最好時刻。

1363年七月初六，朱元璋的艦隊也起錨了。他比陳友諒晚了三個月，可是愚蠢的陳友諒把這三個月的黃金時間浪費在了洪都城上。

天與不取，必受其咎。

現在，朱元璋把一切都準備好了，他相信，這是老天的眷顧。而老天，還將繼續眷顧他。

七月十六日，朱元璋的艦隊抵達鄱陽湖口，朱元璋首先派兵守住涇江口（今安徽宿松南），另派一支軍馬屯於南湖嘴（今江西湖口西北），切斷陳友諒歸路；又派兵扼守武陽渡（今江西南昌縣東），防止陳軍逃跑；而朱元璋本人則親率水師由松門（今江西都昌南）進入鄱陽湖。

就在鄱陽湖一決生死吧，陳友諒！

陳友諒看懂了朱元璋的信號。他絲毫都不在意朱元璋斷了自己的後路。一個把自己老婆孩子都帶在身邊出來打仗的人，本來就沒給自己留後路，還能在乎有人斷後路嗎？

七月十九日，朱文正從不安的睡夢中醒來，發現洪都城外空空如也，陳友諒的大軍已經撤走，現場只剩下六十萬大軍留下的生活垃圾，和一些還在打轉的鍋碗瓢盆。

若不是沉重的甲冑支撐著身體，朱文正幾乎要像泥一樣軟在地上。結束了，洪都的地獄終於結束了。

而對於朱元璋和陳友諒來說，這才剛剛開始。

在聽說朱元璋把大軍開到了鄱陽湖，還斷了自己後路之後，陳友諒嘴角冷冷一笑。

在這鄱陽湖上，今天就讓我們了結這一切吧。

七月二十日，朱元璋水軍與陳友諒水軍分別來到了鄱陽湖，在康郎山相遇，兩支軍隊都走了三個月的彎路，但無論如何，他們相遇在了一起，在這個宿命的戰場上。

朱元璋在自己的水寨裡遠遠望著陳友諒的艦隊。

朱元璋艦隊中的主力戰艦大都是龍灣會戰的時候繳獲的。而「龍灣級」噸位的戰艦在陳友諒的眼中是屬於已經被淘汰的級別了。儘管隔著這麼遠的距離，朱元璋一方的士兵都要抬起頭才能看清楚大艦的全貌，再加上陳友諒還把本來就夠大的大艦又排佈在一起，展開數十里，「望之如山」，氣勢奪人，人比人得死，貨比貨得扔，朱軍立刻就淡定不下來了。

這仗沒法打了。除非非洲食人蟻再世，否則螞蟻還能咬死大象不成。但劉基告訴朱元璋，螞蟻固然咬不死大象，可是大象也踩不死螞蟻，螞蟻生生不息，可是大象終有被耗死的一天。

而朱元璋麾下的第一號牛人徐達就是一隻讓大象無比頭痛的兵蟻。

七月二十一日，鄱陽湖水戰拉開序幕。徐達率先發起了進攻。徐達利用陳友諒戰船巨大進退不便的缺點，駕著快船以迅雷不及掩耳之勢出現在漢軍艦隊的前方。

徐達的快船上裝備了當時最先進的火器，大小火炮、火銃、火箭、火蒺藜、大小火槍、神機箭等等一應俱全，這些火器對於木艦的殺傷力是極強的。經過數輪齊射把漢軍轟了個灰頭土臉後，徐達令旗一揮，快船分成十幾個小分隊從不同的方向纏上了眼前的巨艦。

這種戰術已經不像螞蟻了，而是像草原上的狼群。發現巨大的獵物後，狼群會在頭狼的指揮下從四面八方包抄獵物，再兇猛的獵物也有顧此失彼的時候，只要一口被咬中，獵物就會亂了方寸，然後被更多的惡狼死死咬住，最後流血而死。

徐達的快船比狼更靈活，而漢軍的巨艦比草原上任何巨獸都要笨重，徐達很快就順利完成接舷，登上了其中一艘巨艦，緊接著，更多的快船靠上了大艦。

腳踏實地之後，沒有人是徐達的對手，把抵抗的漢軍一一砍死，又把放棄抵抗的漢軍一一扔進鄱陽湖餵王八後，徐達繳獲了這艘巨艦。

這是朱元璋一方當日最大的戰績。

一生都投身於水軍建設事業的陳友諒也真不是蓋的，很快就組織起了有效的反擊。

陳友諒的策略也很簡單，當獵物大到一定程度的時候，狼群的騷擾就是被分化，被稀釋。所以他命令巨艦緊密佈陣，船與船之間只留出極小的縫隙，確保快船擠不進來，兩舷之間還能相互照應，然後齊頭並進，跟一座水上長城一樣排山倒海地朝徐達的快船衝來。

狼群再狠，畢竟不是非洲食人蟻群，徐達趕緊撤退，退入第二道防線。

第二道防線由朱元璋麾下第一號水軍頭領俞通海指揮。在將星雲集的鄱陽湖上，俞通海只是個小角色，可惜，這一刻天不佑陳友諒，就在漢軍艦隊通過俞通海防線的時候，方向突然轉變為逆風，漢軍的勢頭為之一頓，而俞通海則把握了這個千載難逢的機會，一聲令下，萬炮齊發，上千發實心鐵炮順著風頭呼嘯著朝漢軍砸去，這一下子，砸爛漢軍前鋒二十餘艘戰艦。

這一仗從早晨打到傍晚，直到雙方鳴金收兵，戰鬥才告一段落。

這一戰，別看朱元璋打得歡，在陳友諒面前，其實他也並沒有佔到多大便宜，陳漢水軍雖然打得中規中矩、無啥亮點，但穩中求勝，步步為營，一炮一個坑，一樣壓得朱元璋抬不起頭來。

最倒楣的是，朱元璋的旗艦還在戰鬥過程中擱淺了，朱元璋這條小命兒差點就交代在了鄱陽湖會戰的第一天。

鄱陽湖上拍《赤壁》

第一天的戰鬥互有傷亡，兩邊打了個平局。不過這對朱元璋來說還算是個利多消息，就好比一個乾瘦的眼鏡男和一個五大三粗的職業格鬥選手打了個平手，對眼鏡男朱元璋來說，這已經是不小的勝利了，但對職業格鬥家陳友諒來說，卻是一場恥辱的失敗。

當晚的作戰會議上，陳友諒氣勢洶洶地盯著手下的將領。將領們低著頭不敢說話，事實上他們已經盡力了，可是這六十萬臨時湊齊的部隊無論從戰術素養還是訓練水準都沒法跟葬送在龍灣的那支精銳部隊相提並論，這也是不得不面對的事實，更何況，陳軍勞師遠征八十多天，在洪都腳下血流成河，而朱元璋的精銳卻是以逸待勞，正是銳氣最盛的時候。

當然，這樣的話沒人敢跟陳友諒說。陳友諒是個迷信絕對力量的人，在他眼裡，眼前這二十幾萬連大船都造不起的叫花子，有什麼資格擋在自己的六十萬大軍和全天下戰鬥力最強的無敵艦隊面前。

陳友諒把今天沒有取勝的原因歸結為朱元璋狼群戰術的騷擾。而經過一天的實戰，他自以為找到了應付狼群戰術的最佳方法：

連鎖戰船。

狼群能耗死一頭水牛，但是啃不動一座大山。陳友諒用鐵索把戰船全部鎖在一起，船與船之間再鋪上甲板，整個艦隊就變成了一座浮動堡壘，朱元璋手裡的快船再多，也不足以對其形成合圍之勢，而且一旦有人在戰船的任何一個地方接舷，艦隊的騎兵就會火速趕來營救。

那一刻，陳友諒覺得自己簡直是個天才。望著自己的傑作，他心裡喜孜孜的。

可惜，他不知道一千多年前，就在離此地幾百公里的地方，也曾有一個梟雄喜孜孜地打量著自己的浮動堡壘。他的戰船也被鎖在了一起，他的甲板上也能跑馬。他也和陳友諒一樣，自我感覺良好。

那個梟雄叫曹操，那個地方叫赤壁。

拜《三國演義》所賜，我們都知道那場戰役最後的結果。可惜的是，陳友諒工作太忙了，放鬆了學習文化知識。以史為鑑可以知興替，陳友諒身為一名領導幹部，非但沒有認真學習《後漢書》《三國志》《資治通鑑》等重要史書，連當時新出版的小說《三國演義》都沒來得及去翻一翻。

沒文化真可怕。陳友諒馬上就會嘗到惡果。

七月二十二日，經過一天的中場休息，雙方參賽選手再一次列陣出現在鄱陽湖大競技場上。看到漢軍連環戰船的瞬間，朱元璋「呲」地一聲倒吸一口冷氣，把牙齒都冷得直打顫。

陳友諒的浮動堡壘實在是太大了，像一座山一樣緩緩地壓過來。朱元璋手底下的那幾條船已經都小到看不見了，就連徐達、常遇春這種鬼見了都要怕三分的超級猛人，都只能傻愣愣地看著，找不到下口的地方。

劉基也在朱元璋的旗艦上。這一戰他全程陪同朱元璋，隨時提供免費戰術諮詢。看著陳友諒的浮動堡壘，身邊其他人早已目瞪口呆，劉基臉上也一臉凝重。

在敵強我弱的情況下，想要以弱勝強，唯一的方法就是借勢。龍灣會戰，朱元璋借的是地勢，而今已經沒有地勢可借，但總會有別的勢。

劉基立刻想到了那場陳友諒沒有想到的戰役：赤壁。

是的，可以借火勢。

劉基的表情輕鬆了下來。

戰場上的情況現在是一邊倒，朱元璋方面已經連續發起了三波進攻，卻根本撼動不了陳友諒，趁著朱元璋士氣低落，陳友諒令旗一揮，發起了猛攻。面對陳友諒的碾壓，朱元璋根本沒有還手之力，大軍節節敗退，朱元璋親手斬殺了數名帶頭後退的軍官，才算勉強穩住了陣腳。一戰下來，朱元璋方面損失慘重。

再不採取行動就來不及了，劉基知道，一旦將士們發現眼前的敵人比身後的督戰隊更可怕，敗局就不可避免了。

「主公，賊兵勢大，正面強攻我們恐怕佔不到便宜。」趁著兩軍重整陣形的中場休息時間，劉基湊到朱元璋耳旁進言道。

「先生難道有什麼良策嗎！」朱元璋剛殺了人，身上血淋淋的，紅著眼問劉基。

軍情緊急，劉基決定長話短說：「賊艦鐵索連環，進退不便，我軍何不用火攻！」

「火攻？」朱元璋心神一動，「嗆啷」一聲收劍入鞘。這個主意我喜歡。

於是，他立刻採納了劉基的計策，命人去準備了七條快船，船上裝滿火藥，並排敢死隊操控火船。

火船很快就準備好了，興奮之餘，朱元璋突然發現一個很尷尬的問題：沒有風。

是啊，月黑殺人夜，風高放火天。放火，怎麼能少了風。

朱元璋像是被一盆冷水淋了頭，洩氣地看著劉基，一臉苦笑。他現在是徹徹底底的萬事俱備，只欠東風。

劉基卻一臉鎮定，帶著自信地微笑告訴朱元璋，黃昏必定會起東北風。

自從出道以來，劉基一次次地證明了自己卓越的天氣預報能力。一聽劉基這麼說了，朱元璋又來了精神，那就等唄，既然劉基說有風，那一定會有風。

到了黃昏，果然起風了，而且正是期盼已久的東北風。

劉基神了！朱元璋心裡美得不行。得軍師如此，夫復何求。

其實用現在的地理學知識解釋，劉基預測的只是簡單的陸湖風，但在那個時代掌握這門技術的人畢竟少之又少，而且往往作為頂級謀士的不傳之秘。劉基沒有藉機裝神弄鬼地搞個借東風來包裝一下自己，已經很厚道了。

無論如何，東北風起，就到了放火的時候了。七艘火船一一下水，在其他快船的掩護下快速逼近陳友諒的浮動堡壘。

漢軍這邊，一天的惡戰下來，已經一掃前天的憋屈，越打越開心。這種居高臨下，我能打你你搆不著我的感覺真是好極了，所以，眼看著又有一隊快船列橫陣衝來，大家也沒多想，列陣出擊，碾碎了再說。

接下來發生的事情就一點懸念都沒有了，一千年前在湖北赤壁發生了什麼，今天就原模原樣地重演了一遍，跟拍紀錄片似地。

火，是連鎖戰船唯一的缺點，卻是最致命的缺點。風助火勢，等陳友諒反應過來的時候，他引以為傲的無敵艦隊已經陷入了熊熊火海。

完了，全完了。

陳友諒拚命地嘶吼，指揮水軍分船，滅火，指揮那些還沒著火的戰船發起反擊，他已經知道無力回天了，但如果就此放棄，他就不是陳友諒了。

連陳友諒自己都不知道，他這次絕望的反擊幾乎把朱元璋送到地獄門口。

在一片火海中，不知是有心還是無意，漢軍戰艦上的一名軍官鎖定了朱元璋的旗艦。為了能在這個距離下準確擊沉敵艦，他調來了艦上最大的一門炮，並把驚慌失措的炮手重新拉回了炮位。

設定方向角和仰角，填藥，裝彈，瞄準。開炮。

巨大的炮彈帶著呼嘯聲偏離了目標，砸在離旗艦一定距離的水面上。沒有多少人注意到這枚莫名其妙的流彈。除了劉基。

一直在觀察漢軍軍陣的劉基臉色瞬間就變了，大喊一聲「大難臨頭，快換船！」（難星過，速更舟。）一把拉起朱元璋，往旁邊的小船上跳。朱元璋也不知道發生了什麼事情，但是看到劉基難得出現一臉驚慌失措的樣子，也就跟著他換了船。

對面的漢軍戰艦上，炮手根據剛才的彈著點重新調整了彈道。

炮身復位，重設方向角和仰角，填藥，裝彈，瞄準。開炮。

一個訓練有素的炮手可以在五分鐘內完成這一連串戰術動作。

朱元璋離開旗艦的瞬間，炮彈落下，旗艦被炸得粉身碎骨。

朱元璋身邊的親兵嚇得臉都白了，只要再晚一會兒，朱元璋就沒命令，臨陣被狙殺了主帥，戰鬥的勝負就很難說了。

大家看劉基的眼神都變了，想不到劉軍師居然還有這樣未卜先知的能力。

其實，劉基並不是神仙，他只是善於見微知著，從微小的細節中察覺事態的走向，而且劉基尤其精通火槍火炮等熱兵器作戰（明朝著名的熱兵器教材《火龍神器陣法》就是託名劉基著），從發現敵艦上巨炮調動，到第一枚炮彈試射，劉基就猜到了自己這艘旗艦已經被鎖定了。

其實所謂的預測未來，無非就是根據特定規律從已經發生的事情中推導出即將發生的事情，只要觀察足夠細緻，對規律掌握足夠透徹，誰都能辦到。

旗艦被擊毀後，朱元璋的部隊出現了小小的混亂，但是隨著朱元璋本人鮮活亮相，士氣反而更加高昂，朱元璋趁勢揮動令旗，全軍發起了猛攻。

這一戰燒毀陳友諒戰船數十艘，燒死漢軍數萬，連陳友諒的大將陳普略和他的兩個弟弟都被燒死在亂軍中。

此戰過後，鄱陽湖戰役的走向漸漸明朗，連瞎子也能看出來，陳友諒已經不行了。

七月二十四日，狼狽不堪的陳友諒再次重整旗鼓。瘦死的駱駝比馬大，被燒烤了一整天的陳友諒不敢說自己還比朱元璋強大，但他還是有信心不讓朱元璋從自己身上討到便宜。

可惜陳友諒背到了極點，因為這一天，俞通海超常發揮了。

俞通海，原本是一名水賊，投降朱元璋後一直是朱元璋水軍的重要將領。此人在本套書中也出現過幾次，可惜都是跑龍套的角色，這倒也不能全怪他，畢竟朱元璋的水軍太弱小了，俞通海想發揮也沒有機會。

今天，機會來了。

一大早，俞通海親自帶領著六艘快船殺進了漢軍軍陣。陳友諒氣不打一處來，自從開戰以來他就被朱元璋的快船騷擾得夠嗆，他受夠了！

陳友諒下令，先把俞通海放進來，然後大艦結陣，關門打狗！

自打俞通海出站後，朱元璋一直在瞭望塔上看著，眼看著六艘快船衝進陳友諒的戰艦堆裡，然後……然後就什麼都看不見了。

等了很久很久，也沒聽到有什麼動靜，六艘快船像開進黑洞裡一樣，不見了。「估計是已經完蛋了。」朱元璋悲觀地想：「俞通海是個好同志，追悼會要辦得隆重點……」就在這時，突然聽到身邊的人歡呼起來，朱元璋再次極目遠眺，只見六艘快船硬是一艘不少地從陳友諒軍陣的背後繞了出來，隔著水霧，急速行進的小船看上去非常飄渺，像游龍一般（飄飖若游龍），而陳友諒的大艦拿他們絲毫辦法都沒有。

越來越多的人看到了俞通海的六艘快船，歡呼聲震天動地，朱元璋下令打開旗門，像迎接英雄一樣迎接俞通海。

其實，俞通海的漢軍一日游對漢軍造成的破壞極其有限，但是，這一番戲弄卻宣告了漢軍的航母戰鬥群已經淪為了「想來就來想走就走」的「公共廁所」，朱元璋眼看著大軍士氣極度高昂，一聲令下，大軍發動了總攻。

這一戰，陳友諒大軍終於徹底潰敗，丟下無數軍械旗幟後，陳友諒退守鄱陽湖西岸的渚磯，再也不敢出戰了。

讓你成魔，我來當佛

陳友諒做了縮頭烏龜，打死都不敢把碩果僅存的幾艘主力戰艦拿出來。而朱元璋雖然這幾天一直追著陳友諒的屁股打，但每次看到陳友諒的超級戰艦還是會有一陣心悸，他也不願意跟死守水寨的陳友諒死磕。

一般到這個時候，都會進入一個娛樂性非常強的作戰流程：罵陣。

罵陣是個技術活，既要在離對方足夠遠（弓箭射程範圍以外）的地方，又要保證罵聲字正腔圓地傳進敵軍陣中。最經典的案例莫過於《三國演義》中諸葛亮罵死王朗的經典故事了。不過，一般很難找到能夠執行這種特殊任務的專業播音人才。

所以很多時候，罵陣都是採用大合唱的形式，由全軍將士齊聲喊。這種做法的缺點句法結構單一，資訊容量較小，對罵陣文案的要求極高，最典型的戰例還是《三國演義》裡，孔明讓眾人齊聲高喊「周郎妙計安天下，賠了夫人又折兵」把周瑜氣得吐血。

那麼，有沒有一種更高效便捷的罵陣方式呢？

當然有，那就是寫信。既可以長篇大論，也不用擔心隨時會被射到牆上去。

為了能把陳友諒罵出來，劉基親自捉刀代筆，以朱元璋的名義寫了一封信——一封刻薄到極致的信，翻譯過來大概是這樣的意思：

老陳啊，之前你吃飽了撐著打我的池州，被我揍得鼻子不是鼻子臉不是臉的，我也沒跟你計較什麼，還把俘虜都還給了你，我的主要目的是為能夠跟你和平共處，擱置爭議，共同開發。

可是你不識好歹啊，蹭鼻子上臉欺負上門來了，那我也不跟你廢話，必須揍你，搶你江西的地盤也沒商量，這都是為了給你個教訓。

本來以為你該老實了吧，結果你還沒完沒了了，真是小樹不修不直溜，人不修理梗啾啾，先讓我在洪都踹了一腳，又在鄱陽湖上被我老實不客氣地揍了兩頓，兩個弟弟也被我宰了，百萬大軍也被我廢了，你竹籃打水一場空，這不都是你活該嗎？

你看看你那些戰船，都跟傻大個兒似的，你再看看你那些士兵，都跟叫花子似地。你以前不挺囂張麼？怎麼不出來決一死戰啊？為什麼現在只敢遠遠躲在我身後，感覺跟我的小嘍囉似地，你到底還是不是男人？（以公平日之狂暴，正當親決一戰，何徐徐隨後，若聽吾指揮者，無乃非丈夫乎？公早決之。）

這信寫得確實夠缺德。陳友諒看完後氣得渾身冒煙，自從加入徐壽輝的紅巾軍後，他要風得風，要雨得雨，什麼時候這麼窩囊過，那一瞬間，陳友諒感覺自己又回到了童年和青年時代，那段因為一身魚腥味被人嘲笑，被人奚落的歲月。

「把送信的拖下去斬了！」從小累積的自卑感像火山一樣爆發，不顧兩軍相交不斬來使的慣例，把信使一刀砍了。砍完之後覺得不能發洩心中怒火，又下令把抓到的俘虜全部砍了，一個不留。

但憤怒歸憤怒，陳友諒依然保持著識時務的好習慣，堅守不出，只是下令在以後小規模的衝突中，對於朱元璋的俘虜絕不留活口。

這是劉基完全沒想到的結果，他本來只想把陳友諒罵出來打一架，結果竟然讓陳友諒親手把自己送進了萬劫不復的深淵。

真是撿到寶了。

朱元璋一時還不能理解劉基所謂的「寶」是什麼，他還沉浸在陳友諒不肯出戰的失落中，他不明白，自家的戰俘都被殺了，劉基還在樂呵什麼。

於是，劉基向朱元璋解釋道，就算陳友諒被罵出陣，以朱元璋的實力也不過是再重創他一次而已，但是陳友諒現在的所作所為，卻足以動搖陳友諒的根基。

朱元璋若有所悟地點點頭，劉基進一步建議道：「陳友諒的殺俘之舉，等於是把我軍推到了必須死戰的境地，而我們則要反其道而行之，非但要優待俘虜管吃管住，而且事後要把俘虜放回去，這樣一來，陳友諒的軍心必然瓦解。」

朱元璋一聽，撫掌稱善。這條計策太毒了。跟著陳友諒送死，還是臨陣投降來朱元璋這邊吃白米飯喝肉湯——是個人都能做出抉擇。陳友諒本來就不得人心，這樣一來，陳軍連最後那點鬥志也被消磨殆盡了。

剩下的幾天裡，不斷有陳漢軍隊偷偷出來投降，起初是一個個來，後來慢慢以十人隊甚至百人隊的規模成批次地叛逃，而在小規模的戰鬥中，陳軍也毫無鬥志，還沒接敵就紛紛潰敗投降的情況都屢見不鮮。

陳友諒愈發憤怒了。在這個世界上，他最痛恨的行為就是背叛。原因很簡單：他自己就是靠背叛起家的。背叛，是陳友諒神聖不容侵犯的專利。

而他表示憤怒的方式，就是殺更多的人。殺投降他的人，殺背叛他的人，殺有可能背叛他的人。

沒文化很可怕，但是情商低更可怕。

而朱元璋偏偏要和他反著來。隨著陳友諒越來越暴戾，朱元璋變得越來越仁慈。以劉基為首的筆桿子們更是不失時機的把主帥的仁慈編成各種感人的《知音》式小故事，傳遍了整個鄱陽湖。

一邊是殺人不眨眼的魔頭，一邊是大慈大悲的佛陀，所有人都知道該怎麼選擇。

死撐到八月份，陳友諒終於到了眾叛親離的邊緣——連他的兩位儀仗隊隊長（左右執金吾）都叛逃了。

陳友諒終於撐不下去了。

雖然陳友諒是抱著你死我活的態度來決戰的，但真到了你死我活的時候，他還是決定撤回武昌，留得青山在不愁沒柴燒。

八月二十六日，陳友諒決定，全軍突圍。

稻草＋奇謀＝陳友諒的末日

朱元璋察覺到陳友諒的企圖，早早把大軍轉移到鄱陽湖口，在長江南北兩岸設置木柵，又派兵奪取蘄州、興國，控制長江上游，堵截陳友諒的歸路。

雖然佈下了天羅地網，但朱元璋還是有一絲擔心。陳友諒的戰艦非但體型龐大，更重要的是技術先進，依靠複雜的機關傳動裝置，依靠少量的槳手就能在水面上疾馳，雖然在野戰中的機動性依然比不上朱元璋的快船，但是用來奪路逃命已經足夠。

這次不能讓陳友諒再跑了，這老小子跟小強似地怎麼都打不死，在龍灣讓他跑了，結果沒幾年就糾集了六十萬大軍差點把朱元璋報銷了。不怕賊偷就怕賊惦記，這次要是再讓他跑了，誰知道下次鹿死誰手。

一想到這裡，朱元璋就鬱悶，趁人不注意的時候免不了長吁短嘆，唉聲嘆氣的。

作為朱元璋最親近的謀士，劉基自然把朱元璋的焦慮都看在眼裡。一天開完會，劉基湊到朱元璋跟前，說道：「主公，今日無事，不如我們去周圍農家逛逛，享受一下山水田園的恬淡吧。」

「哈？」朱元璋被劉基莫名其妙的建議搞得一頭霧水，現在是大夏天，這裡又打了那麼久的仗，哪來什麼恬靜的田園風光！

劉基不理朱元璋，還在自顧自地說：「主公還記不記得上次我們去田間遊玩，看到有農民在築堤壩防水，主公說這是『水來土掩』？」

「嗯，好像有這事兒。」朱元璋點點頭。

「那主公記不記得，農民為了防止公雞到處亂竄糟蹋糧食，拿稻草把公雞腿拴住，主公當時說這是『有腳難行』。」

「嗯，似乎有這事兒。」朱元璋心想年紀大的人就是愛懷舊，不過難得劉基半百的人了記性還那麼好。

「當時主公還撿起路上的稻草，說這些稻草『看著是草，用著是寶』。」

「嗯，大概有這事兒。」這些都是隨便玩的時候朱元璋隨便說的話，哪兒記得那麼清。

劉基換上了一臉得意的笑容：「主公，要破陳友諒，就全靠這『用著是寶』的稻草了。」說完，劉基伏在朱元璋耳邊，把計策一一說與朱元璋，朱元璋聽完，一拍大腿：「先生妙計！」

當晚，朱元璋的後勤官員們就收到了一個奇怪的軍令：收集稻草，越多越好。

八月二十六日，朱元璋已經完成了所有部署，而陳友諒也終於撐不下去了，當日凌晨，陳漢艦隊悄悄地起錨，以迅雷不及掩耳之勢衝殺出來，直奔南湖觜。

不惜任何代價離開鄱陽湖，只要艦隊進入長江水域，就沒有人能夠追得上我了。陳友諒是這麼想的。

朱元璋早就猜到陳友諒的想法，所以一開始就在湖口佈下了重兵，陳友諒遠遠地看見長江，卻始終無法突破湖口的防線。

此路不通就換條路走，陳友諒立刻下令，艦隊掉頭，開足馬力準備轉從防禦較弱的涇江突圍。

朱元璋的嘴角泛起一絲冷笑，令旗一揮，早就埋伏在一旁的快船載著稻草飛快地衝到陳友諒的必經之路上，把大綑大綑的稻草往湖裡丟，沒過多久，湖面上就馬尾藻海似地漂滿了稻草。

陳友諒的艦隊很快就進入了這片死亡水域。漂浮的稻草立刻被絞進了高速轉動的輪軸中，死死纏住了陳友諒引以為傲的先進科技。

那個年代的鄱陽湖還沒有「污染」這一說，漢軍水手怎麼都沒想到為什麼突然會出現這麼多稻草，稻草沾了水之後韌性奇佳，輕易無法處理，眼看著一個個輪軸停止了轉動，艦隊的行進速度立刻減緩了。

趁著這個當口，朱元璋的艦隊已經圍了上來，失去了速度優勢的巨艦又變成了一堆毫無還手之力的傻大個，只能仍其宰割。

在這場混戰中，最生氣的是陳友諒。自從龍灣被康茂才欺騙的那個夜晚開始，老天彷彿跟他過不去，所有事情都那麼不順，現在居然連稻草都來跟他過不去。

陳友諒憤怒了。

這已經不是陳友諒第一次憤怒，但這是他最後一次憤怒。

憤怒的陳友諒把頭伸出舷窗，也許他想觀察戰局，也許他想喊點什麼，但就在一瞬間，陳友諒感覺到自己的額頭被一股強大的力量狠狠地往後一扯，他還沒來得及感覺到疼痛，這股強大的力量已經撕開了他的頭蓋骨，深深刺入了腦髓之中，陳友諒重重地倒在了地上。

就像當年的徐壽輝，在失去知覺和生命之前，陳友諒甚至沒有來得及反思自己的人生：

為什麼我會失敗，我比朱元璋更強大，比張士誠更雄心勃勃，我比全天下的大多數人更果斷、更勇敢，也更有智慧。可是為什麼失敗的人卻是我？

後人有無數個理論來論證為什麼陳友諒的失敗是必然的，但任何所謂的必然性論證無不流於成王敗寇的淺薄。其實，陳友諒的失敗，更像是他被老天所拋棄了，因為他總是在不該自信的時候自信，不該憤怒的時候憤怒，總是在錯誤的地點做出錯誤的決策，最重要的是，他總是在錯誤時間遇到錯誤的人。

甚至連死神都跟陳友諒開玩笑，讓某個無名小卒在無意間射出的一支流矢結束了他的生命。

如果說陳友諒做錯了什麼，那就是他總是一次次地錯失機遇，而朱元璋總是能一次次創造機遇，抓住機遇。

這才是兩人之間真正的差距。

陳友諒之死，標誌著鄱陽湖戰役的結束，而朱陳之間多年的恩恩怨怨，也終於以朱元璋的全勝告終。

鄱陽湖之役過去很多年後，朱元璋跟諸將總結說：「當年，張士誠恃富，陳友諒恃強，只有朕沒什麼依靠的。唯獨能依靠不嗜殺人，布信義，行節儉，與諸將同心共濟。」

但是，這些都是虛的，在絕對的實力面前，一切仁義道德都會黯然失色，這話雖然聽起來大逆不道，卻被歷史證明了無數次。戰鬥剛剛結束的慶功宴上，朱元璋就曾心有餘悸地跟劉基說：「我不該親自去安豐（救韓林兒）。假使那時陳友諒趁我不在南京，順流而下直搗巢穴，我進無所成，退無所歸，大勢去矣！今陳友諒不攻南京，而圍南昌，出此下計，不亡何待！」

是的，假如陳友諒真的順江而下直取南京，那麼「不嗜殺人，布信義，行節儉」的朱元璋的命運，恐怕還未可知。

當然，歷史是不容假設的。陳友諒輸了，朱元璋贏了。歷史就這麼回事兒。

一個月後，朱元璋揮師西進，攻陷了武昌，俘虜了陳友諒的兒子陳理，陳漢政權退出歷史舞臺。

從此西線無戰事。

八、文武搭配，幹活不累

下一個目標：張士誠

結束了與陳友諒的戰爭，朱元璋像考完大學基測的學生一樣，一身輕鬆地回到南京。劉基定下的先陳後張，先南後北戰略雖然只完成了三分之一，但隨著各方勢力的此消彼長，到現在基本上長江流域除了蘇南以東那段，其餘的都是朱元璋的管轄範圍。

也就是說，朱元璋到處裝孫子的時代一去不復返了，「高築牆，廣積糧，緩稱王」的穩重政策已經過時了。

很多人都意識到了這一點，沒多久，李善長、徐達等人紛紛上表，讓朱元璋稱帝。

朱元璋心裡也想把名片上的頭銜升級一下，但是他心裡也有些小小的顧慮，畢竟現在整個中國北方還在元帝國的統治之下，行事太囂張總歸不是什麼好事，最重要的是，現在他頭上還有個正牌皇帝「小明王」韓林兒呢。韓林兒本來就是自己救回來的，現在一腳踢開他自己稱帝，那叫個什麼事兒啊。

想到這裡，朱元璋再次後悔當初不該不聽劉基之言，給自己找了這麼個麻煩。

於是，朱元璋發文「拒絕」了李善長等人的好意。

當然，李善長不會就此「善罷甘休」，按照慣例，李善長等人繼續上表，不依不饒地要朱元璋稱帝，最後，朱元璋「勉為其難」地「退而求其次」，自立為王，立國號為「吳」。

很不巧的是，朱元璋這次跟張士誠的國號撞衫了。

張士誠的國號原來叫大周，後來投降了元朝就取消了，沒多久，張士誠覺得還是做王過癮，於是上表請求朝廷給他封王，朝廷覺得這個要求有點過分，會讓自己很沒面子，所以拒絕了。

這叫給臉不要臉。張士誠氣哼哼地撕毀了朝廷的詔書，自立為王。朝廷拿他徹底沒轍，非但沒有當場發飆，沒過多久，又巴巴地跑來跟張士誠催糧食賦稅，張士誠冷笑著對身邊的人說：「什麼朝廷，根本就是群乞丐。」沒理朝廷。

朝廷還是沒轍。

而張士誠給自己定的國號，也叫吳。

歷史上，管朱元璋的吳國叫做西吳，管張士誠的吳國叫東吳。

從時間順序上來看，明顯是朱元璋抄襲了張士誠的創意，因為張吳政權比朱吳要早一年，但是朱元璋有理由斥責東吳政權是山寨貨，因為他的西吳佔據著南京，因為歷史上，凡是國號叫吳的國家基本上都會佔據南京城，換句話說，連南京都沒有，你也好意思管自己叫吳國？

奮鬥了十多年，當年的窮和尚朱元璋終於爭王稱霸了，但是他還有一個更宏大的理想，那就是稱帝。而擋在這條路前面的最大障礙，就是張士誠。

在朱元璋和陳友諒死磕的那幾年，張士誠也一直沒閒著，他的主要工作就是吃喝玩樂，竭盡全力搞垮自己辛苦打下來的江山。

這是一項艱巨的任務，因為江浙是全中國最富庶的地區，再加上張士誠執政初期的精心打理，東吳政權一派欣欣向榮的局面。

然而在艱苦奮鬥了七年之後，張士誠就陷入了深深的職業倦怠，他倒不一定是個驕奢淫逸的人，但他就是不想幹活了，這大概就是所謂的七年之癢。

於是，在做了七年人民的好幹部後，張士誠墮落了。他搬出了自己辦公室，一腳踏進皇宮就再也不肯出來了。

張士誠把所有工作交給了自己的弟弟張士信。

可惜，他選錯了接班人，張士信比張士誠墮落得更早，當張士誠還在勤勤懇懇為人民服務的時候，張士信已經進化為大色狼了。這傢伙最有名的故事就是在家裡蓄養了一支「天魔舞隊」。

所謂「天魔舞」，聽起來就不像是一種健康向上娛樂形式，事實上也確實有悖於大元精神文明建設，具體的跳法是十六個舞女，把頭髮梳成若干小辮，戴著象牙做的佛冠，身披若隱若現的纓絡，下邊再穿條超短裙，每人手執法器，翩翩起舞，要多性感有多性感，要多黃有多黃。

天天沉迷在這種娛樂活動中，張士信才懶得管理繁瑣的政務，於是，他又轉手把東吳的政務外包給了身邊的參謀黃敬夫、蔡彥文、葉德新三人。

就這樣，東吳政權經過三道轉手，成了徹徹底底的爛尾樓。

江南的老百姓難得過了幾天好日子，一夜又回到了解放前。不堪其苦的老百姓編了一首歌謠相互傳唱：「丞相做事業，專用黃菜葉，一朝西風起——乾癟。」這首諷刺歌裡的黃菜葉，指的就是黃敬夫、蔡彥文、葉德新三人，至於西風，可以指秋風，但在一小撮人別有用心的解讀下，變成了對西邊朱元璋的西吳政權的指代。

朱元璋在平江安插了無數地下工作者，張士誠的種種劣跡都被朱元璋看在眼裡。是時候拿張士誠開刀了。比起陳友諒和張士誠，朱元璋最擅長的就是把握機遇，在正確的時間做正確的事情。

所以，現在的問題不是打不打，而是怎麼打的問題了。

早在劉基回家葬母期間，寧海人葉兌曾給朱元璋寫信，對征討張士誠一事獻計說：「張士誠的地盤，向南包括杭、紹，北跨通、泰，而以平江為巢穴。今欲攻打，不如聲言襲取杭、紹，而大軍直搗平江，這是上策。張士誠的重鎮在紹興，紹興懸隔江海，之所以很難攻克，是因為他們的糧道在三門江門。如果帶領一支軍隊去佯攻平江，斷他糧道，一支軍隊攻打杭州，切斷援兵，那麼紹興肯定就拿下了。等紹興攻下了，杭州就成了孤城，湖州也就完蛋了，然後再以主力攻打平江，把平江打下了，江北各地也就可以探囊取物了，這是次計。」

朱元璋在和劉基具體商量作戰計畫時，拿出了這封信。劉基仔細看了葉兌的策略，邊看邊頭點的跟雞啄米一樣，看完一拍大腿：「太有才了！」

朱元璋一聽，很高興，問道：「那先生覺得我們是該採用上計還是下計呢？」

劉基沉吟了一會兒，回道：「屬下以為，可以把兩計合併起來，採取先北後南，先打周邊、後取核心的戰略。第一步，先攻取淮東，剪除他的兩翼，主要攻取泰州、通州、徐州、淮安、宿州（今安徽宿縣、安豐）等蘇北和淮河下游地區，逼迫張士誠把軍隊壓縮到長江以南；第二步，掃蕩浙西，攻湖州、杭州，形成對平江的包圍圈；最後再用南北夾攻的戰法，合圍平江，徹底搗毀他的巢穴。」

劉基的策略主張著重在於一口一口蠶食張士誠，把張士誠的全部家底都逼到平江城，最後來個連鍋端。

朱元璋越聽越解氣。張士誠啊張士誠，這些年我沒招你沒惹你，你蹭鼻子上臉跟我沒完沒了地鬧騰，出來混遲早要還的，今天就是你還債的日子！

1365年十月，朱元璋命徐達、常遇春等攻取淮東。馬、步、舟師水陸並進，勢如破竹，相繼攻克泰州、興化，包圍了高郵。

高郵，是張士誠的光榮與夢想之城，十年前，張士誠在這座城市起家，在這座城市創造了奇蹟，從此走上了霸業圖王的道路。

高郵不能丟。得知高郵被圍的消息後，張士誠一邊命令高郵守將固守，一邊親自出馬，拿出圍魏救趙的勢頭猛攻宜興、安吉、江陰等地，

可惜的是，奇蹟沒有再一次眷顧張士誠，因為這一次，張士誠的對手是徐達。

得知張士誠動向後，徐達急令馮國勝指揮部隊，繼續圍攻高郵，自己則率軍以迅雷不及掩耳之勢，一下子擊敗圍攻宜興的東吳軍，俘獲三千餘人。

在張士誠還沒徹底反應過來的時候，徐達又突然揮師北指，在馮國勝配合下猛攻高郵城，很快將高郵佔領，執殺守將。接著，移師淮安，打敗張士誠的援軍徐義所部於馬螺港（今江蘇漣水蘇家嘴以東）。

淮安守將梅思祖見來勢不可阻擋，便開城請降。

不久，徐達又分兵攻下通州、興化、徐州、宿州、安豐、沛縣，淮東地區全部平定。

張士誠的勢力範圍被壓縮到了長江以南。

1366年五月，徐達、常遇春大兵壓境江南，對張士誠的戰爭進入了收尾階段。

按照慣例，決戰之前要寫一篇作文，用來說明為什麼我要打你以及為什麼你活該被打，這類作文的官方名字叫「檄文」，最有名的莫過於駱賓王的《討武曌檄》。

這篇檄文有點奇特。按照古例，檄文中一般要列二十四或十大罪狀，但是張士誠跟陳友

諒不一樣，這人確實是個好人，簡歷上也沒有太多污點，朱元璋手下的筆桿子們憋出尿來也只勉勉強強湊成八條，而且有七條是罵不忠於元朝、詐降、不向北京上貢錢糧、謀害朝廷命官等等，給人的感覺好像朱元璋是元朝大將似地。

只有第八條才是正文，「誘我叛將，掠我邊民。」其實朱元璋對東吳豈止誘叛將、掠邊民而已，還派遣過大批間諜詐降，圖謀裡應外合呢，真是烏鴉落在豬身上，光看見別人黑了。這篇檄文最有意思的是替敵人罵敵人的敵人倒也罷了，檄文中還詳細說明元末形勢和朱元璋自己起兵經過。這裡不但攻擊元朝政府，對他自己的紅巾軍也破口大罵，指斥為妖術、妖言，否定彌勒佛，打擊燒香黨了。

真是天下之大，無奇不有。

而伴隨著這樣一篇奇葩般的檄文，朱元璋大軍開拔了。

張士誠，該收攤了

當時的東吳軍隊已經爛透了，從內到外，與眾不同。尤其是在「黃葉菜」班底的正確領導下，東吳軍隊終於徹底淪為了一支雇傭軍，有好處的仗就打，沒好處的仗堅決不打。

而跟朱元璋打仗，明顯是撈不到好處的。

1366年9月，朱元璋以徐達為元帥，常遇春為副將，率二十萬精兵，集中主力消滅張士誠在長江以南兵力，由南向北逼近平江城。

張士誠集結兵力在湖州迎戰。這一仗，張士誠下了血本，派出了自己麾下第一號猛將呂珍，以及綽號叫「五太子」的五位養子，率領數萬精銳嚴陣以待。

這是張士誠在江南地區能集結起來的最強大的力量了，經過這麼多年的經營，張士誠有信心禦敵於國門之外。

理想很豐滿，現實很骨感，經過一輪苦戰，湖州淪陷，呂珍、「五太子」，以及數萬精銳全部投降。

張士誠幾乎跌破了眼鏡。他知道自己的軍隊不行，但不知道這支部隊已經爛到骨子裡了。

當年年底，徐達和常遇春的大軍已經攻克了湖州、杭州、紹興，平江城徹底失去了南方的屏障，而與此同時，朱元璋的部隊也已經打到了平江城腳下，完成了對平江的合圍。

又是一場慘烈的圍城戰。

張士誠是靠守城起家的，當年在四十萬大軍的兵鋒下死守高郵，最後耗死了一代名臣脫脫，也成就了張士誠在東南的事業。

所以，張士誠對守城非常重視，也非常有心得。這幾年來，他從來沒有停止過對平江城城防的技術升級，不斷研發各種補丁來彌補城防漏洞，到1366年，呈現在朱元璋面前的是一座漏洞的城市。

這樣的城防，如果硬攻，必然會帶來慘重的傷亡，不過幸運的是，在葉兌寫給朱元璋的信裡已經提出了一個應對策略：「銷城法」。

聽起來就是一個特別缺德的方法，事實上也是。

此法分作兩步，首先是出小股部隊把平江城周圍提供糧食的縣邑全部打下來，斷了平江城的糧食補給，等城裡的糧食一吃光，張士誠就只能吃土了。

然後，朱元璋在平江城外築起了一道比城牆還高的土牆，在土牆上又設置了三層高的木塔，士兵站在木塔裡，可以輕鬆看到平江城的防禦情況，這下平江守軍一點隱私都沒了，中午盒飯裡放了幾塊肉都被偷窺得清清楚楚，想站在城頭隨地大小便也免不了被一覽無遺。朱元璋的士兵看誰不順眼了，架起強弓硬弩就能轟炸城牆，守軍拿他們一點辦法都沒有。

這還不夠，為了進一步發揮居高臨下的工程優勢，朱元璋還在土牆上架設了當時全世界最先進的攻城武器：襄陽炮。

所謂襄陽炮，可以看作冷兵器時代的「巴黎大炮」，是南宋末年襄陽守衛戰中蒙古人發明的，一次可以發射140公斤重的炮彈，一般人被炸到估計就只能在地上留下一張人形圖，就算是堅固的敵樓乃至城牆，都能炸開一個缺口，當真是無堅不摧。

在如此變態的攻城手段面前，換了任何人都會嚇得肝膽俱裂，再無戰心。

可惜張士誠不是「任何人」，他是經歷過高郵圍城的人，是那個時代一等一的守城達人，在這方面，即便是在洪都創造了奇蹟的朱文正，都只能甘拜下風。

1367年一月，朱元璋沒顧得上過個好年，就對平江城發動了總攻。幾十萬大軍一擁而上，騎兵在戰場周邊警戒，步兵在城牆下猛攻，土牆上的弓箭手，炮兵也卯足了勁兒不要錢似地往平江城裡送箭矢、炮彈。

這是十四世紀的陸空一體戰。

張士誠不愧守城達人的名號，在如此狂轟濫炸之下，平江城居然沒有絲毫即將淪陷的跡象，兵來將擋，水來土掩，城牆依舊聳立，太陽照常升起。

朱元璋知道平江城很難打，但他沒想到這麼難打。不過朱元璋不急，他已經沒有了後顧之憂，糧草和兵源源源不斷地送到平江城下，朱元璋耗得起。

張士誠耗不起。

平江不是高郵，作為一座大城市，平江城內一天的消耗是驚人的。幾個月後，平江糧食就吃完了。連老鼠都成了美味佳餚，一隻老鼠要賣幾百文錢，你還不一定買得到。饑餓的人們再次發揮出了驚人的創造力，士卒的皮靴、騎兵的馬鞍都成了美味佳餚，煮一煮，勉強可以充饑——他們應該慶幸那個時候沒有人造皮革。

在這種情況下，張士誠只有兩條路可以走：投降，或者吃人肉。

作為守城達人，張士誠的理論水準是過關的，他肯定知道守城史上最經典的戰例：安史之亂中的睢陽圍城。西元757年，彈盡糧絕的睢陽守軍選擇了吃人肉，從睢陽守將張巡的妻妾開始，一直吃到老百姓，吃到傷兵，吃到老弱兵卒。

但是，張士誠畢竟是個好人，吃活人這種事情，他做不出來。於是，他召集城中百姓說：「事已至此，我實無良策，只有自縛投降，以免你們城破時遭受屠戮。」百姓聞言伏地號哭，願與士誠固守同死。由於城中木石俱盡，以至拆寺廟民居製作飛炮之料。

朱元璋擁有最強大的軍隊、最偉大的將領，但是在平江，張士誠擁有朱元璋所沒有的東西，那就是：民心。

內無糧草，外無救兵，軍民一心，全力死守，平江城居然堅守了整整九個月。打破了由朱文正選手在洪都創下的記錄。

但是，得民心者不一定得天下，很多時候，拳頭硬才是硬道理。到第七個月的時候，張士誠就知道自己快要撐不下去了，與其坐以待斃，不如拚死一搏。

張士誠決定打出他最後的底牌：勇勝軍。

所謂勇勝軍，是張士誠的親兵衛隊，也是張士誠麾下最能打硬仗的一支部隊，勇勝軍中的十位頭領被稱為「十條龍」，都是些一個頂八個的狠角色，輕易捨不得拿出來用，但只要打出手，一般就鎖定勝局了。

清晨天朦朦亮，張士誠就打開了城門，勇勝軍像下山的猛虎一樣衝殺出來，可惜，他們遇到了一個最不該遇到的煞星：常遇春。

常遇春也不廢話，一馬當先上來就砍，同時還指揮另一位雙刀猛哥王弼從側翼繞出，夾擊東吳兵，把張士誠的「勇勝軍」都逼進了城邊的水潭中，「十條龍」全部戰死，張士誠本人馬驚墮水，幾乎被淹死。幸好張士誠從小在海邊長大，水性好，硬是爬上了岸，被親兵抬著逃回城中。

張士誠極度不甘心，咬咬牙，又精密謀劃了十多天，帶著碩果僅存的萬餘親兵再次突圍而出。這一次，張士誠徹底玩命了，老實人發起飆來誰都擋不住，這一次，張士誠部越戰越勇，常遇春漸漸有些抵擋不住了。

眼看勝利在望，突圍在即，當時在城頭觀戰的張士信不知道腦袋搭住了哪根筋，居然大呼：「軍士打累了，可以歇兵了」，然後鳴金收兵。

鳴鼓必進，鳴金必退，這是鐵一般的軍令，可是這個時候退兵，無論從哪個角度都說不過去，奮戰中的親兵一時之間有些不知進退。連張士誠也有點懵了，難道突圍這種事情還有中場休息這一說嗎？也就是張士誠發愣的一瞬間，常遇春立刻抓住戰機，組織起了更加猛烈的反擊。

張士誠的軍隊本來就已經軍心大亂了，再加上常遇春的猛烈衝擊，立刻一潰千里，抱頭鼠竄，張士誠在親兵的保護下再次灰溜溜地跑回城，再也不敢出來了。

真是不怕神一樣的對手，就怕豬一樣的隊友啊。

從治國到打仗，張士誠這輩子就毀在張士信這個白癡弟弟手裡了。

接下來的幾個月，張士誠的生活可以用絕望兩個字來形容。他知道自己的末日已經注定，現在只是一個時間問題了。

而這一天終於還是來臨了，西元1367年9月8日，平江城淪陷。

要說張士誠也真是個人物，城門淪陷後，張士誠又組織起了巷戰，死守每一條街道、每一座橋頭堡。

但這時候，連張士誠自己都知道，這不過是負隅頑抗而已，眼看著平江城不行了，自己十餘年的經營即將灰飛煙滅，張士誠萬念俱灰，找了一個繩子，打算自掛東南枝。

此時此刻，湖州戰役中投降的前東吳大將李伯升正奉徐達之命滿城搜索張士誠，正好發現張士誠吐著舌頭懸掛在半空，趕緊上前解救下來，哭著勸張士誠道：「九四（張士誠小名）英雄，還怕不保一命嗎！」張士誠還沒來得及答話，就被緊隨李伯升而來的軍士捆成了粽子，扔上船，運到南京去了。

在押往南京的船上，張士誠一直絕食，表達自己不屈服的決心。到了南京後，朱元璋派重臣李善長前來勸降張士誠，卻被張士誠罵了個狗血淋頭，兩個人幾乎動起手來。

當天夜裡，趁人不備，張士誠終於上吊自殺，並且自殺成功。

張士誠就是這樣的人，平時可能懦弱，可能寡斷，但是每到關鍵時刻，從不缺少錚錚硬漢的風骨。

對於江南人民來說，張士誠是一位寬厚仁義的統治者，在他治下的江南，賦稅輕斂，戰端不起，這在元末亂世中已屬罕見，雖然張士誠後期縱容屬下貪腐，但他並不殘暴，也沒濫殺無辜，加之吳地殷富，即使東吳官員愛錢，也不是刮地三尺那種貪殘。反觀朱元璋，在攻下江南後，由於痛恨吳人為張士誠所用，大肆搜刮江南財富，提高賦稅，並且以數年時間把吳地的中小地主基本消滅乾淨。也難怪直到現在，江南人民依然懷念張士誠。

北伐：那一卦的風情

1367年九月，隨著張士誠的死，江南地區已經沒有能和朱元璋一決雌雄的割據勢力存在，從十年民軍內耗中抽出身來的朱元璋，終於有精力把目光投向北方的大元帝國。

即使曾與陳友諒、張士誠不共戴天，朱元璋也沒有忘記過自己真正的仇人是誰。是誰讓他眼睜睜地看著父母餓死，是誰讓他流離失所不得不四處乞討。小時候，他只痛恨地主，痛恨官府，也曾經痛恨過上天，但隨著見識的逐漸增長，朱元璋已經知道了這一切的始作俑者——是大元朝，和它那高高在上的皇帝。

這才是朱元璋，還有陳友諒，還有張士誠，還有徐壽輝、方國珍、吳成七等等以及成千上萬窮苦人真正的仇敵。

不過劉基心裡又是另一番滋味。

一直以來他都希望能夠成為一名大元朝的臣子，位列朝堂，光宗耀祖。他對大元朝倒也沒什麼特殊的感情，只是畢竟給大元朝打了半輩子工，大元朝雖然對不住他，但也畢竟沒有什麼深仇大恨。

一邊是對自己有知遇之恩的新歡，一邊是自己追求了半輩子的舊愛，劉基搖搖頭，把糾結甩出腦袋，不想去思考這類問題。

現在更需要他來思考的，是北伐的戰略。

在朱元璋主持召開一個北伐軍事會議上，大家就北伐戰略展開了激烈的討論，常遇春最擅長帶騎兵，來去如風，最喜歡直搗黃龍，所以一上來就提出要給元王朝來一次外科手術式精確打擊，直接帶兵衝到北京把元順帝趕走。

對於這個試圖畢其功於一役的方案，朱元璋覺得不太現實。北京再怎麼說也是首都大城市，常遇春的快速反應如果不會穿牆術的話，想攻城基本不靠譜。萬一最後城沒攻下，反而被各路勤王軍隊包了餃子，那可就危險了。

劉基同意朱元璋的意見。他提出了一個更為穩妥的戰略方案——我們可以稱之為滅元四步曲：

第一步，攻陷北京的屏障：山東。拿下山東之後，吳軍有了在華北的根據地，避免了孤軍深入的危險，也保證了後勤補給穩定。

第二步，進軍河南。河南就是北京的羽翼。羽翼被剪掉，就不必擔心會被各種地方割據勢力夾攻。

第三步，攻克北京的門戶潼關。潼關一破，一方面北京的西大門戶大開，另一方面也阻擋了元朝的西北援軍進入北京。

第四步，兵分三路，分別從潼關、河南、山東三路圍攻北京。

「如此一來，則北京唾手可得。然後，主力由北京南下攻取山西，略定陝甘，則北方可傳檄而定。」

劉基的策略立足於一個「穩」字，在穩的基礎上突出一個「快」字。而且避開了當時屯軍在西部的元朝第一名將——王保保（是個牛人，馬上會提到），連一向以穩重著稱的李善長都拍手稱好。

按照劉基的戰略部署。朱元璋的北伐出奇的順利。西元1367年十月下旬，北伐大軍兵鋒剛到淮安，當時割據山東地區的軍閥王宣、王信父子就屁顛屁顛地跑來投降。徐達很高興，大軍出師，各方來歸，這是個好兆頭，更重要的是，接管了王宣、王信父子的勢力後，徐達就可以不費一兵一卒穿過山東，等於直接打開北京的門戶。

沒過多久，這條令人雀躍的戰報也送到劉基的手裡，劉基的神情卻一如既往的淡如止水，看不出一絲波瀾，只是一遍一遍細讀戰報。

朱元璋是個聰明人，雖然自己心裡很高興，但看到劉基的神情，還是小心地問了一句：先生莫非以為此人是詐降？

劉基冷冷一笑，從身上取出幾封信遞給朱元璋，說道：「這是我根據最近從山東傳回來的線報分析出來的情報，王宣父子一直在積極聯絡山東周圍各路實力，大肆儲備軍械糧秣，怎麼看都不像是個會不戰而降的人。」

朱元璋還是有點不願意接受現實，雖然王宣就是降而復叛，對徐達的大軍來說也不是什麼大不了的事情，但這種失落感畢竟讓人心裡不舒服。

「王宣原先自然是想保土守成的，只是為我兵威所懾，權衡之下才不得已投降，只需慢慢削減他的羽翼，諒他在山東也掀不起大風浪。」朱元璋還是試圖辯解幾句，不是為王宣辯解，而是為自己的好心情。

劉基一看朱元璋怎麼說不通，於是再一次打出了自己的必殺王牌：封建迷信。

自從龍灣會戰之後，劉基越來越發現，在很多事情上怪力亂神的說服力遠遠超過擺事實講道理。而劉基這些年為自己塑造的「天下第一神棍」形象也的確幫了他很大的忙。

於是，劉基又一拱手，道：「昨日我夜觀天象，東北方金宿凌空，木宿黯淡，金主刀兵，則吾料定，山東方向必有干戈之禍。」

山東要打仗，誰跟誰打？還不就是徐達和王宣嗎。

朱元璋到底吃了不懂科學的虧，小時候當和尚，長大了參加白蓮教，一輩子都在神秘主義文化的圈圈裡打轉，是個地地道道的科學文盲。現在聽劉基一說，頓時就懵了。

劉基心裡洋洋得意，這一招真的是高效快捷，我們一直都用它。可惜，這一招，劉基用不了多久了，他下半生的宿敵馬上就要登場，那時候，曾經的制勝寶會變成劉基的奪命刀。

當然，那是幾年後的事情，至少此時此刻，朱元璋還是相信劉基的神棍把戲的。

於是，在劉基的建議下，朱元璋先給王宣寫了一封信往死裡誇了他一番，目的是穩定王宣的情緒，然後，密令徐達大軍直抵沂州城下，武力接管山東。

王宣一看把戲被識破了，沒辦法，只好真投降了。但此時王宣的個人信用已經破產了，心靈受到傷害的徐達再也不相信王宣了，強令他寫信給兒子王信，提出了交出山東的全部兵權，遣散直系軍隊，收押高級軍官等苛刻條件。

王信當然不幹，槍桿硬腰桿就硬，帶著兵投降，還能當個封疆大吏，光桿司令去投降，就只能給人當三孫子了。

徐達很生氣，喀嚓一刀把王宣剁了，然後發兵攻下了沂州城，又是喀嚓一刀，把王信剁了。這下王信連三孫子都沒機會當了。

北伐軍攻下沂州的消息傳回南京後，劉基研究輿圖，覺得下一步應該把進攻目標鎖定為山東益都。劉基的這一考慮很深遠，益州位於黃河要衝之地，拿下益州，就能扼守要路津，以斷敵人援兵。增援一斷，則敵軍必因失去了救援希望而自亂陣腳。

但這個時候劉基當神棍已經當上癮了，在解釋自己的戰略意圖之前還是忍不住裝神弄鬼一番——他假裝在朱元璋面前占卜一卦，然後告訴朱元璋，占卜結果是「宜大展兵威」，乘勝攻下益都。

裝神弄鬼和擺事實講道理雙管齊下，朱元璋毫不猶豫地接受了劉基的戰略，當即命徐達拔取益都，繼而輕取濰州（今山東濰坊）、萊州（今山東掖縣），到十二月，山東全境已在朱元璋掌握之中。

山東的攻克，使元廷失去了左臂，而明軍則得到了一塊厚重的跳板，在戰略上為北伐造成了更為有利的軍事態勢。

山東戰役過後，地圖上代表明軍的紅箭頭就像脫韁的野馬一樣在大元帝國的腹地橫衝直撞，三月，箭頭一分為二，氣勢洶洶地闖進河南，那是徐達兵分兩路合圍北京。北京瞬間變成了一座孤島。

五月，又有一枚箭頭自山東而起，像一支離弦的箭，直搗北京，那是常遇春的騎兵。

閏七月初一，另一枚厚重雄渾的箭頭渡過黃河，直逼北京城下，那是徐達的主力部隊。

閏七月二十八日深夜，一條細到幾乎看不見的黑色箭頭從北京逃竄而出，直直奔向北方的草原。

那是元順帝妥歡帖木兒，帶著后妃和兒子，很順應天命地跑了。

八月二日，在大明帝國的輿圖上，紅色箭頭逐漸移向西北，而北京城，變成了紅色。

北京光復，元朝滅亡。

隨著元順帝地出逃，曾經顯赫一時的大元帝國轟然崩塌，來自草原的蒼狼重又回到了草原，曾經的世界征服者，戀戀不捨地回望了一眼北京的繁華，便一頭扎進了塞外的寒風中，至少在兩百年內，他們再也沒有機會回來了。

人類歷史上最龐大的帝國在朝夕間轟然崩摧，帝國的統治者至死都沒有明白這是為什麼，他們只是把亡國的憤怒宣洩在韓山童、劉福通、朱元璋、徐達、劉伯溫，甚至脫脫、王保保身上，但這些都只是表面而已。

蒙古帝國迅速瓦解的根本原因，可以用一句話來概括：「馬上得天下，不可馬上治天下。」強大的武力讓蒙古人迅速佔據了亞歐大陸的半壁江山，但是，對於武力的迷信卻讓他們迅速失去了手中的土地、財富和奴隸。

秦人不暇自哀，而後人哀之；後人哀之而不鑑之，亦使後人而復哀後人也。可嘆，可鑑。

比起歡欣雀躍的朱元璋，李善長、徐達和常遇春，劉基感到一絲淺淺的感懷，不絕如縷。自己年輕時也曾中流擊楫，希望能夠扶大廈於將傾，可是到最後，他卻變成了那個親手推翻大樓的人。

不過這些都不重要。劉基曾為元王朝做事，但他不像陳友定，他不是元王朝的忠犬，他只是履行了一個士大夫背負的指責：治國平天下。

如今，國已治，天下已平，老百姓即將過上安康的生活，劉基年輕時候的夢想也終於完成了。

做個了結吧，方國珍

朱元璋打下婺州後，地盤就和方國珍連成了一片。

當劉基在朱元璋軍中屢立功勳，職業生涯如日中天的時候，他的老朋友方國珍卻一直在原地踏步。曾經，方國珍是劉基最頭疼的宿敵，但是在經歷了陳友諒、張士誠後，劉基的視野逐步開闊，「曾經滄海難為水。」方國珍在他眼裡，就顯得很小兒科了。

此時的方國珍，以台州為根據地，同時佔據了溫州和台州，打魚曬鹽，吃穿不愁，早已發家致富奔小康，日子過得要多滋潤有多滋潤。

跟張士誠一樣，方國珍不是一個胸懷大志的人，他只想保有自己的一畝三分地，他沒有野心，只想當個亂世中的富家翁，因此，在強大的朱元璋面前，方國珍表現得很乖很乖。又是送金銀珠寶，又是送兒子去南京當人質。

對劉基，方國珍也是巴結有加，當初劉基的母親過世的時候，方國珍還派人前來弔孝，並且送來了大批禮物，就是為了能夠巴結劉基。

但是，狗改不了吃屎，方國珍的兩面派性格是改不了的。就在朱元璋大軍征討陳友諒、張士誠的時候，方國珍就上書承諾要投降，但他都是說說而已，認真你就輸了。朱元璋收到降書後興高采烈地等著接收方國珍的地盤，卻發現被放了鴿子。

朱元璋很生氣，後果很嚴重。一聲令下，胡深就帶著大軍氣勢洶洶地找方國珍評理去了，沒花多少工夫就打下了里安，兵鋒直逼溫州。方國珍立刻害怕了，派出使者，一臉無賴相，一邊陪笑一邊哈腰，承諾「等你攻下了杭州，我一定來投降！」（俟杭州下，即納土來歸。）

朱元璋決定再相信方國珍一次。

1366年，朱元璋攻下了杭州，更讓他憤怒的事情發生了——方國珍非但沒有如約前來投降，還立刻給北方的王保保和南方的陳有定寫信，串聯一氣，互為犄角，共同抵禦朱元璋。

朱元璋氣瘋了。對這種兩面派，你不可能以德服人，必須先上去一頓揍，把人揍怕了，他才肯福氣。

於是，在相繼平定了張士誠後，朱元璋立刻把方國珍提上了議事日程。

在定下具體討伐方針之前，朱元璋多次與劉基「屏人密語」，私下裡商討具體戰略戰術。而劉基給朱元璋的方針是：「攻城為下，攻心為上。」

劉基對朱元璋分析道：「方國珍此人，言而無信，在江南群雄當中都是出了名的，主公只需要先修書一封，把方國珍一直以來的所作所為公之於眾，則方國珍的盟友必定離心離德，然後，再發佈敕令，只誅首惡，脅從不究，鼓勵部下投降。則方國珍必定眾叛親離。」

朱元璋打了這麼久的仗，確實也不想在方國珍身上耗費太多兵力，因此對劉基的攻心策略大為讚賞。

沒過多久，朱元璋給方國珍的一封公開信就在浙東地區流傳開了，信中不厭其煩地一一列舉了方國珍背信棄義的實例，大罵他是個反覆小人，信義全無的對手……一時之間，方國珍淪為笑柄。

同時，朱元璋又親自下令：「都是方國珍的錯，其餘人都是受了方國珍的蠱惑，不是真心幫他造反，如果大家能夠離開方國珍，我軍將既往不咎，如果有能夠斬了方國珍的腦袋送給我的，我一定加官進爵！」（罪止方氏，其他士民有詿誤者，皆非本情，毋妄致疑，各歸本業，有能仗義擒斬魁黨來歸者，吾爵賞之。）

做完了這些鋪墊後，朱元璋便命朱亮祖進佔台州、溫州，湯和大軍直取慶元，短短數月之內，方國珍一敗塗地，逃入海中，又被廖永忠的水軍打敗。他走投無路，只得派兒子方關奉表乞降。

方國珍打仗不行，降表寫得倒挺有水準，大概內容是這樣的：

我聽說老天能夠覆蓋一切，大地能夠負載全部，而做王的人，肯定是能夠包容所有人的，而我也正是因為相信主公擁有天地一般廣闊的胸襟，才跑來歸降的。

俺老方原本是個庸才，因為沒辦法才造反的，從來沒想過逐鹿天下，當初主公你打下婺州的時候，我就把我的兒子送到你那裡當人質，這不就說明我早就看好你嗎？等到主公把浙東當作大後方打理的時候，我也是忠心耿耿，從來沒有惹事生非過。

那麼，我為什麼要抵抗主公的軍隊，失敗了還要坐船逃走呢？因為孔子曾經說過，老子打兒子的時候，如果老子用的是小棍子，兒子就乖乖挨揍，如果老子用的是大棍子，兒子就趕緊跑，免得自己受傷還連累老子失去了慈愛的名聲——我們做臣子的也是一樣的心理啊。（孝子之於親，小杖則受，大仗則走，臣子情事適於此類。）其實我當初是很想把自己捆起來投降的，但是恐怕主公一生氣把我殺了——我死了倒不足惜，就怕世人不知道我方國珍犯了死罪，還以為是主公你不能容納下屬，那豈不是會對主公你的名聲造成很大的影響嗎？

這篇乞降表寫得貌似卑恭，實際處處為自己的反覆無常辯護，在方國珍的筆下，自己出爾反爾，反倒變成了刻意在成全朱元璋的名聲了。

朱元璋看完這封降表有些哭笑不得，但卻很佩服其中行文的機智，對身邊的人說：「誰說方國珍手下無人才？寫這封信的人，可以說是救了方國珍一命啊！」（孰謂方氏無人哉，是可以活其命矣。）

然後，他立刻請劉基代寫書信，答覆方國珍，同意了方國珍的投降請求。

方國珍得信，即率部屬來到湯和營地，湯和把他送到南京。朱元璋見了他，生氣地訓斥道：「你為什麼這樣反覆無常，勞我興師動眾？今日來見我，太晚了！」

方國珍趕緊叩頭、謝罪。朱元璋稍稍消了氣，又問道：「前些天你所上降表，出自何人之手？」

「是國珍幕下謀士詹鼎。」

「噢，是詹鼎？那你讓他到南京來吧。」

詹鼎來南京後，朱元璋親自讓丞相汪廣洋授予他一個官職。

而方國珍，則給了他一個廣西行省左丞的職位，但是卻不讓他去上任，只讓他待在南京領養老金。

方國珍一役，朱元璋可謂完勝，雖然在攻克台州、慶元時遇到了一些抵抗，但與迎戰陳友諒時常常圍城數月、空國而來，以圖決一死戰的情況明顯不同。方國珍手下的主要將帥方國瑛、徐元帥、李僉院均先後率眾請降，最後連方國珍本人也在奉表乞降。因此，朱、方之間雖有台州、溫州、盤嶼之戰，但並沒有像鄱陽湖大戰那樣規模巨大的主力決戰，這正是劉基攻心方略之功。

而劉基也終於了了一樁心事，他前半生的宿敵終於倒下了。在與方國珍明爭暗鬥了這麼多年後，他終於成為了最後的勝利者。

釘子戶大拆遷工程

相繼消滅了陳友諒、張士誠和方國珍，整個南方地區已經是朱元璋一家獨大了，再也沒有哪家造反公司能和朱元璋搶市場。但也不能說他壟斷了整個南方，至少放眼江南輿圖，朱元璋眼裡還有好幾枚釘子，宋太祖趙匡胤有句名言：「臥榻之側豈容他人鼾睡？」不把這些釘子拔了，朱元璋睡不安生。

第一顆釘子是韓林兒，這枚釘子容易拔。

1967年2月，就在朱元璋和張士誠打得如火如荼的時候，在江蘇瓜步（今江蘇六合東南）發生了一起特大交通事故，一艘載有多名神秘政要的船隻沉沒於瓜步地區，共計一人死亡。

死者的姓名叫做韓林兒，身分是大宋國皇帝。

沒錯，就是朱元璋眼中的第一枚釘子，小明王韓林兒。

自從安豐淪陷後，韓林兒就寄居在滁州城，雖然朱元璋不怎麼鳥他，但幾年來日子過得倒也逍遙，至少不愁吃不愁穿的。

1967年年初，韓林兒突然接到朱元璋的請柬，讓他去南京居住。這實在不是一件好事，可是韓林兒總得去吧，誰讓是朱元璋養著他呢。

來接韓林兒的人叫廖永忠，就是後來在大海上逮住方國珍的那個廖永忠。韓林兒不太喜歡這個人，感覺這人看自己的眼神總是怪怪，就像狼看著羊的眼神。懷著惴惴不安的心情，韓林兒踏上開往南京的帆船。

船到了瓜步，韓林兒突然聽到「咕嚕咕嚕」的聲音，然後，他就發現水平面越來越高——船漏了，正在下沉！

韓林兒不會游泳，驚慌失措中，他突然發現身邊的人都很鎮定，紮好了褲腳，挨個兒跳下江，踩著水，看著他，卻沒有絲毫要去救援的意思。

韓林兒全明白了，他早就想到會有這一天，只是沒想到會這麼快。

直到確定韓林兒已經被淹死了，廖永忠才游上岸，換了身衣服，騎上岸邊早已準備好的快馬，往南京方向奔馳而去。

在大明朝的官方歷史上，韓林兒之死被解釋成了意外事件，但事實上，朱元璋之心，路人皆知。連朱元璋自己都懶得去澄清此類的「謠言」。

朱元璋對韓林兒一貫恭敬，即使在實際上沒把韓林兒的權威當回事，但是從名分上從來沒有少過他，為什麼突然下決心要殺了韓林兒呢？形勢變化當然是一個重要原因，但其中最不可忽略的是劉基的推波助瀾。

在朱元璋的麾下，最看不慣韓林兒的當屬劉基，這也是劉基和朱元璋最大的分歧所在。當年救援安豐的時候，劉基就勸說朱元璋讓韓林兒死了算了，但是朱元璋不聽。

事實上，早在安豐之圍前，劉基就已經很不爽韓林兒了。

由於朱元璋名義上是隸屬於韓宋政權的，所以他曾在國務院（中書省）內專門為韓林兒設了一個御座，每次都要裝模作樣地向著空椅子行三叩九拜大禮。其他人看朱元璋都拜了，也只好跟著拜，唯獨劉基打死都不肯下拜，梗著脖子罵道：「一個放羊娃而已，拜他幹嘛！」（牧豎爾，奉之何為！）

劉基非但自己不接受，而且不停地在朱元璋耳邊吹風，最後，朱元璋終於做出了殺死韓林兒的決定，劉基可謂功不可沒。

另一顆需要拔掉的釘子相對比較硬，他的名字叫做陳友定。

陳友定，跟陳友諒一毛錢關係都沒有。

此人割據著福建中部地區，是大元王朝最後的忠犬，雖然出身屌絲，又是元王朝四大等級中最低等的「南人」，但其對元帝國的忠誠日月可鑑。

陳友定先是跟陳友諒死磕，陳友諒雖然驃悍，但在這位名字跟自己差不多的仁兄面前完全沒有抵抗之力，屢戰屢敗，硬是被趕出了福建。

然後，陳友定把目標鎖定了朱元璋，1364年，陳友定出兵朱元璋轄下的處州，雖然最後沒佔到什麼便宜，但也讓朱元璋一陣忙活。

除此之外，陳友定跟方國珍的關係也很糟糕，因為方國珍老是在海上打劫他。

陳友定就像一條瘋狗，誰對元王朝不忠，他就咬誰，悲劇的是，放眼四周，他身邊就沒有別的忠於元王朝的割據勢力了。

瘋狗咬不死人，但咬一口著實難受，朱元璋忍不了，1365年，朱元璋派遣鎮守處州的胡深出兵打狗。

大家或許還記得胡深，當初與葉琛、章溢、劉基四人共同構成了石抹宜孫麾下的王牌謀士團。

胡深率部反擊，打得無比順利，還活捉了陳友定大將張子玉。

這一仗讓胡深有點得意忘形，於是寫信給朱元璋，讓他派廣信、撫州、建昌三路兵馬協助他一起拿下整個福建。朱元璋也對此非常高興，他回信給胡深說，張子玉是陳友定驍將，把他生擒必使陳友定喪膽，乘勝猛攻，沒有不克的道理。

但劉基卻沒這麼樂觀，在劉基看來，陳友定在福建經營了十餘年，可說是根深蒂固，萬不可輕視。而朱元璋當時的主力都集結在長江一線，福建方面的力量很弱小。

朱元璋沒有聽從劉基，命令朱亮祖率軍南征，同時令胡深率處州兵馬與朱亮祖會合。

劉基很為老友胡深擔憂，特地修書一封，派人送往處州，囑咐胡深不可冒進，切記進退有據，小心應敵。

可是大軍主帥是朱亮祖，此人勇而寡謀，性情粗暴，胡深身為副帥，根本沒法駕馭他。

接管胡深的部隊後，朱亮祖立刻揮師南下，一

路孤軍奮進。

聽到這個消息後，劉基十分不安，為了能夠讓朱元璋出馬勸阻朱亮祖南征的腳步，劉基只好再次拿出自己那套裝神弄鬼的神棍理論。

劉基找到朱元璋，告訴朱元璋說：「主公，屬下昨日觀天象，見日中有黑子，此主東南當損一大將！」

東南主損大將，那不就是朱亮祖和胡深的那一路大軍嗎？朱元璋對劉基的這套神棍理論是深信不疑的，但是前線傳來的戰報又顯示戰局無比順利。在唯心主義和唯物主義之間，朱元璋很搖擺。

就在他搖擺的時間，福建方面傳來新的戰報：胡深在建寧城下中了陳友定埋伏，突圍過程中馬失前蹄被俘，不屈而亡！

繼葉琛死於洪都之後，這是劉基失去的第二個前同僚，當初的處州四謀士，只剩下了劉基和章溢。

劉基得信時正在飲茶，心裡一驚，手中茶杯落地，摔得粉碎。朱元璋也是大吃一驚，仰天嘆道：「全怪我沒聽劉基之言，才有這凶事！」

這次討伐行動就此夭折，直到兩年之後，隨著方國珍的歸降，朱元璋再次調集兵力，在湯和、廖永忠的指揮之下，才徹底攻克陳友定的治所延平，消滅了陳友定割據勢力。

而陳友定也確實是個硬茬子，明知大勢已去，他對左右從官講：「公等善自為計，我為元朝死耳！」然後服毒自殺。

但朱元璋偏不讓他死，吳軍將士（當時張士誠的東吳已經滅亡，而明王朝還沒有建立，故朱元璋的軍隊可稱為吳軍）發現了半死不活的陳友定，急忙給他灌腸洗胃，好一頓收拾，終於把陳友定救活了，然後押送到南京。

然後殺了……

陳友定此人，雖然不是實務，但畢竟是大元朝末期難得的忠臣，戰場之上可為其主，也是無可厚非的。所以，儘管殺了陳友定，朱元璋還是對他保持了一定的敬重，而後來由明朝史官編寫的《元史》中，陳友定也被列入了忠臣傳。

可謂死得其所。

隨著韓林兒和陳友定的相繼故去，朱元璋眼裡只剩下了一枚釘子：盤踞西南地區的大夏國。

大夏國偏居一隅，乏善可陳。其開國皇帝明玉珍原是徐壽輝部將，徐壽輝死後明玉珍不鳥陳友諒，自己拉大旗獨立了，盤踞在四川、貴州天險之地逍遙自在地當起了劉備。

1366年，明玉珍病死，成為元末大軍閥中唯一一個善終的角色，他的兒子明升繼位。朱元璋沒讓小明升過幾年安生日子，1371年，已經攻克北京的明軍（這時候朱元璋已經稱帝，建立了大明王朝）兵臨城下，明升投降，大夏國滅亡。

值得一提的是，這個明升後來跑去了高麗，跟李氏王朝的開國皇帝李成桂關係極好，此人生育能力也極好，生了一大堆孩子，孩子又生孩子，子子孫孫無窮匱也，到現在，每年都有不少韓國人專程跑到重慶去祭奠自己的祖先：明玉珍。

至此，天下一統。

九、渡江第一策士，開國第一功臣

從神棍到品管監察員

1367年冬，小明王韓林兒已經在江底躺了大半年，陳友諒和張士誠早已被挫骨揚灰，連渣渣都沒有留下，陳友定已經提著他倔強的頭顱見成吉思汗去了，方國珍也放棄了成為海賊王的夢想，舉手投降了，而四川暫時寄存在明玉珍的兒子明升手裡，朱元璋隨時想要隨時都能支取。

總之南方一片祥和。

放眼長江以北，徐達、常遇春的大軍已經殺到山東，正在跟山東軍閥王宣、王信父子扯皮，而北京的妥歡帖木兒已經打包好了行李，隨時準備回內蒙老家。

前丐幫會員，叛軍頭子朱元璋終於走到了職業生涯的頂點：皇帝。

在朱元璋的暗示下，以李善長的文武百官聯名上表，請求朱元璋即位稱帝。按照慣例，朱元璋義正辭嚴地拒絕了。

李善長當然不會把朱元璋的拒絕當真。這種名為「勸進」的遊戲玩了上千年，遠的不說，前不久朱元璋即位吳王的時候還玩過一次，大家都門兒清，雖然無聊，可必須玩一遍。

李善長二次上表，朱元璋再次拒絕。李善長再三上表，按照遊戲規則，朱元璋這時候應該勉為其難地接受玉璽了。

可朱元璋偏偏不是一個照常理出牌的人，在勉為其難同意大家的勸進後，朱元璋又臨場發揮加了一句詞兒：「如果老天覺得我能當皇帝，就讓我登基那天晴空萬里，如果老天覺得我當不了皇帝，就讓那天狂風暴雨，作為對我的警告吧。」

文武百官瞬間當機了。這麼演過了吧？劇本上有這句台詞兒嗎！不帶這麼玩的！萬一那天真的大風大雨怎麼辦？難道還能「這轆轤掐了別播」不成？

也有個別實心眼的大臣滿意地點點頭，覺得朱元璋是真心誠意敬畏上天的，很符合儒家天人之道。

朱元璋強憋著笑，看著底下這幫一臉藍屏的大臣。他當然沒把老天的旨意當回事，之所以敢說那句話，是因為私下裡朱元璋早就諮詢過劉基，而劉基給他的回答是，登基那天，就算不是大晴天，也絕不可能有狂風暴雨。

有了底氣之後，朱元璋才敢這麼演。

接下來的這段時間，劉基做了另一件事情：給帝國起名——也就是國號。因為劉基知道登基那天鐵定不會出岔子，建國已經是板上釘釘的事情了。那麼，新的國家該叫什麼名兒呢？

在三千多個常用漢字中，劉基選中了「明」作為國號，他的理由是：首先，《易》曰，「日月相推而明生焉」，日月為明，明就是太陽和月亮，明象徵著光明。更巧妙的理由是，朱元璋姓朱，朱就是紅色的意思，與「明」字正好傳承。歷史上習慣把帝王姓氏和國號連起來稱呼，比如李唐王朝、趙宋王朝，但怎麼聽怎麼都沒有朱明王朝來得霸氣。

朱元璋很認同這個國號，大筆一揮，一個嶄新的帝國從此有了自己的名字。

1368年正月初四，這個激動人心的日子終於來臨了，最妙不可言的是，正如劉基所預料的，這一天風和日麗，天朗氣清，陽光格外溫暖。

這下所有人都服氣了——既然老天爺都沒意見，誰還敢有意見？在劉基的幫助下，朱元璋狠狠秀了一把「天命所歸」的把戲。

等了好久終於等到今天，夢了好久終於把夢實現。

大老闆朱元璋升職了，手下小弟沒有不雞犬升天的道理，一時間，當年的功勳們升官的升官，分房的分房，南京頓時化成了一片歡樂的海洋。

劉基的新職務是御史中丞。

御史的主要職責是監察，具體來說就是管官的官，不光能管官，還能管皇帝，只要皇帝有什麼做得不對的，御史們劈頭蓋臉就是一頓罵，罵完了甩甩袖子就能走，不擔責任，皇帝是不能跟御史發火的。

可以說，御史是一個帝國的品質監督員。其實，朱元璋本來是想讓劉基當品質總監——御史大夫的，但是劉基固辭不受，因為劉基看出來了，朱元璋這麼做的目的是為了把劉基擺到台前來制衡李善長，劉基可不傻，他才不願意給人當槍使，所以，在劉基的堅決推辭下，最後朱元璋任命湯和為左御史大夫，鄧愈為右御史大夫。御史中丞劉基是御史台的三把手。

但是，湯和跟鄧愈都是武將，而且常年征戰在外，所以，御史台的日常工作基本還是唯劉基馬首是瞻。又不用當出頭鳥，又可以手握實權，這一手玩得漂亮。

對劉基來說，御史台還算不上真正的權力中樞，但已經很讓他滿意了，因為在這之前，劉基的職務是太史令。

太史令的地位很尷尬，一方面，這個職位管的東西是最牛的：他管的是全宇宙——包括修訂曆法，夜觀天象，預報天氣，與神對話，算命相面摸骨解夢，林林總總，如果出現外星人的話，理論上也該由太史令和禮部尚書共同管理。

但另一方面，縣官不如現管，管天管地，總不如管人的官來得實在，尤其是在中國「子不語怪力亂神」的唯物主義傳統中，所謂太史令，充其量也就是個神棍。

劉基的專業知識倒是很能勝任太史令這個崗位，每次朱元璋搞封建迷信活動少不了他，什麼太陽出現黑子啊，什麼天上哪個星星不在位置上啊，都會找劉基諮詢，劉基也兢兢業業，基本每次都能回答得有模有樣，跟真的似的。

劉基不喜歡這個職業，雖然他在加入朱元璋集團後花了大力氣把自己打造成神棍的形象，但那都是一種謀略手段，為的是讓自己的計謀更加深入人心，更加容易被執行，誰知道他演得太像，結果弄假成真了。

劉基很鬱悶，他只能更加賣力地把自己的軍事、政治理念用怪力亂神包裝起來——這讓他顯得更像個神棍。

有一次，劉基去拜訪朱元璋，正好遇到朱元璋在殺人。殺人這麼大的事情劉基自然要問一問理由，朱元璋隨便擺了擺手，說，沒啥，昨晚做了個夢，夢見一個人頭上一灘血跡，然後抓了一把土敷在流血的傷口上，我覺得不祥，於是殺幾個人避避邪。

劉基一聽差點暴走，這是什麼歪理邪說？但他也知道，以朱元璋的性格，跟他擺事實講道理基本等於白搭，只有用歪理邪說才能戰勝歪理邪說。

於是，劉基充分利用自己太史令的身分，給朱元璋解夢道：人頭上有血，這不就是個眾（眾）字嗎？用土敷血，就是得土得眾的意思啊！

劉基這個解釋的邏輯，沒比朱元璋嚴謹多少，所以朱元璋將信將疑地，劉基一看，一咬牙一跺腳又說：「從這個夢來看，三天之內必有喜報！」

果然，第三天傳來捷報，海寧投降。

這下，大家更覺得劉基神了。

只有劉基知道，他不過是玩了個文字遊戲而已，隨便路上拉個算命先生都能玩的把戲。

所以在太史令這個位置上，劉基覺得很累，雖然朱元璋一直很重用他，雖然劉基也願意別人相信自己是擁有超自然能力的神機軍師，但他確實不願意自己被別人當成神棍。

因此，接到御史中丞的任命，劉基很激動，這意味著他至少從編制上脫離神棍的身分，一腳踏入政治家的行列了。

在這個崗位上，劉基幹得更加兢兢業業，他像一台嚴謹的探測儀，掃描著帝國的每一個部件。很快，他發現了一個有品質問題的零件：參知政事張昶。

張昶當年是作為元朝的使節來到南京的，結果被朱元璋強行拉客，扣留在南京給大明朝打工了。因為精通元朝行政制度，張昶很受朱元璋的器重，但是劉基卻一直不看好他，認為張昶其實心懷舊主，腳踩兩條船。

劉基眼裡容不得這樣的沙子。他在尋找機會讓張昶滾蛋。

有一次，機會來了，張昶給朱元璋上了一份摺子，大意是現在皇上已經打下了江山，不用這麼儉樸了，可以及時行樂，好好享受享受「革命成果」了。

朱元璋把摺子給劉基看，劉基心說天堂有路你不走，地獄無門你闖進來，機會來了，看我不搞死你。

懷著這樣的想法，劉基揮著摺子，一臉不經意地說：「這人恐怕是想學趙高啊。」

劉基在厚黑學上也確實有造詣，他不說張昶是個佞臣、奸臣、貳臣，直說他是趙高，要知道，趙高除了奸佞之外，還有一個敏感的身分：弒主逆賊。

劉基以為這樣一來，張昶不死也得脫層皮，可出乎意料的是，這時候的朱元璋已經不是當年固執己見要去救援小明王的那個愣頭青了。

這時候的朱元璋，厚黑水準一點不比劉基差，一眼就看穿了劉基的這套計謀。所以，朱元璋只是笑笑，沒有接劉基的話。這件事情也就不了了之。

雖然在這件事情上，劉基的手段有失光明，但是，作為帝國的品質檢查員，劉基是合格的，因為事實證明，張昶果然是個反骨仔。當他得知他的兒子在北元被重用後，便秘密修書一封，準備讓兒子轉呈元順帝，表明自己身在江南，心懷塞北。

可惜，張昶不是個好臥底，信還沒送出去，就被楊憲（之後會講到，在今後的政治鬥爭中這人是個重要配角）舉報了。朱元璋得到稟報後，才知道劉基為什麼一直和張昶尿不到一個壺裡，於是，他把張昶殺了。

這件事情讓劉基很挫敗，「看來還是怪力亂神最好使，朱皇帝陛下就吃這一套。」劉基暗暗總結。他不知道，正是這個錯誤的想法，在不久的將來會把他從巔峰直直摔進谷底。

不過那時候的劉基沒有更多的時間去思考這個問題，因為在明帝國草創的初期，作為開國時期最出色的政治家之一，劉基還有一件更重要的事情要忙，那就是搭建帝國的政治、經濟、軍事、文化體系，以及營建都城，為帝國兩百年的繁榮奠基。

南京！南京！

1366年，隨著地盤越來越大，朱元璋的派頭也越來越大，他開始覺得，自己的宮室，連同整個南京城都顯得很寒酸，他需要重新建造一座偉大的城市，一座和帝國榮耀相匹配的國際大都市——以及一座和他朱元璋相匹配的宮殿。

這個光榮而艱巨的任務落在了劉基身上。

劉基是個文科生，工程技術絕非他所擅長，為什麼建宮築城這樣的事情會落到劉基頭上呢？原因在於，劉基精通一門比建築學更加重要的學問：風水學。

是的，對於帝國的都城來說，最重要的是什麼？不是宮室是否華麗，不是城防是否堅固，更不是基礎設施建設是否完善，而是——老天是否眷顧這座城市和這座城市的主宰者。

應該說，南京的風水是非常令人振奮的。金陵帝王州，南京城的風水可以用虎踞龍盤來形容，城西的石頭城像一隻蹲著的老虎，東北的鍾山則像盤曲的臥龍。

而南京城的四周群山環繞首尾相連，鍾山呈東西走向橫臥於南京城東北，鍾山西北，幕府山於乾卦綿延橫亙，屏障長江；鍾山之東，銅家山、龍王山、青龍山、大連山於震、巽兩卦層層護衛，呈東北—西南走向向前包抄；鍾山西面，五臺山、清涼山等山巒起伏，低俯守護，為白虎砂；鍾山西南，雨花臺、岩山、罐子山、牛首山、韓府山、將軍山、翠屏山等山丘連綿，於坤卦鎮守拱衛；鍾山之南有橫山，狀如天印的方山在遠方正朝，江寧平原作為明堂平坦無垠。

可惜的是，這座城市交到劉基手裡的時候，風水已經被破敗得差不多了，前有秦始皇開鑿秦淮河，「水破天心」，破了南京的風水格局，後有楚莊王紫金山埋金，鎮壓南京王氣，再加上歷朝歷代不科學的城市建設和野蠻施工，南京城的風水格局已經千瘡百孔，地脈洩盡，王氣難收。

經過嚴謹的推論和研究，劉基決定將南京城的整體格局往東部傾斜，在舊城白下門外約二里的地方，東向增築新城，為的是能夠聚攏鍾山的王氣。

為了最大限度地利用鍾山的「龍頭」格局，在整個城市規劃中，劉基別出心裁地沒有把皇宮選址在城市中央，而是選擇了城市東北角，鍾山腳下。

在劉基的設計中，新皇宮雄偉莊嚴，樸素大方，氣象萬千。皇城開六門，按方位對稱。皇宮內部分為中、東、西三路。中路建有奉天、華蓋、謹身三殿，稱作「前朝」，其中以奉天殿最為宏偉，一般稱「金鑾殿」；用於皇帝、皇后日常處理大事及居住的乾清、坤寧二宮，稱作「後廷」。前後相合，就是人們常說的朝廷。東路建有文華殿、文樓、東六宮等殿宇。西路建有武英殿、武樓、西六宮、御花園等。

宮城之外，建有一個圈城，名皇城，正方形，內有宮城。宮城與皇城及其中的建築，合稱為「皇宮」。皇城也開六門，門及闈對稱、等距。正南門叫洪武門，東側叫長安左門，西側叫長安右門，東叫東華門，西叫西華門，北叫玄武門。從洪武門到午門的千步廊上，還建有承天門、端門。皇城之內，宮城之外，東南建有太廟，西南建有社稷壇等。

皇城的佈局體現了以皇室為主體的思想，以一條自南而北的中軸線作為全城的骨幹，所有城內宮殿和政府機關沿著這條線連結在一起：東面是禮、戶、兵、工部，西邊是前後左右軍都督府。

劉基的這一方案提交上去後，得到了朱元璋的高度讚揚，一切就緒後，當年年底，皇宮破土動工。

在皇宮設計初期，朱元璋就特地囑咐劉基，皇宮大氣就行了，不必奢華，這個要求深得劉基之心，被不折不扣地執行了，既省下了錢，又降低了施工難度。

1367年十月，朱元璋攻破張士誠，正好皇宮竣工，這可能是個巧合，當然也不排除劉基為了給平江戰役獻禮而刻意安排了時間，但無論如何，朱元璋對此非常滿意。

站在雄偉的宮殿裡，朱元璋志得意滿地對身邊的人誇耀：這麼高的宮牆，還有誰能進得來！

大家紛紛附和，只有劉基小聲回了一句：人是進不來的，除非只有燕子才能飛進來。

幾十年後，燕王朱棣帶著靖難大軍殺進了宮城，奪取了皇位，劉基一語成讖。

與皇宮一起開工的，還有南京新城，在新城的建設上，劉基依然別出心裁，並不拘泥於古制建成正方形，而是在南唐古城的基礎上，利用南西兩段城垣加固加高，進而擴建，把南唐都城之外的盧龍山（獅子山）、雞籠山（今北極閣）、覆舟山（今小九華山）、龍山（今富貴山）、馬鞍山等諸山，全部圈入城內。這樣就沒法收拾得方方正正，只能依山水和堤湖走向築城，形成了一多角的不等邊形狀。後又把玄武湖、秦淮河略加連接，作為護城河。新城城垣全長六十餘里，上建雉堞一萬三千六百十六個、窩棚兩百座。城下基座用花崗岩和石灰岩砌成，上面再砌巨磚。巨磚由江西、湖南、湖北、安徽、江蘇五省一百二十五個州縣燒製，然後由水路運送到南京。磚側都列印著府縣、監製人和造磚人名。築城時又在磚縫中用糯米汁或高粱汁、石灰和桐油混合的「夾漿」澆灌，以加強黏合力。

新城開城門十三座，其中通濟、聚寶（今中華門）、元山（今水西門）、石城（今漢西門）四門，是由原南唐金陵城通濟門、南門、龍光門、西門等舊城門改造而成的。聚寶門最為宏偉，城門上有「千斤閘」，城牆上建有藏兵洞二十六個，可供三千士兵駐守，城頂還建有高大華麗的城樓。通濟門和元山門是秦淮河出入城的地方，設有水城門。正陽門（今光華門）、朝陽門和太平門分別是皇城外的南、東、北方的門戶。太平門附近的城垣跨過富貴山和鍾山之間的山脊，形勢險要，為攻守必經之地。金川門有金川河在此出城。城牆繞過獅子山，東有鍾阜門（小東門），西有儀風門（今興中門），是到江邊的通道。

你說這麼雄偉的城市，造價起碼要花掉小半年的賦稅吧？

小半年？那是造城牆！我告訴你，起碼花掉一整年的賦稅，還不打折！

那時候的朱元璋，還沒有養成只買最貴不買最好的優良習慣，本來前線的軍費支出就吃緊，南京城一建，更是讓腰包捉襟見肘。

劉基犯了難，一文錢難倒英雄漢，就算他劉基有通天徹地之能，也沒法憑空變出錢來。

別說，劉基確實不會變錢，但劉基恰好有個朋友，據說家裡有一個能夠變出錢來的聚寶盆，這個人，就是當時的全球首富：沈萬三。

沈萬三的聚寶盆當然是後人附會出來的神話，但此人家裡的真金白銀是實打實的，拒不完全統計，沈萬三家資巨萬萬兩——這是個什麼概念？直接甩開大明朝巨貪張居正和嚴嵩幾條街，他要是樂意，完全能把當時歐洲的那些窮光蛋騎士的土地全買下來。

但中國古代的商人社會地位很低，跟所有有錢人一樣，沈萬三闊了，急不可耐地想給自己搞個政治投資，用錢開道，殺進官場。

沈萬三恰好曾和劉基有一面之緣，於是他找到了劉基，提出自己願意承包南京城一部分的建設——自掏腰包，不要朱元璋一分錢。

劉基一聽，這還了得！朱元璋是什麼人？資深屌絲啊。屌絲，尤其是逆襲後的屌絲，最恨高富帥，沈萬三坐擁萬貫家財本來就很遭人恨了，現在還敢找朱元璋來炫富？這是找死。

深知朱元璋性格的劉基好說歹說，拚命阻攔沈萬三，沈萬三不識好人心，以為劉基是嫉妒他，一氣之下乾脆直接繞過劉基給朱元璋寫了一封信，聲稱自己將承包南京城牆的三分之一段，緩解朱元璋的財政壓力。

果然如劉基所料，朱元璋火冒三丈，心想沈萬三什麼東西，炫富炫到老子頭上來了！朱元璋對這些有錢人本來就有偏見，想起自己小時候，父母死了都找不到地方安葬，地主像趕老鼠一樣把他趕來趕去，想起自己現在，每天宵衣旰食，勤懇工作，而這些有錢人呢？每天睡覺睡到自然醒數錢數到手抽筋，朱元璋越想越氣，一怒之下決定——

還是讓沈萬三去修城牆吧……

沒辦法，人窮志短，一文錢難倒朱元璋，大明王朝創業階段，錢能省則省。

沈萬三非常高興，以為自己鹹魚翻身了，修城牆格外賣力，最後，比官方施工隊還早竣工三天。

朱元璋因此更加火大，沈萬三卻洋洋得意，甚至有點得意忘形，他居然又提出來，要出錢替朱元璋犒勞軍隊！

劉基一聽到這個消息，就知道沈萬三完蛋了，再多的錢也保不住他了。

果然，朱元璋勃然大怒，修城牆也就算了，你還想用你的錢來拉攏我的軍隊，反了你了！朱元璋本來當場就想宰了沈萬三，在馬皇后的勸說下改為流放雲南。

一代巨富就此隕落。但沈萬三的那筆鉅款確實解決了南京城建工作的融資問題。

倒下了一個偉大的商人，佇立起來的是一座偉大的城市。

當然，羅馬不是一天建成的，南京城也一樣，朱元璋前後歷時21年，徵調20萬戶工匠，最後才建成了這座氣勢恢弘的明朝皇城。儘管那個時候，南京城的總設計師已經看不到這座偉大的城市了。

曆法是個什麼玩意兒

除了建造都城，劉基還有一件非常重要的事情，那就是制定曆法。

可能有人會說，制定曆法不就是規定哪天過年，哪天是幾月幾號嗎，耗子的腰子——多大個事（腎）。

但你別說，這其中的學問大了去了。

舉個例子，生活在尼羅河邊的古埃及人很早就發現自己實在是生活在一片風水寶地上，因為定期氾濫的尼羅河水給古埃及人帶來了肥沃的土壤，在尼羅河氾濫過後，只要把農作物種上，幾乎不需要管理就會獲得可觀的收成。因此，古埃及人唯一必須要做的事情就是弄清楚河水什麼時候氾濫、什麼時候退去就行了。經過長時間的觀察，他們認識到，每當天狼星第一次和太陽同時升起的那一天後，再過五、六十天，尼羅河就開始氾濫，於是他們將這一天作為一年的開始，並得出一年的週期為365天。

古埃及的曆法就這樣成形了，有了這樣的輪廓，對古埃及人來說，剩下的事情就相當簡單了，沒有那麼多農忙時間，意味著他們有更多的時間花在其他方面，比如擺眼鏡蛇poss，比如生產木乃伊，比如堆金字塔。

如果沒有正確的曆法，古埃及人只能抓瞎。與古埃及人同樣輝煌的古巴比倫就是吃了曆法的虧。

古巴比倫人在六千多年前就已經制定出太陰曆，一年12個月，6個月30天，6個月29天，一年354天。

所謂太陰曆，就是根據月球朔望規律所指定的曆法，它的弊端是顯而易見的，因為地球的公轉週期是365天，所以每過一個陰曆年就會比太陽年少11天，三個陰曆年就會比陽曆年少一個多月的天數，這樣下去會發生一種奇怪的現象：今年的1月是冬天，再過個十幾年1月就成夏天了，這樣一來，日子就沒法過了，什麼時候播種什麼時候收穫都沒個譜。

蘇美人也意識到了有點不對勁，可惜這幫人實在是自然呆，花了九百年的時間才找出哪裡不對勁兒——他們需要的是每隔幾年在年曆上另加一個閏月，才能準確預報季節。

蘇美人在西元前20世紀開始衰落，到西元前17世紀就銷聲匿跡了。雖然不能說全是不能準確定位時間的錯，但肯定是多多少少吃了曆法的虧。

現在你該知道曆法的重要性了吧，不管是用朔望來記月然後從月推出年，還是用太陽來記年然後從年推出月，多多少少都會產生誤差，如何最有效的避免誤差，保證無論在哪一年，農民伯伯都知道該在哪一天播種哪一天收穫，就成了一件非常重要的事情。

劉基絲毫不敢小瞧推演曆法這件事，他和自己的下屬高翼二人嘔心瀝血撰寫了一部全新的曆法，很不幸的是，居然被朱元璋退稿了。還在廢稿上做出了最高指示：「你們再給我認真點兒，千萬別出岔子。」（卿等推步須各盡其心，必求至當。）朱元璋畢竟是農民出身，對曆法的重視超過了劉基的想像。

其實劉基也有苦惱，他不是不認真不是不盡力，而是他面前實在有一座翻不過去的山：那就是元朝天文學家郭守敬的《授時曆》。這部曆法實在是太過於偉大，劉基根本無法超越，他想要獨闢蹊徑做一部自己的曆法，卻被朱元璋否定了思路。

如果按照《授時曆》的思路制定曆法，那麼根本沒有可能超越郭守敬，既然如此，劉基只能選擇在《授時曆》的基礎上修修補補，到1367年冬至，劉基終於交稿了，跟授時曆相比幾乎換湯不換藥的《戊申大統曆》四卷通過了朱元璋的審核，成為明朝的官方曆法。

這部曆法終明一代，雖屢有修定，但並未改憲。客觀而論，這一次，光榮應該屬於郭守敬。

當然，任何曆法都有缺點，隨著年久數盈，大統曆的精確度也開始降低了，直到明末崇禎年間，徐光啟隨利瑪竇採用西洋曆法，寫成《曆書》，明代才有詳密的曆法。可惜沒來得及頒佈，明朝就完蛋了。

把帝國的運轉帶上軌道

制定曆法可以說是劉基作為太史令的主要指責，而作為御史中丞，劉基也接到了另一項艱巨的任務：立法。

我們常把法律叫做法度。法是一個國家的度量衡，是一個國家正常運轉的軌跡，沒有法律，國家機器也就沒有了存在的基礎。大明朝想要長治久安，必須有一套嚴謹完善的法律。

因此，明朝建國後，朱元璋立刻以左丞相李善長為總裁官，御史中丞劉基、參知政事楊憲、傅王獻、翰林學士陶安等人為議律官。朱元璋又專門召台憲官章溢、周禎等人商論法律，認為紀綱法度為治國之本，而振紀綱、明法度由御史台主司其職，百司庶職都取法於台憲。因此，明朝法律的制定由中書省、御史台共同完成。而劉基是關鍵人物之一。

這是一項艱巨的工程，因為元朝的法律簡直一塌糊塗，根本沒有可參考的價值。來自草原上的蒼狼打打殺殺慣了，根本沒有用法律解決問題的概念，元朝早期只有一部《大札撒》可以被勉強稱之為法律，其實嚴格來說，也不過是一部社會公序良俗總結和成吉思汗格言錄，系統和嚴謹二字無從談起。

後來，慢慢接受漢文化的蒙古統治者也開始認識到法律的重要性，在元英宗的主持下修訂了《大元通制》。這才總算勉強有了一部法典。

但是，在實際操作層面，後來的司法者不斷地把皇帝的聖旨、中央的文件，甚至很多案件的判例放進法律中，比如某天皇帝突然說，走在路上不長眼睛，被馬車撞死活該，可能皇帝都只是無心之言，但君無戲言，馬車撞死人撞了白撞，馬上就會以法律形式出現在法典上，更有甚者，可能在某一次審案中，主審官頭腦發昏，相信了某個小偷「上有老下有小」的哭訴，而判小偷無罪，那麼在今後的司法實踐中，所有有孩子和父母需要贍養的小偷都會被判無罪。

這樣一來，元朝的法律變得越來越臃腫，而且越來越混亂，到最後，即便是最精通法律的官員，也不一定能夠搞懂大元朝的法律。

既然沒人懂，那就乾脆亂來，於是，龐雜的法律變成了沒有法律。這也是為什麼竇娥會冤死在元朝了。

因此，朱元璋對於建立明朝法律體系親自做出了最高指示：「法貴簡當，使人易曉，若條緒繁多，或一事兩端，可輕可重，吏得因緣為奸，非法意也。夫網密則水無大魚，法密則國無全民，卿等悉心參究，日具刑名條目以上，吾親酌議焉。」這段話不好懂，總結出來就是兩個字，一個是簡，一個是嚴。

「簡」是所有人的共識，一部好的法律有很多要素，但最關鍵的一點是要讓人看得懂。

在這一方針指導下，劉基大刀闊斧地給法律來了一次抽脂手術。為了能讓肥胖不堪的法律迅速瘦成一道閃電。當然，瘦身不是簡單減少條款那麼簡單，關鍵，是要簡約而不簡單。劉基結合當時的社會現實，把律法縮減分為六部分，分別為吏令、戶令、禮令、兵令、刑令、工令，每大類下分數條，合計共145條令。比起元朝法律，經過劉基刪減的法律簡直就是一部高度濃縮的濃湯寶。

解決了瘦身問題，大明法律的第二個指導方針是嚴。「嚴」不是指嚴酷，而是指嚴格，指法網恢恢疏而不漏，絕不放過一個壞人，也不冤枉一個好人。

要做到嚴酷很容易，例如一人犯罪全家株連，省心省力，暴君們一直都用它。但是，嚴酷的法律注定不能持久，秦二世而亡就是一個最好的前車之鑑。

因此，如何做當剛柔並濟寬嚴得體，劉基是頗下了一番心思的，最後成稿的《大明律》規定了十大惡，「謀大逆」、「謀叛」、「不道」、「不孝」、「大不敬」等十條「大惡」規定「就算是遇到大赦天下，也不會放過犯下這十條罪的人」（雖常赦不原），這就是人們常說的「十惡不赦」。

與此同時，在量刑上《大明律》也充分考慮了人性化，比如它規定：「未老疾犯罪，而事發於老疾，以老疾論；幼小犯罪，而事發於長大，以幼小論。」與現代法律精神是相輔相成的。

經過多次修訂，《大明律》終於在西元1373年成稿，接著，又經過了一個漫長的階段，幾經更改，於1397年才正式頒行。《大明律》從條理上來看比《唐律》更為簡明，從其體現精神意志上來看又比《宋律》更加嚴厲，是中國法制史上極其重要的一部法典。

《大明律》可以說是一部凌越前古，啟迪後代的重要法律文獻。

當代著名法學家楊鴻烈曾經盛讚這部法律：

《大明律》比較唐代的《永徽律》更為複雜，又新設許多篇目，雖說條數減少，而內容俱極精密，很有科學的律學的楷模，後來的《大清律》，也都是大部分沿襲這部更定的《大明律》，可以見得這書實在算得中國法系最成熟時期的難得產物。

當然，《大明律》真正頒佈的時候，劉基等人早已作古，而最後發行的《大明律》和一開始編修的法條也有很大的區別，但是無論如何，劉基等人的草創之功是無可抹殺的。

一定要把槍桿子穩住

劉基為朱元璋做的另一件大事，是替大明王朝穩住了槍桿子。

《孫子兵法》開篇就說：「兵者，國之大事，死生之地，存亡之秋，不可不察也」縱觀整個中國史，所有開國皇帝最大的心病就是軍隊。這些皇帝大都是靠軍隊搶來的天下，深知手下的軍人是一柄雙刃劍，今天能幫自己得天下，明天也能搶走自己的天下。

槍桿子是個非常敏感的問題，跟平衡木一樣必須小心翼翼，國家軍事實力如果不強，難免會被欺負，甚至亡國滅種，但國家軍事實力如果太強，龐大的軍費開支又會把國民經濟拖垮。

有沒有一個兩全其美的好辦法，既能維持一支龐大的軍隊，又能少花錢甚至不花錢？這是朱元璋一直在思考的第一個問題。

困擾朱元璋的第二個問題則嚴重得多——那就是如何組織這支軍隊。

一支軍隊想要有戰鬥力，就必須有凝聚力，士兵榮譽感和歸宿感強烈。兵與將，將與帥之間合作無間，相互信賴。

因此，要打造一支精銳部隊，最好的方法就是給予將領足夠的許可權，在部隊內部創造層層效忠的組織結構，以江湖兄弟會和利益共同體的形式將其凝聚起來。歷史上幾乎所有精銳部隊都會採用這樣的組織結構，比如唐朝的胡兵、宋朝的岳家軍、明朝的關寧鐵騎、清朝的湘軍。

但這種兵制的問題也是很明顯的，由於統帥在軍隊中的威望太高，權力太大，長此以往，軍人眼中只有統帥，沒有皇帝，國家的軍隊成了統帥的私家武裝，這種形式的軍隊，往輕裡說，必然導致各自為戰無法統籌，比如元朝末年的元軍就處於這種狀態，而最壞的情況，則是軍閥割據，兵變頻繁。最典型的就是唐朝中後期節度使。

因此，靠兵變起家的宋太祖趙匡胤創造性地發明了兵將分離制度，軍隊平時由文官管轄，一到打仗的時候國家臨時指派一名將領指揮軍隊。打完仗立刻收回軍權。

這樣一來，將領只有指揮權但沒有統兵權，有效杜絕了割據和兵變。

但是副作用也是極其明顯的。孫子說過，知己知彼，百戰不殆。在宋代的軍事體系下，別說知彼，連知己都做不到，因為臨時委派的將領根本不可能瞭解自己手下的軍隊，誰擅長打野戰，誰擅長打攻堅，誰的部隊最精銳，誰的部隊是銀樣鑞槍頭——這些統統不知道。

這樣的軍隊上戰場，能打勝仗才怪。

生存還是死亡，這是個問題，要忠誠還是要戰鬥力，這更是個問題，朱元璋很糾結。

所以，朱元璋叫來了劉基，要劉基幫他想出一個完美的軍隊治理結構：這支軍隊數量要足夠龐大，但是不能太燒錢，要足夠忠誠，但不能是草包。

這麼苛刻的條件，他也真好意思跟提。

劉基其實早就在思考這個問題。因為這是中國歷史的一個根本問題，每一個朝代開國時期必然要面臨的問題。

因此，辭別了朱元璋，劉基的大腦立刻高速運轉起來——到底存不存在這樣一種制度，可以四全其美？

還真有。

經過一段時間的苦思冥想，劉基向朱元璋遞交了方案，提出了自己的設想：

劉基的計畫是一個很複雜的軍事組織結構，在這裡我們長話短說，基本上包括四個方面，用來解決朱元璋面臨的四個問題。

第一、從元軍降兵、失地流民和犯罪份子中招募兵丁。這三個人群基數龐大，足夠招募起一支數十萬的常備軍。

第二、給這些軍人分土地，讓他們種地。農忙的時候種地，農閒的時候訓練，打仗的時候出征。國家設立衛和所兩級行政單位集中管理這些軍戶，一般是5600名軍人為一衛，1120人為一所。

這樣一來，士兵自力更生，自給自足，還能給國家創造財富，軍隊規模和軍費開銷之間的問題就解決了，朱元璋對此曾得意洋洋地評價說：「吾養兵百萬，不費百姓一粒米。」

第三、衛、所之上設都指揮使司，隸屬於中央管轄，但是都指揮使常年和基層官兵泡在一起訓練，基本屬於奶爸型，誰有什麼特長誰有什麼脾氣都知道。

第四、中央設五軍都督府，分中、左、右、前、後五軍都督，分別管轄京師及各地衛所，一旦戰事起，由五軍都督府派遣相應將領前往各地指揮使司調兵，到時候把所有指揮使司召集起來開個家長會，立刻就能瞭解自己麾下的部隊。

這樣一來，雖說不算完美，但至少有效解決了兵將問題。

細心的同學可能已經發現了，劉基創造的軍事制度和隋唐時期的府兵制很相像，的確，劉基就是在府兵制的基礎上查漏補缺，開發出了中國屯兵制度的巔峰：衛所制度。

朱元璋對衛所制度非常滿意，一拍大腿，就是他了！當即發文全國推行。之後的200多年裡，儘管也曾與其他兵役制度相互補充，但軍衛制度為大明王朝軍事制度的基礎，為大明帝國的赫赫武功打下了堅實的基礎。

十四世紀什麼最貴？人才！

黎叔（電影《天下無賊》裡小偷集團頭目）說：「21世紀什麼最貴？人才！」這個道理古今一般同，從朱元璋的發家史和元帝國的敗家史，我們就可以看出，14世紀最寶貴的，也是人才。

不論是在創業期還是後來的守業期，朱元璋都如饑似渴地搜刮著人才。朱元璋這麼做有兩層心態，一方面，是希望人才能夠為我所用，另一方面，是不希望人才為別人所用，人才這個東西，在自己的麾下是塊寶，如果沒在自己的掌控下就是顆地雷，為什麼我們常說亂世出英雄？因為亂世人才的上升通道往往被堵塞，英雄只能在草莽間尋找自己的價值，而在太平盛世，人才都窩在政府機關裡喝茶看報紙，誰有那閒工夫去造反？

所以不管朱元璋的心態是出於尋寶的還是挖雷，他都要竭盡所能地把所有人才聚集到自己麾下。

一開始，朱元璋採用的方法是推薦制。讓人才引薦人才，或者讓人才自我推薦，李善長，葉兌、宋濂、劉基這些人都是被這麼挖過來的。

但這種做法略顯粗放，一來很難達到地毯式搜索的效果，二來難免泥沙俱下，而且導致屬下拉幫結派，只適合最初的發展階段。

等朱元璋家大業大的時候，他就開始考慮開科取士，用公務員考試的形式搜羅人才，既公平公正，又統一標準，而且不會有遺漏。

至於開科取士的具體執行環節，當仁不讓地落在前大元朝進士劉基身上。

開科取士這種做法並不新鮮，從隋朝就有，到宋朝發展出了一個小高峰。即使是在「十儒九丐」的元朝，都斷斷續續地開了幾場科舉考。

但是，當時的科舉考試還不成熟，每個朝代都有不同的科舉制度，比如唐代的科舉考試，科目非常駁雜，除了四書五經，還要考策論，甚至考詩詞，而且錄取率極低，幾乎是千軍萬馬走鋼索。而宋代為了把文人都養起來，科舉的錄取率極高，幾乎是個讀書人，腦子足夠好使，到最後都能考上，算是千軍萬馬過趙州橋，雖然給了很多寒門子弟出人頭地的機會，也導致了宋代冗官冗員，吃財政飯的人比納稅人還多的尷尬局面。

因此，劉基要創造的，是一個汲取前代教訓，吸收前代經驗的科舉制度，既要保證選出來的人的確是國家需要的人才，又要保證在錄取率上既不能讓考生寒心，又不讓官帽貶值，這些都是劉基面對的難點。

當然，這些都難不倒劉基，最後，劉基向朱元璋遞交了一份令他滿意的答卷。

劉基版科舉的具體細節已經不可考了，因為即使是在明朝的兩百年歷史中，科舉考試也是在不斷變化中的（看這三十年來大學基測的變遷就知道），不過我們可以知道的是，劉基版科舉比後來的培養書呆子的科舉考試要更加靈活，更加注重素質教育，因為在文化課考試之後，劉基還專門設置了騎馬、射箭、書法、數學和法律五門科目，凡是能夠通過這些考試的考生，必然都是些德智體美勞全面發展的好孩子，比起後來那些書呆子，不知道實用多少倍。可惜的是，發展到後來，除了武舉考試中還保留了騎、射，剩下的幾門考試全部被取消了。這直接導致了科考脫離了實際、脫離了社會。

至少在劉基的時代，朱元璋可以自豪地宣稱自己招入麾下的人才都是真正的實幹家。

當第一場科舉考試舉行的時候，看著考生魚貫進入考場，朱元璋心裡別提有多美了。

十、謀天下容易，謀己身難

朱重八，你變了

1368年秋，攻克北京的消息傳到南京，朱元璋正舒舒服服地坐在劉基為他精心打造的龍椅上，享受文武群臣畢恭畢敬的朝拜，心裡感慨萬千。

該擁有的我都已經擁有了，普天之下莫非我土，率土之濱莫非我臣，從一無所有的放牛娃到擁有一切的九五至尊，朱元璋還沒從夢幻般的人生跌宕中回過神來。

但一絲憂慮已經爬上他的心頭。一旦擁有就會害怕失去，佔有越多，恐懼就越多，當佔有了一切之後，朱元璋的恐懼已經無以復加。

他望向匍匐在腳下的群臣，這些人曾經都是忠誠的鷹犬，但瞬間也會變成齜牙的虎狼——必須在這一切發生之前，剪斷所有能夠威脅到自己的利爪。

只有最睿智的人才能感覺到，那一刻，朱元璋的眼神中已經透出刺骨的寒冷。

劉基感覺到了。

從朱元璋即位吳王的時候，劉基就感覺到了朱元璋的變化，那個曾經和李善長、宋濂徹夜長談，和徐達、常遇春推杯換盞，那個義氣深重，寧可人負我不願我負人的朱八不見了，取而代之的，是猜忌心重，疑神疑鬼，手段殘忍，城府深不見底的朱元璋。

劉基首先察覺到的，是朱元璋對李善長的態度變化。李善長主管後勤，一直以來低調務實，工作嚴謹負責，可是自從當上丞相之後，就開始飛揚跋扈起來，公然結黨營私，排斥異己，這些，都是朱元璋所忌諱的，所以朱元璋私下裡對他的態度已經不再那麼和善。

但劉基知道，就算李善長依舊低調，朱元璋的態度也不會比現在好很多。

因為朱元璋的偶像是劉邦。

瞭解劉邦的人都知道，劉邦的人生可以分成兩部分，當皇帝之前，他禮賢下士，寬厚待人，因此身邊聚集了一大批當時一流的人才，最優質的莫過於被稱為蜀中三傑的韓信、張良跟蕭何。

可是做了皇帝之後的劉邦，第一件事情就是翦除功臣。先是彭越和英布被誅殺，然後是蜀中三傑：韓信身死，蕭何入獄，張良出奔。

朱元璋文化程度低，但對劉邦的研究很透徹，並且一直以劉邦自比——說到底，這還是李善長當初教給他的。

既然朱元璋已經當了皇帝，那麼一直被比作當世蕭何的李善長，自然不可能有善終。而一直被比作當世張良的劉基，結局又能好得到哪兒去？

其實，即便是在蜜月期，劉基與朱元璋之間的關係也沒法像三國時的劉備和諸葛亮，這和他們二人的性格很有關係。朱元璋不如劉備的寬仁，卻跟曹操一樣喜歡猜忌，而劉基也缺少諸葛亮的委婉，卻和荀彧一樣剛直。

在創業階段，這些人民內部矛盾都可以內部處理，但隨著朱元璋軍事上的節節勝利，對劉基的態度也越來越傲慢。

劉基最早感覺到朱元璋對自己態度的變化是在1367年，那時剛剛平定張士誠，朱元璋和劉基、陶安討論奪取天下的大計。

劉基還是像以前一樣，知無不言言無不盡：「主公現在地盤越來越大，壯丁越來越多，差不多該北上收拾元朝了，腐朽的大元根本不是咱們的對手。」（天下可以席捲矣。）

陶安還沒來得及插話，朱元璋就開口反駁了：「地盤大，人口多，這沒什麼值得倚仗的，我這些年來之所以連連打勝仗，是因為我用兵謹慎，重視對手的緣故。（每臨小敵亦若大敵，故致勝。）元朝百足之蟲死而不僵，你怎麼能夠如此輕視他呢！」

這本來只是正常的討論，但朱元璋這種抬槓的態度和說話的語氣讓劉基有點不爽，他心想說你朱元璋明明是個賭徒，最重要的幾場戰役全是以小搏大的決死戰，除此之外，不管是馳援安豐還是圍剿陳友諒，還真沒看出你謹慎在哪兒。

當然，可以這麼想，卻不能這麼說，劉基又繼續堅持己見：「主公，具體問題要具體分析，現在咱們剛剛滅了張士誠，威震天下，北方那邊心慌得很呢，若是趁機長驅直入，誰敢來觸咱們的兵鋒？這就叫迅雷不及掩耳盜鈴啊！」（近滅張氏，彼聞而膽落，乘勝長驅，中原孰吾禦者，所謂迅雷不及掩耳。）

劉基說得很有道理，元王朝還沒從朱元璋的實力威懾中緩過神來，而朱元璋軍隊此時的士氣戰鬥力也正在巔峰狀態，這是北伐中原最好的戰機。

朱元璋不樂意了，又強詞奪理地反駁道：「你懂個雞毛！凡事要透過現象看本質你懂不懂！（深究事情，方知通變。）現在元朝幾大軍閥相互之間成犄角之勢，我們哪裡下得了手！不要動不動就跟我說什麼長驅直入，想要畢其功於一役，一口吃不成胖子你懂不懂！如果天下真的如你所說的那麼容易打，哪裡還輪得到咱們！（若謂天下可以徑取，他人先得之矣。）我們現在要做的是等待戰機，等到大元朝自己露出破綻，我們才進攻。」

末了，朱元璋還意猶未盡地補充了一句：「打仗要謹慎，不要太驕傲，驕兵必敗你懂不懂！」

沒法跟他溝通了。話說到這份上，朱元璋的情緒都開始激動起來，劉基自然不好繼續執拗下去，會場氣氛一度陷入尷尬。

最後，還是劉基率先告退，朱元璋揮揮手，也沒說什麼，就把劉基打發走了。

而最讓劉基鬱悶的是，沒過多久，朱元璋就召集全體謀士將領，討論如何趁著大破張士誠的兵威北伐中原，一個月後，徐達就帶著20萬大軍出征了——這一切，都是當初劉基謀劃卻被朱元璋否定的策略。

這還看不出門道來，那劉基乾脆別混了，很明顯，朱元璋已經厭倦了自己像個小學生一樣對劉基言聽計從，他開始故意抬槓，顯示自己的謀略水準不比劉基差。

這還不是最危險的，最危險的是，連朱元璋自己都發現，他的謀略水準就是比劉基差，他只能按照劉基謀劃的套路走。

能力比領導強不一定是壞事，只要領導足夠包容。可惜，劉基知道，朱元璋已經變了，如果說原先他的胸懷有海那麼寬闊，那麼現在也就只剩下鄱陽湖那麼大了。

這一變化正是來源於恐懼，當朱元璋擁有了權力之後，他開始對一切威脅到自己權力的人產生本能的恐懼。當恐懼填滿心頭，留給包容的胸懷自然所剩無幾。

隨著朱元璋權力的逐漸擴大，他的恐懼與日俱增，1368年，當朱元璋坐擁天下時，他已經不會再容忍劉基這樣功高蓋主的人存在了。

此時此刻，對於劉基來說，壞消息是，他在朱元璋眼中的地位，已經不再是當年那個無所不能的「劉先生」了。

不過好消息也是有的，那就是，他的主要對手李善長，在朱元璋眼裡也不再是那個親切、值得依靠的「李先生」了。

或許有人會奇怪，李善長和劉基什麼時候成為敵人的？這兩人一個管軍謀一個管後勤，似乎從來都是八竿子打不著，哪來的矛盾？

這一切，要從明初官場的權力鬥爭說起。

一匹來自淮西的狼

有人的地方就有江湖，有江湖的地方就有鬥爭，有鬥爭的地方就需要人跟人抱成團。

在大明王朝長期的政治鬥爭實踐中，逐漸形成了一個強大的政治團體，後人稱之為：淮西集團。

所謂淮西集團，其實就是淮西老鄉會。明朝官員都是來自天南海北，為什麼唯獨淮西集團坐大呢？

因為淮西老鄉會的名譽會長是朱元璋。

朱元璋是個重鄉土觀念的人，儘管手下猛將如雲謀士如雨，但是真正能夠得到他信任的，還是當初和他一起在淮西起家創業的原班人馬，比如李善長、常遇春、湯和、周德興等。

在這些人當中，李善長的功勞最大，建國後官職也最高，於是理所當然地成為了淮西老鄉會的執行會長。

在朱元璋的偏袒和李善長的積極運作下，朝廷幾乎成了淮人的天下，機要部門全部被淮人掌控，相互之間結黨營私，一時權傾朝野，以至於當時普通的官員甚至以說淮西方言為榮，說一口流利的淮西話比現在說一口流利的英語還管用。

而劉基是被排除在淮西集團之外的，因為他既不是淮人，也不是最早跟著朱元璋起兵的人，因此，在這場政治競跑中，劉基先天就輸在了起跑線上。

但劉基也不是省油的燈，他背後也有一個老鄉會——由朱元璋渡江後所招浙東儒生構成的浙東集團，主要成員就是劉基和章溢。

不過，浙東儒生本來就不是特別受朱元璋信任，再加上劉基一直以幕僚身分參與朱元璋集團的核心決策，地位高，身分卻不高，導致了浙東集團的凝聚力也不如淮西集團，相對而言更像個鬆散的共同體。

如果把淮西集團比作北約，浙東集團也就相當於非盟。

這種情況直到劉基擔任御史中丞，掌控御史台後才開始改觀。

前面說過，御史是一群不受制約的罵將，理論上他們可以找任何人的碴，罵任何人，戰鬥力極為強悍，劉基掌控了言官集團，等於掌控了「國之利器」，瞬間就從手無寸鐵的謀士變身為手握大殺器的恐怖份子。

有權不用，過期作廢。終於擁有了和淮西集團抗衡的資本，劉基怎麼會錯過，於是，在他的苦心經營下，將浙東集團與言官集團資源整合，一個強大到足以和淮西集團分庭抗禮的政治集團誕生了。

而朱元璋這個時候也已經有點不太喜歡李善長了，他雖然是淮西老鄉會的名譽會長，但現在全中國都是他的，他自然不能坐視淮西集團一家獨大，特別是淮西集團壟斷了相權，一旦李善長坐大，對皇權難免產生威脅。

這裡涉及到一個更深層次的矛盾：相權和皇權的矛盾。

理論上，皇帝是國家的最高統治者，但是皇帝本人的精力實在有限，再加上皇帝的品質本身也是良莠不齊，國家大事一個人根本管不過來，就需要有人來幫他打理。這個丞相——你可以理解成國家的管家。

很早以前，皇帝和丞相相處是很融洽的，因為那時候國家的事情本來就少，很容易分權。但隨著國家越來越大，機構越來越龐雜，皇帝發現他管不過來的事情越來越多，而這些皇帝管不過來的事情，則都成了丞相的權責，相權也就越來越大。

權力總量是守恆的，相權坐大，就意味著皇權旁落，歷史上許多皇帝都意識到這個問題，努力削減相權，但是鮮有成效——原因很簡單，一個幾十口人的大家族都得請個管家，有著幾千萬人口的國家怎麼可能不設丞相？這是客觀規律，沒有辦法的。

但朱元璋就是要人定勝天，打定了要跟延續三千年的相權死磕。

為了這個目的，他當然不能眼看著丞相李善長的勢力日益龐大，而劉基和浙東集團正是制約淮西集團的一顆棋子，因此，兩大集團明爭暗鬥，朱元璋很樂意搬把椅子看熱鬧。

李善長也逐漸感覺到了來自浙東集團的威脅。行軍打仗，他不如劉基，後勤保障，劉基不如他，但是要說起搞政治，兩個老狐狸正好棋逢對手，酒逢知己。

在這場你死我活的鬥爭中，劉基佔了先手，1368年5月，劉基率先下手了。

兩大集團的首輪對決

被劉基拉出來開刀的倒楣蛋叫李彬。

1368年5月，朱元璋去汴梁出差，臨走之前囑咐劉基一定要履行好檢查職責，凡是有貪官污吏全都抓出來，就算是宮裡的人，也不要手軟。（督察奸惡以肅輦轂，雖內府之事亦宜糾舉。）

受到朱元璋如此高度的信任，劉基自然要做出一點成績來，偏偏就在這個時間節點上，李善長的親信，丞相秘書（中書省都事）李彬東窗事發，被查出嚴重的經濟問題。

明朝初年雖然政治相對清明，但是用經濟問題去查當時的官員一樣一查一個準，這本來不是什麼大不了的問題，李彬倒楣就倒楣在偏偏在劉基要大幹一場的時候被捅了出來。

更重要的是，他還是淮西集團的內圍成員。

那還有什麼好客氣的，劉基大筆一揮，立刻向皇太子朱標彈劾李彬。朱標派人調查結果情況屬實，幾天後李彬被捕，經過一番沒有懸念的審問，最後判決：李彬論罪當斬。

李善長很生氣，打狗還要看主人，劉基擅作主張要殺李彬，分明就是在跟自己過不去，用一句電影台詞說就是：「劉基打的不是李彬的屁股，而是李善長的臉。」

李善長知道劉基的用意，因此他更要保住李彬，於是，他親自找到了劉基。動之以情，曉之以理，講道理，談條件——可劉基就是軟硬不吃。

一方面，劉基需要一個敲打淮西集團的機會，另一方面，他也的確痛恨貪官污吏，所以這件事情沒得商量。

李善長沒辦法，只能退而求其次，想把這個李彬的死刑拖到朱元璋回南京再執行。明朝執行死刑非常謹慎，必須要皇帝親自批准後才能上刑場，李善長的想法是希望用這段時間再活動活動，打點打點。

大事化小，小事化了的「拖」字訣是每一個政壇老油條的必修科目。

劉基當然明白李善長的想法，本著做事做絕的原則，劉基連夜派人送行給身在汴梁的朱元璋，把李彬的種種劣跡生動形象地講述給朱元璋。

朱元璋比劉基更恨貪官污吏，一看劉基的信氣得哇哇叫，當即做出最高指示：「殺！」

事情到了這個份上，李彬的腦袋已經離落地不遠了，李善長決定打出最後的底牌——他相信，這張牌一出，劉基必然無法招架。

原來，當時南京地區大旱，李善長正在準備祈雨工作，於是，他找到了劉基，說：「這個時候殺人，不祥！」

事實證明，玩這種把戲，李善長還太嫩——拿封建迷信說事兒，這可是劉基的專利。在劉基看來，李善長放棄自己擅長的政治鬥爭，卻要在封建迷信領域跟自己較量，這實在是班門弄斧。

劉基想都沒多想就回話說：「武王消滅紂王之後，年景立刻好起來了，衛國討伐了邢國之後，旱情立刻就緩解了——只要殺了李彬，老天必定下雨！」

李善長頓時沒話說了，在劉基這個老牌神棍面前，他甚至都不知道該怎麼反駁。

最後，李善長終於沒能保住李彬，第一回合，劉基勝。

但劉基沒有注意到，李彬腦袋落地的一瞬間，浮現在李善長嘴角那絲不易察覺的微笑。

李彬死了，劉基曾預言殺了李彬天就會下雨，許多人都相信劉基的預言，劉基無數次成功預報天氣，人們相信，這一次他也不會錯。

可問題是，即使氣象衛星預報出來的天氣都有不準的時候，更不用說劉基的純人力預報了，更何況，劉基的那番話其實是被李善長逼出來的，他根本沒有經過精確的推算。

因此，直到朱元璋回南京，傳說中的雨也沒有來。

這個時候，李善長出擊了，獰笑著使出了他真正的殺招。

他先是指示爪牙上書詆毀劉基，指責在這件事情上劉基巧借天意為己謀私，等火候差不多了，李善長親自上奏摺，彈劾劉基借助怪力亂神的那一套理論「執法專恣」。

李善長這一手太狠了。朱元璋並不在乎李彬的死活，但他在意的是有人專權。他扶植浙東集團的目的就是要制衡淮西集團，絕不希望劉基成為第二個權臣。

劉基瞬間陷入了被動，這個時候，除了見招拆招，他沒有更好的選擇了。

於是劉基立刻上書為自己辯解，申明自己並不是假借天命專權妄為。

那麼怎麼解釋殺了李彬天卻沒下雨呢？劉基說，這是因為我們做的好事還不夠，光殺李彬還不足以感動上天，想要感動上天，朱元璋還必須再做三件事。

哪三件？

第一、撤銷寡婦營。

第二、好生安葬在服徭役的時候死去的工人。

第三、恢復原張士誠部投降軍官自由民身分。

這三件事情需要解釋一下。

所謂寡婦營，是朱元璋本人出的主意，他要求把所有陣亡將士的遺孀全部集中在一個地方居住，終身不得接觸其他男人。朱元璋最初定下這條法令的用意是希望穩定軍心，讓將士們沒有後顧之憂地上前線賣命。但是，從人本主義的角度來看，這條法律對於陣亡軍人遺孀本人來說，是極度不人道的。

第二件事情好理解，第三件事情說的是打敗張士誠後，朱元璋實在太痛恨張士誠了，把他本人挫骨揚灰不夠，還下令把從張士誠那裡投降過來的軍官全部充軍，發配為奴。如今明軍還在和元軍殘部打仗，朱元璋的這種做法無疑是會喪失民心的。

可見，劉基提出的每一個要求都是針對朱元璋本人做出的錯誤決定，劉基早就想進諫朱元璋廢除這些苛政暴政，但一直沒找到機會說，正好趁此機會，打著求雨的名義跟朱元璋提個意見。

在這個與李善長鬥法的節骨眼上，劉基心裡居然還想著寡婦營的悲苦、役工的屍體和被發配為奴的東吳降將，這不是劉基政治上的幼稚，而是他人格上的高尚。

聽到這三件事，連李善長都懵了。劉基這不是自己找死嗎？且不說最後是不是真的會下雨，光提出這樣的要求，就足以讓朱元璋火冒三丈了。

朱元璋的確很生氣，他感覺劉基是在抽自己的耳光。但是在天氣預報這種事情上，他還是相信劉基的。

於是，他點頭同意了。

這下李善長可以確定，劉基死定了。

劉基也知道自己死定了。他已經習慣了用天氣預報，星象預測那一套做幌子來發表自己的軍事政治觀點，但這一次真的玩大了，他不確定自己能不能安全收場。

但有一點劉基可以肯定，即使最後這一招玩砸了，至少，他已經為國家為百姓做了三件實事了。這就值了。

很快，朱元璋簽發詔令完成了劉基的三個要求。這段時間，劉基除了請求老天破例下場雨，但老天卻依然晴空萬里。

一個月過去了，劉基預言中的雨還是沒有出現。那些對劉基寄予厚望的人紛紛搖頭嘆息，感慨劉基老矣，當初的神機妙算似乎過時，連老天爺都不買帳了。至於李善長則暗自得意，這一回合的較量，勝利屬於淮西集團，光榮屬於他李善長。

而朱元璋則陷入了無盡的憤怒中，他意識到自己被劉基騙了，擅長舉一反三觸類旁通的朱元璋甚至進一步意識到，劉基已經用他的那套神棍理論騙了自己很久了。

你可以侮辱我的人格，但不能侮辱我的智商。

朱元璋很生氣，後果很嚴重。

蜜月期，結束了

朱元璋的憤怒像當年龍灣的那場暴雨，來得迅猛，連傻子都能看出來，朱元璋已經很不爽劉基了。

朝臣之間再怎麼鬥，最後決定勝負的裁判還得是皇帝陛下，劉基之所以能跟淮西集團鬥法，說到底也是倚仗的朱元璋撐腰，無論如何，朱元璋這根粗大腿不能丟。

這時候，正好家中傳來消息，劉基的二夫人病逝。劉基決定趁此機會跑路，離開暴風雨的中心，既能化解朱元璋的憤怒，也能掩護浙東集團的主力。

於是，劉基向朱元璋遞交了辭職申請。正在憤怒中的朱元璋非常流於表面地挽留了一番，就讓劉基滾蛋了。

當然，劉基也不是笨蛋，他的主要目的是避禍，而不是真的歸隱，所以捲舖蓋之前，劉基在御史台安排了一顆小小的棋子：楊憲。

楊憲這個人之前露過幾次臉，參與修訂法律有他，舉報張昶也有他，但總體而言，這還只是一顆不起眼的棋子，可正是這粒棋子，為浙東集團的反撲打下了堅實的基礎。

這枚棋子還需要時間成長，在此之前，劉基只能韜光養晦。

1368年八月，劉基再次回到了闊別已久的家鄉。在回鄉的路上，劉基的心情低落到了極致。在官場上，想做點事情真的太難。劉基並不熱衷於玩弄政治，從年輕的時候開始，他就深深厭惡官場上的爾虞我詐。但是，為了能夠施展自己的抱負，甚至僅僅是為了生存下去，他又不得不一次次被捲入政治的漩渦中。

在戰場上遊刃有餘的劉基，再一次感覺到無能為力，就像回到了幾十年前的浙東和江西官場。二十八年前，他就是這樣心灰意懶地離開官場，在家宅了整整八年。

昨日重現。唯一不同的是，今日劉基的處境比二十八年前凶險無數倍。因為他同時得罪了朱元璋和李善長，作為帝國的一把手和二把手，這兩個人跺跺腳，亞歐板塊都能震三下。

所以，在家裡的這段時間，劉基秉承低調低調再低調的原則，不敢言功，但求避禍，每天早上睡到自然醒，午覺睡到半下午，要嘛就是在家裡喝悶酒，要嘛就是一個人出門短途旅行，要嘛就是坐在門口長吁短嘆。

在劉基辭職後創作的《老病嘆》很能表現出此時的心境：

我身衰朽百病加，年來六十眼已花。

……

有眼不視非我目，有齒不齧非我牙。

三黃苦心徒自療，五毒浣胃空矛戈。

……

不如閉戶謝客去，有酒且飲辭喧嘩。

六十多歲的劉基，十幾年的戎馬倥傯讓劉基落下了一身的病，再加上此刻官場失意，老年喪妻，再加上天威難測，每天提心吊膽的隱居生活，慢慢消磨了劉基的意志，也消磨了他的身體。

老子說過：「飄風不終朝，驟雨不終日。」狂風暴雨總有過去的時候。

很快，朱元璋十八級颱風般的憤怒慢慢消了，冷靜下來想想，劉基雖然騙過他，但主要目的還是為了公利而非私權，兩人畢竟同患難這麼多年，況且國家也確實離不開劉基。最重要的是，楊憲這枚棋子開始發揮作用了。

在楊憲的組織發動下，御史台的文官們對淮西集團發起了有組織有預謀的口水攻擊，不斷搜羅李善長等人的把柄，從貪污腐敗到欺男霸女，從無才無能到好吃懶做，凡是你能想到的罪名楊憲都用上了，凡是你想不到的，他也用上了。

朱元璋不蠢，他當然不會讓楊憲當槍使，理都懶得理他，但楊憲鍥而不捨，使出死纏爛打的功夫，時間一久，朱元璋真的經不住楊唐僧天天磨叨，對李善長的印象逐漸變得更壞了。所以，劉基在家裡待了不到三個月，三個月後，朱元璋下詔書，召劉基回南京，官復原職。

劉基早就過了喜怒形於色的年齡，收到詔書後並不是太激動，只是仔仔細細地把詔書讀了好幾遍。

詔書寫得很形式化，首先肯定了劉基在南征北戰中的功勞，然後讚揚了劉基在帝國草創階段所做的貢獻，最後，展望了一下群臣齊心，其利斷金的美好前景。

朱元璋的語氣非常正規，也恭敬，但是在恭敬的背後，劉基看到了兩人的生疏，特別是詔書中朱元璋再三強調，這封信不是找槍手代筆的，而是我自己寫的（言非儒造，實己誠之意），更是給人一種很刻意的感覺。

而且詔書中還有一句話：「我聽說，很多當年跟我打天下的人，因為有了異心，所以離我而去了。」（朕聞同患難而異心者，為輔。）這話與其說是褒獎，不如說是一種警告：你不來，就是有異心。

讀懂了朱元璋的詔書後，劉基輕輕嘆了一口氣。因為他知道，朱元璋和他的蜜月期，已經結束了。

前面的路，越來越難走了。

鳳陽不可都，王保保未可輕

1368年11月，跑路三個月的劉基再一次回到帝國權力的中心。但此時此刻，他一點都高興不起來，相反，他對自己的未來充滿了擔憂。

在回南京的路上，劉基就聽說朱元璋正在大肆徵集能工巧匠，因為第二年開年就建設中京鳳陽。

他不禁又嘆了一口氣。鳳陽是朱元璋的老家，雖然這座城市沒有給朱元璋帶來過任何快樂的回憶，但家鄉畢竟是家鄉，承載了朱元璋太多的思念。

而朱元璋表達鄉情的方式也很奇特：他打算把鳳陽建設為第二首都。中國古代一個國家往往有好幾個首都，比如漢朝就有西京長安和東京洛陽，到唐朝又加了個北都太原。明朝開國後也有兩個首都，一個是應天，也就是南京，一個是汴梁，稱為北京，而朱元璋則打算把鳳陽規劃成中京。

這個方案從一提出來就遭到劉基的激烈反對。

並不是每座城市都有資格被建設為首都的，中國有據可查的歷史長達四千多年，真正受到大家一致好評的首都城市也不會超過十個。

一座城市想要成為首都，首要條件是地勢險要。

首都是國家的心臟，神聖不可侵犯，不是誰想來就來想走就走的公共廁所。除了要足夠高的城牆足夠多的軍隊把守，最重要的是要有名山大川把門。這方面做得最好的首都莫過於長安，這座被秦嶺、崤山等大山包圍的城市，真如鐵桶金城一樣，只要內部不出亂子，基本很難被攻克。北臨燕山的北平，倚靠長江天險的南京在這方面做得都不錯。

另一個重要條件是交通要發達。京城裡養著一大群只吃飯不幹活的達官顯貴，還有全中國最能打仗，也就意味著最能吃飯的禁衛軍，同時還要儲藏大量戰略儲備物資，要吞吐來自全國各地甚至全世界各地的客人，沒有四通八達的道路網路是絕對搞不定的——這就是為什麼要條條大路通羅馬。

很明顯，在這兩個方面，鳳陽都沒有任何先天優勢。交通網絡還可以花大錢修官道，可是天險方面的不足根本無法彌補——鳳陽北邊的邱湖，蘆葦叢生，埋伏百萬大軍都不成問題，而鳳陽邊上的大山馬鞍山非但不能提供天險，還是一處絕佳的攻城制高點，若是在馬鞍山頭架一門襄陽炮，整個鳳陽城你想砸哪兒砸哪兒，想砸誰砸誰。

所以，劉基堅決反對定都鳳陽，在他三個月前離開南京的時候，還以離別贈言的形式送給朱元璋一句話：「鳳陽雖帝鄉，非建都地也。」——這一次，劉基倒沒拿風水星象鬼神這一套來糊弄朱元璋，反正這套把戲也已經過時了。

但很明顯，朱元璋根本沒有把劉基的勸諫當回事。此時的朱元璋，已經不是當年那個對他言聽計從的朱重八了。

最後，朱元璋終於意識到鳳陽不適合建都，不過那已經是1375年的事情了，建設了六年之久的中都鳳陽就這樣變成了一堆爛尾工程。

除了鳳陽不可都之外，離開南京之前劉基還送給了朱元璋另一句離別贈言：王保保未可輕。

王保保，又名擴廓帖木兒，他的父親是漢人，姓王，他的母親是元末名將察罕帖木兒的姐姐。是不是覺得這個名字很耳熟？對，察罕帖木兒就是《倚天屠龍記》女主角趙敏的父親，所以王保保是趙敏的表哥。

所以說，如果張無忌最後娶了趙敏，那麼王保保就是朱元璋的老上司的大舅子。

在《倚天屠龍記》裡，王保保連個便當都沒領到，但是在元末的風雲際會中，他卻是天字第一號牛人。

有多牛？根據《明史》記載，有一天朱元璋大宴眾將領時突然問道：「大家覺得誰是天下第一奇男子？」眾人想都不想就回答：「那還用說，肯定是常遇春啊，這小子帶著不到萬把人，就敢在敵人的腹地橫行霸道，簡直無敵了。」朱元璋卻笑著說：「常遇春雖然是個豪傑，但是我能收服他，而王保保我卻徹底無法收降他，這個人，堪稱天下第一奇男子啊。」

連敵人都對他佩服萬分，做人做到這份上也值了。當時民間凡是碰到有人在吹自己多牛，就會上去譏諷一句：「到西邊拿得王保保來耶。」意思就是：「哥們兒，挺牛逼唄，有本事去西邊把王保保給我抓來呀。」被嘲諷的那人立刻啞口無言。

作為大元王朝最後的名將，王保保一直是朱元璋最忌憚的心結，所以當初制定北伐計畫的時候都刻意避開了王保保所統轄的區域。

拿下北京之後，朱元璋不得不和王保保硬碰硬了。

由於元順帝的瞎指揮，王保保的發揮一直不太穩定，1368年3月和閏七月，徐達兩次與王保保會戰，都是大獲全勝。戰敗的王保保集結主力割據太原，一邊舔舐傷口，一邊虎視中原。

這下，朱元璋信心大增，當初自我標榜的謹慎不見了蹤影，積極主張直取太原，防止王保保逃竄到北方沙漠中。

這個時候，劉基正要離職，走之前，他甩給朱元璋一句話：「王保保未可輕。」要謹慎行事，絕不能輕視王保保。

跟「鳳陽不可都」一樣，朱元璋把這句話拋在了腦後，1372年，徐達大軍以藍玉為先鋒，大軍進入山西境內，與王保保決戰。

名將之所以稱之為名將，就在於能夠審時度勢，做出在當前局勢下最有利於自己的戰略決策。在分析了敵我雙方的力量後，王保保果斷決定：放棄山西根據地，在內蒙古北部設下伏擊圈，用伏擊戰消滅明軍。

為了讓魚大膽地上鉤，王保保在雁門關和土剌河設計了兩次規模浩大的佯敗。

藍玉果然上鉤了，帶領先鋒部隊一路狂追，一直追到伏擊圈邊。

藍玉鼻子靈光，嗅出了一絲陰謀的味道，於是決定等徐達的大軍到齊之後再進攻。

不怕你來，怕你不來！王保保早就在等徐達的大軍，他像一個狡猾的獵人一樣，注視著即將步入自己陷阱的獵物。

五月，徐達的大軍終於到齊了。與藍玉的謹慎相反，徐達被一直以來的勝利沖昏了頭腦，毫不猶豫地向著王保保發起了總攻。

終於來了。我從太原一路狂奔到大漠深處，等的就是這一天。王保保獰笑著揮動令旗。早已等待地不耐煩得蒙古騎兵從山區殺出，帶著這些年來的屈辱，怒吼著衝向明軍。前方是讓他們無家可歸，四處流離的中原大軍，後方就是蒙古帝國的龍興之地，他們再也沒有退路，只有決一死戰。成吉思汗的血液在他們的體內沸騰，在這一刻，偉大的蒙古鐵騎又重新偉大起來，像一把利刃刺入了明軍的咽喉。

戰場瞬間變成了屠宰場，傲慢的明軍從千里追蹤的獵人變成了等待宰割的獵物。

明軍被突如其來的反撲驚呆了，自從北伐之後，他們從來沒有見過這麼生猛的蒙古大軍，沒有見過這麼狡猾的將領。當蒙古人的彎刀掃過自己的頸部大動脈，很多人都還圓睜著驚恐的雙眼——但他們再也沒有機會閉上。

直到1375年王保保死去的那一天，許多人都還保留著對他的恐懼。

這是朱元璋一生以來最大的敗仗，一直到1397年，一想起這場戰役朱元璋的心還隱隱作痛，後悔沒有聽信劉基之言。在寫給自己兒子的一封信裡，他這樣說道：「我打了一輩子仗，從來沒有輸得這麼慘過，這都是因為用兵太輕敵冒進的原因啊。」

現在才知道後悔，早幹嘛去了。

「鳳陽不可都，王保保未可輕。」劉基臨走之前送給朱元璋的臨別贈言沒有一句引起朱元璋的重視。

1368年的秋天，朱元璋已經不再重視劉基的計謀，正如他不再重視劉基本人。這個時候回到南京，等待劉基的，是更加莫測的前途。

最後的宿敵：胡惟庸登場

劉基回到南京之前，李善長已經被楊憲罵得灰頭土臉了，更重要的是，在朱元璋心裡的天平上，他已經慢慢輸給了劉基。等到劉基王者歸來重新掌控御史台，淮西集團已經全面處於劣勢。李善長這才發現劉基的高明所在。

像他和劉基這樣身分的人，就算掐架也要顧及自己的形象和影響，友誼第一，比賽第二。只有楊憲這樣無所顧忌的小輩，才會死纏爛打，王八拳撩陰腳齊上陣，揪頭髮吐口水咬耳朵無所不用其極。

劉基這種關門放狗，讓楊憲打前鋒自己坐鎮後方運籌帷幄的手段，高，實在是高。

在第二輪交鋒中被全面壓倒的李善長，決定也推出一個代理人跟楊憲死磕。

他選中了胡惟庸。

這是噩夢的開始，在劉基人生的最後幾年裡，胡惟庸這個名字像個揮之不去的夢魘，把他一步步逼入絕境。

胡惟庸，安徽定遠人，也是朱元璋的淮西老鄉。從資歷來算，他也算是老紅軍了，1353 年朱元璋還在和州創業的時候胡惟庸就追隨朱元璋，陪著朱元璋住地下室，泡速食麵了。

然而，作為一個元老，胡惟庸在革命年代混得相當失敗，非常對得起他名字裡的那個「庸」字。

這段時間，他先是在朱元璋的總裁辦公室當通訊員（元帥府奏差），然後改行成為人體麥克風（宣使），接著又分配到寧國當秘書（主簿），又相繼當了一段時間縣長（知縣）和分管副市長（通判），最後終於熬到了科長級別（僉事），事業總算稍微有了點起色。

等到朱元璋自封吳王，胡惟庸終於熬出頭，熬成了國家慶典大司儀（太常寺卿）。

說到底這依然是個清水衙門裡的芝麻綠豆官，但對於胡惟庸來說，似乎已經是職業生涯的頂峰了。

總之，當朱元璋正在和陳友諒、張士誠生死搏殺的時候，胡惟庸彷彿身處這部歷史大片中的鏡頭外，存在感連給龍套演員分盒飯的小弟都不如。

如果不是機緣巧合地捲入了淮西集團和浙東集團的鬥爭漩渦，胡惟庸也就這樣平平淡淡熬到退休了——這對於胡惟庸來說，未必是件壞事。

可惜歷史不容假設，李善長看中了胡惟庸。

在李善長的保舉下，胡惟庸像坐上了直升飛機一樣一路飆升，從一個清水衙門，瞬間飛升到了帝國權力核心：國務院副總理（中書省參知政事）。

還沒來得及坐熱屁股，李善長從台前退到了幕後，1370年，而胡惟庸突然之間就成國務院第二總理（中書右丞），一個月後，又被任命為國務院第一總理（中書左丞——明朝以左為尊，左丞的地位比右丞高）。

出將入相，幾乎就在一夜之間。

如此令人瞠目結舌的升遷速度，自然離不開李善長的高效運作，而胡惟庸升官的速度也決定了他在中書省內根基淺薄，獨木難支——李善長依然是淮西集團的影子首領。

李善長用這種方式來確保自己能夠牢牢地把胡惟庸這顆棋子攥在手裡。對抗浙東集團是胡惟庸這顆棋子唯一的使命。

可惜，事態的發展逐漸超出了李善長掌控範圍。胡惟庸不是個庸人，相反，他的野心遠遠超過了李善長的想像。

一個平庸了半輩子的人，不一定就是一個自甘平庸的人。

很快，胡惟庸就失控了，他用一種絕妙的方式擺脫了李善長的控制：他小心翼翼地迎合朱元璋，討好朱元璋，最後取代了李善長成為朱元璋眼中的淮人NO.1。

胡惟庸甩開了二老闆直接撲向大老闆的懷抱，有了朱元璋的認可，還要李善長幹嘛？前浪李善長偷雞不成蝕把米，被後浪胡惟庸拍死在了沙灘上，黯然退出了權力的舞臺。

胡惟庸終於獨自佇立在了權力舞臺的巔峰。

然後，被權力迷醉的胡惟庸終於也犯了一個他無數前輩犯過無數次的錯誤：他開始飛揚跋扈，目中無人。

跋扈到什麼地步？他可以不經皇帝私自執行死刑。

朝廷內外各官署呈上來的密封奏章，他比朱元璋先看到，而且凡是他不想朱元璋看到的內容，朱元璋就真的看不到。

各地急著升官的人以及失去官職的功臣武將，都爭著託他的關係，送給他的金帛、名馬、珍玩，多得數不過來。

權力欲望膨脹的胡惟庸甚至連開國元勳、大將軍徐達都不放在眼裡，徐達憎恨他的奸邪，他居然引誘徐達的守門人福壽企圖謀殺徐達。

到1377年（這時候劉基已經死了兩年），胡惟庸的癲狂達到了頂峰。

上天欲使其滅亡，必先使其瘋狂。

也正是從這一年開始，朱元璋對胡惟庸的態度變了。他不再寵倖胡惟庸，一步步地削弱中書省的權力。這個時候，胡惟庸就像嗑了藥一樣嗨到天上，根本就沒有感覺到危險即將降臨。

直到1380年，屠刀落下，山巔崩塌，胡惟庸被朱元璋以謀反的罪名誅殺。

同時被牽連誅殺的，還有三萬餘人，李善長也不幸包括在內。

這就是明初四大案之首的「胡惟庸案」。

1368年的李善長不會想到，他和劉基之間的爭鬥，居然會引出如此大的動盪，牽連如此多的冤魂。

1368年，李善長只想利用胡惟庸對浙東集團發動反擊。

1368年的胡惟庸也沒有想到自己將來會以這樣的方式在明朝歷史上留下濃墨重彩的一筆，當時他的想法還很單純：聽李善長的話，跟浙東集團死磕。

與此同時，朱元璋也放棄了裁判身分，穿上球鞋親自加入了這場博弈中，只是在朱元璋眼裡，沒有浙東集團和淮西集團，在他對手欄上只有兩個字：功臣。

十一、神機軍師與厚黑教主的不對稱博弈

當年情分還剩多少

回到南京之後，朱元璋對劉基的態度還是很親密的，至少從表面上來看如此。

劉基年紀大了，生活不便，又剛剛經歷喪妻之痛，朱元璋便賜給他一名侍妾。這本來是件挺好的事，但除了照顧劉基生活起居之外，她還有一個任務：替朱元璋「貼身」監視劉基。

即便明知道這是朱元璋安插在自己臥室裡的耳目，劉基也不敢拒絕，甚至不敢把她當作侍妾，而是一直以正房妻子的禮儀相待，恭恭敬敬，禮讓有加。

越是在朱元璋眼皮底下，越要把戲份做足。

不過，這位章氏夫人人還是滿好的，又細心，又溫柔，人又長得漂亮，還是為劉基的晚年生活平添了許多生氣。兩人夫妻感情也不錯，章氏還為劉基生了兩個女兒。

沒過多久，朱元璋發給劉基的第二項福利也下來了。

十一月二十九日，朱元璋連下五個文件，分別追封了劉基家族的五位成員。劉基的爺爺劉庭槐，被封為「中奉大夫、參知政事、護軍、永嘉郡公」，祖母梁氏被封為「永嘉郡夫人」。

劉基的父親劉爚，被封為「資善大夫、御史中丞、上護軍、永嘉郡公」，母親富氏被封為「永嘉郡夫人」。

最後，劉基的妻子富氏也被封為「永嘉郡夫人」。

「郡公」屬於公爵級別，除了「國公」和王爵之外，就沒有比他更高的爵位了。和諧，非常和諧。似乎，朱元璋並沒有忘了當年的情分，沒有忘記劉基的功勞。

但是且慢，朱元璋的封賜中似乎少了一個人——沒錯，就是劉基本人。

劉爺爺劉奶奶劉爸爸劉媽媽，連劉夫人都授予爵位了，卻唯獨沒有劉基。其實朱元璋倒沒有忘記劉基，誥書下發後沒幾天，朱元璋就召劉基入宮，告訴劉基，他「打算」也封劉基為公爵。

這一手玩得太流於表面了。這種事情哪裡用得著提前徵求本人的意見？更何況當時冊封劉氏家族其他人的時候，也沒人問過劉基啊。

聰明如劉基，怎麼可能看不出來朱元璋的意思。這時候的他已經成了驚弓之鳥，別說朱元璋只是試探他，就算真的要封他公爵，他也不敢接受啊。

當下，劉基誠惶誠恐，堅決不敢接受爵位：「陛下您的天下是上天白給的，我哪有什麼功勞，怎麼敢接受這麼高的爵位！您讓我能夠讓我的父親祖父獲得這樣的榮耀，我已經很知足了！」

說完，「咚咚咚」磕頭如搗蒜。

看到劉基的表現，朱元璋臉上的表情舒展開了。他最怕的就是手下的功臣居功自傲，野心勃勃。而劉基無疑是功勞最大的一個，而如今劉基的態度，讓他很滿意。

朱元璋親切地扶起了劉基，又裝模作樣誇讚了劉基的功勞，劉基當然還是連稱不敢，把功勞推得一乾二淨，恨不得把自己說成吃啥啥不剩，幹嘛嘛不成的草包。

最後，會談在友好和諧的氣氛中勝利閉幕，應劉基的「強烈要求」，朱元璋「收回」了給劉基封爵的承諾。

這一輪考試，劉基有驚無險地及格了。

劉基明白，他和朱元璋之間已經沒有什麼情分可言了，他當年為朱元璋所做的一切，現在反倒成了嫉恨的源頭，朱元璋越惦記著他當年立下的汗馬功勞，對劉基來說就越威脅。

劉基只能夠更加小心謹慎，「戰戰兢兢，如臨深淵，如履薄冰」，這十二個字最貼切地概括了劉基當時的心境。

走錯一步成殺局

劉基一身冷汗地走在萬丈懸崖邊，李善長的日子也不好過，他已經被瘋狗楊憲咬得奄奄一息，最重要的是，朱元璋已經不愛他了。

在帝國的權力棋局上，李善長和劉基走到了死角，舉著棋子滿頭大汗，猶豫著不敢落子。這種僵持還會繼續下去，直到有一天，朱元璋迫不及待地從裁判席跳進了棋台，一屁股撅開李善長，坐到了劉基對面。

他必須要確定一件事情：劉基到底是不是他權力的威脅。很遺憾的是，朱元璋心裡其實已經有了自己的答案。

這一局，朱元璋先落子，卻是虛晃一槍：「伯溫啊，這個李善長真是越來越不像話了，太不把我放在眼裡了，這樣下去還得了啊。」

劉基不知道朱元璋的殺招隱藏在哪裡，只能先小心翼翼地應對著。

「李善長是咱們的開國元老，能力很強的，而且，他很會團結革命群眾，是個好領導。」

朱元璋看劉基沒有接招，心說你個滑頭，乾脆跟你挑明了。

於是朱元璋惡狠狠地擺下一粒棋子，直取劉基命門。

「我聽說李善長三番五次要害你，你居然還能替他說好話，我看你的器量足以做宰相！」

這話一出口，劉基只覺得殺氣撲面而來——要不要那麼直接啊！才兩個回合就下殺手，存心想弄死我是吧。

劉基當然不能坐以待斃，只得使出保命絕招。

「陛下，您聽我給您打個比方哈，比如大殿要換根柱子，咱是不是得先找根大木頭，如果隨便找根小木材支著，房子不塌才怪。所以，就算您想換丞相，首先也要先找到賢才。天下那麼大，肯定能找到的，至於說我，也就是個二流貨色，實在是扛不起大樑啊。」

劉基又一次把自己埋汰得一無是處，表示自己非但沒有覬覦過權力，而且根本不敢居功自豪，是個典型的自卑男。

朱元璋對劉基的回答還是滿意的，臉上的殺氣慢慢化解了。劉基長出了一口氣。

在跟朱元璋的對決中，能保住命就是勝利。第一回合，劉基慘勝。

而李善長被朱元璋當槍使了一回，顯得很無辜，不過幸運的是，劉基當時忙於自保，無力去落井下石。

經過短暫的中場休息，第二回合開始了。

在中場休息的這段時間，李善長已經離職了，朱元璋需要確定一個宰相的人選，於是他再次找劉基論相。

這一局還是朱元璋先手，不過單刀直入：

「伯溫，你覺得讓楊憲做宰相，如何？」

一開局就是殺氣騰騰！要知道楊憲是劉基的親信，浙東集團的主力幹將，這個如果問題處理不好，後果很嚴重。

劉基只能更加小心地應對：「陛下，楊憲這個人雖然有才，但是沒有器量，一個能夠當宰相的人必須要一碗水端平，用義理來權衡事情，而楊憲沒有這個氣度。」

劉基的回答很客觀，既沒有偏袒楊憲，也沒有急著和楊憲撇清關係，他對楊憲的評價，本來就是朱元璋早就有定論的內容。

「嗯。」朱元璋點點頭，又落下了第二枚棋子。「那汪廣洋這個人能當宰相嗎？」

汪廣洋是獨立於淮西集團和浙東集團之外的中立派，和劉基的關係不大，劉基略一沉吟，回答道：「汪廣洋這個人更加不能一碗水端平，比楊憲還不如。」

「那胡惟庸呢？」

朱元璋落子不停，劉基應對逐漸上了手。

「胡惟庸像一匹駑馬，倒不是說不能拉車，但是一不小心就會把車拉進溝裡。」

應該說劉基的品評還是非常到位的，而且也沒露出什麼破綻，朱元璋臉上露出了微笑。

朱元璋的表情感染了劉基，他以為這一局差不多也該結束了，鬆了一口氣，神經不再緊繃了。氣氛頓時輕鬆起來，朱元璋看似又漫不經心地擺下一顆棋子——這一次，劉基沒有發現，這才是朱元璋真正的撒手鐧：「的確，朕的那些宰相人選，沒有能夠比得上先生你啊。」

又來了又來了，劉基對這種把戲都不耐煩了，順口回道：「我不行，我這個人太嫉惡如仇，又不喜歡做繁瑣的事情，實在是不適合當丞相的，天下這麼大，陛下您就慢慢挑吧，總有合適的。」

話才出口，一道無聲的驚雷閃過朱元璋頭頂。

「嫉惡如仇？」感情你給我提意見，還跟李善長作對是嫉惡如仇？那麼誰是惡！誰是仇！朱元璋的臉色慢慢變了，劉基卻還沉浸在一身輕鬆中，意猶未盡地補充了一句更要命的話：

「照我看來，陛下剛才說的那些人，沒有人適合當丞相的。」

沒有人適合？難道你適合？

落子無悔，覆水難收。劉基這番話一出口，就再也沒有挽回的餘地。朱元璋終於套出了他想要的那句話。儘管劉基是所有功臣中表現最低調的人，但是這句話一出口，朱元璋相信，劉基和李善長、徐達、藍玉一樣，野心勃勃，時刻威脅著他的權力寶座。

朱元璋還是照例沒有聽劉基的，楊憲、汪廣洋、胡惟庸相繼當上了丞相，而最後的結果是楊憲身死，汪廣洋碌碌無為，胡惟庸被誅殺九族——正如劉基所料，這幾個人根本不適合當丞相。

但這些都已經不重要了，重要的是，劉基已經被朱元璋列入了清理名單中。

一步走錯，萬劫不復

在這風雨飄搖的環境下，劉基又苦熬了一年。老天似乎還嫌劉基的日子不夠苦逼，1370年六月十五日，又讓劉基陷入了新的困境，

咊！你這個叛徒

這事兒都怪元順帝妥歡帖木兒，因為那年四月，這位老哥死了。

妥歡帖木兒的一生是悲催的一生，他其實沒做過什麼壞事，也就稍微貪玩了點兒，腦子稍微笨了點，但跟昏君暴君都還沾不上邊。這哥們兒就是運氣太差，出生在不該出生的時代，遇到了不該遇到的人。

但是妥歡帖木兒跟劉基似乎是八竿子打不著的兩個人，他死了，跟劉基倒楣有什麼關係呢？

原來，六月份，妥歡帖木兒之死的消息傳到南京，大家當然很高興，紛紛上表祝賀——雖然這事兒聽起來挺不地道的。

結果一祝賀就祝賀出問題來了。

六月十五日，一個叫劉炳的御史按照慣例也上書祝賀，誰知道朱元璋突然下詔，說：「你

本來不是元朝的臣子嗎？現在你前老闆死了，你有什麼資格慶賀的？」

然後，他立刻下令：「以後北方的捷報傳來，所有在元朝當過官的人通通不能慶賀！」

這道命令一下，可太傷人自尊了。

要知道，忠誠在中國一直是個敏感的話題，雖然也有人說：「良禽擇木而棲，良臣擇主而事。」但畢竟主流價值觀還是一女不事二夫、忠臣死節那一套，投降派多多少少會被看不起。

清朝乾隆皇帝還專門修了一部《貳臣傳》，把所有從明朝投降過來的臣子都稱作貳臣，其中還包括祖大壽、洪承疇這種走投無路才投降，還為清朝立下赫赫戰功的老將。

朱元璋的命令，等於是人為畫了一個圈，把曾經在元朝當過官的人都劃在圈外，釘在貳臣的恥辱柱上。

事實上，當時整個明朝朝廷，也就淮西集團的成分相對純潔，而浙東集團的成分最不純潔，或多或少和元王朝有些「舊情」。

而這些人中，最引人注目的莫過於劉基了。

雖然劉基在元朝只當了個綠豆芝麻官，但是在大明朝的朝廷上，身為御史中丞的劉基官至最高，一時間，所有目光都掃在了劉基的老臉上。

真是無事家中坐，禍從天上來。元順帝死了，為什麼倒楣的人是我？

劉基感到前所未有的屈辱。當年朱元璋來請他的時候，他也糾結過要不要背叛元王朝，經不起朱元璋的再三邀請他才決定不糾結了。現在打完天下了，用不著這些「貳臣」了，朱元璋卻把臉一翻，指著劉基的鼻子罵：呔！你這個叛徒！

這不是典型的過河拆橋嗎？要看不起我們這些貳臣，有種當年就別用我們啊！

當然，這些話劉基肯定不會說，他現在已經如履薄冰了，又遇到了這樣一場飛來橫禍，他必須趕緊想辦法脫離眼前的困局。

五天後，在一次朝臣會議上，朱元璋突然說：「大家來聊一聊元王朝為什麼會滅亡吧。」

這本來是一個普通的君臣座談話題，但劉基感覺到，讓自己擺脫尷尬身分的機會來了，於是，立刻上前發表了一番長篇大論：

自古以來，蠻夷都是不可能長期統治中華的，但是元朝居然賴在中國的土地上幾百年，一股子羊騷氣，連老天都厭惡了。（而元以胡人入主華夏幾百年，腥膻之俗，天實厭之。）更何況元朝皇帝都是一群廢物渣渣，老百姓都快餓死了，這樣的朝代怎麼可能不完蛋？

給元朝定性完了之後，劉基開始拍馬屁：

陛下您順應天道，非但不殺人，還把老百姓從水深火熱中救出來，當然能夠所向無敵，怎麼可能不得天下呢！

說完這番話，劉基偷偷觀察朱元璋的臉色。

這段話的玄機在於，劉基巧妙地嵌入了一個資訊：元朝是蠻夷，明朝是華夏正統。在確立了這個「華夷之辨」的理論基礎後，劉基的身分就不再是貳臣，而是一個毅然拋棄蠻夷投入到華夏民族復興大業中的進步青年了。

劉基這段話有水準，可惜，卻沒有戳中朱元璋的痛點。

朱元璋的臉色一點沒變，只是平淡地點評道：「其實，元王朝不是被我滅掉的，在我起兵之前，元王朝已經被自己搞垮了，我只是順勢擊敗了各地的逆賊，接收了天下正統。」

這個離經叛道的觀點讓劉基倒吸一口冷氣，如果按照朱元璋的邏輯，那麼元朝就是和秦漢唐宋一樣的正統王朝，那麼自己「臣事二朝」的身分就被坐實了。

可能是怕劉基等人沒有深刻領會自己的意思，朱元璋又加了一句話：

如果元王朝的臣子能夠忠心耿耿地為元朝做事，團結一致掃滅叛亂，又怎麼會崩潰呢？

直到這個時候，劉基才明白，現在的朱元璋，已經坐到了和元朝皇帝一樣的位子上，而他的訴求和元朝皇帝也是一樣的：他希望所有人都能忠誠於他。

如果因為元朝腐敗，因為元朝是蠻夷就可以心安理得地背叛元朝，那麼有一天，是不是也可以因為某些理由心安理得地背叛大明朝，背叛朱元璋呢？

摸透了這個心思之後，劉基不再說話了，因為他無話可說。

屁股決定腦袋，坐什麼位置說什麼話，坐在皇帝寶座上的朱元璋不會原諒任何背叛，不管背叛的理由是什麼，背叛的對象是誰。

貳臣的身分，會被永遠烙刻在劉基的額頭上。

可以說，這場風波並不是針對劉基的，但是對劉基的打擊卻是巨大的。

現在的劉基，是朱元璋心目中的野心家，是群臣眼中的反骨仔，當然，更是胡惟庸的眼中釘肉中刺。

離身敗名裂就只有一步之遙。

失控的棋子

處在風口浪尖的劉基很想平平安安地熬過最後幾年，但是樹欲靜而風不止，就在這個當口，他的親信楊憲出事了。

前面說過，楊憲是劉基佈下的一枚棋子，但和另一枚棋子胡惟庸一樣，楊憲也有一顆騷動的心，他不甘心做棋子，而是想自己主導棋局。

比起胡惟庸來，楊憲在大革命時期的簡歷很不一般。

楊憲雖然是浙東集團的骨幹成員，但他的籍貫是山西太原。此人1356年投奔朱元璋幕府，因為心思縝密，辦事謹慎，所以經常以外交使節的身分被派遣出使張士誠、方國珍，很得朱元璋的信任，慢慢地，他從一名普通幕僚成長為「檢校」的領導成員。

所謂「檢校」，是大革命時期朱元璋直屬的特務組織，大名鼎鼎的錦衣衛就是這個組織發展而來的。換句話說，楊憲是朱元璋手下的特務頭子。

作為一名特務，楊憲深受朱元璋器重，1367年，朱元璋打敗大敵張士誠，隨即就將其地盤改稱浙東行省，派外甥李文忠擔任行省右丞，總管軍務，而楊憲則被任命為屬官隨行輔佐。

說是輔佐，其實楊憲在浙江行省的主要工作是監視李文忠——自從1363年親侄子朱文正試圖叛變，朱元璋再也不信任任何人了。

沒過多久，楊憲就向朱元璋提供了一個有價值的情報：李文忠不聽他的話，擅自任用儒士屠性、孫履、許元、王天錫、王檣等人干預公事。

這些儒生之前都曾或多或少跟張士誠有些關係，雖然如今名義上隸屬了朱元璋，但對這些人，朱元璋卻始終不大放心。一聽到楊憲的報告，他立刻派人把這五個人押解進京，結果屠性、孫履被殺，其餘三個人則發配充軍。

在這麼短的時間內楊憲就把李文忠人事任免的詳細情況摸得門清，可見作為一個情報人員，他確實是合格的。

楊憲在情報戰線上另一個傲人的戰績是曾經截獲了張昶企圖叛逃北元的情報，及時舉報了他，挫敗了張昶的陰謀。

前面提到過，劉基一直懷疑張昶腳踩兩條船，很不爽，可惜又扳不倒他，因此楊憲也算是幫了劉基一個大忙。

被劉基提拔為御史中丞後，楊憲更是利用自己的特務背景，發揮自己業務專長，把李善長搞得灰頭土臉。

朱元璋對楊憲的戰鬥力也看在眼裡，很想用他來制約李善長的勢力，所以劉基從老家回南京後不久，楊憲就被提拔為中書省參知政事。就是從這時候開始，楊憲這枚棋子逐漸失控，他已經忘了自己幾斤幾兩，把眼睛盯上了帝國權力的巔峰：丞相。

這是一個連劉基都不敢覬覦的位置。

在參知政事任上，楊憲攻擊李善長更加肆無忌憚，如果說原先作為在御史台的彈劾還有道有理有根據，那麼這會兒的楊憲已經徹底胡搞蠻纏起來，甚至多次叫囂「李善長無大才，不堪為相」。

不管是朱元璋還是劉基，支持楊憲進入中書省的最初動機都是為了制衡李善長。可是楊憲做得實在太過火了，論治國才能，一百個楊憲也比上李善長，面對楊憲的指手畫腳，朱元璋很下不了臺。

「這個蠢貨。」朱元璋暗自心想。

「老弟，過頭了！」劉基暗自著急。

最後，還是李善長主動告病退休，離開了中書左丞的位置，楊憲如願以償被提拔為中書右丞。

當上中書右丞後的楊憲更加囂張無忌，短短的時間內他廢黜了一大批中書省的舊官吏，在機要位置上大量安排自己的親信，妄圖控制中書省，大權獨攬。

但是朱元璋對此很不滿意，又提拔德高望重的汪廣洋為中書左丞，用來壓制楊憲。

要說朱元璋也挺不容易的，一天到晚盡為用誰去制衡誰這種破事兒煩心，經常前腳壓制了老虎，後腳忠犬就變身惡狼了。

可惜特務出身的楊憲根本不把名士出身的汪廣洋放在眼裡，該怎麼囂張還怎麼囂張，汪廣洋的存在度幾乎為零。最後，楊憲居然上書彈劾汪廣洋，而理由竟然是汪廣洋沒有照顧好他老媽。

朱元璋對汪廣洋失望透頂，正好藉著這個理由，把他發配到海南島度假去了。

這是1370年七月，楊憲終於如願以償地問鼎帝國權力的巔峰：中書左丞。

也就是在這個時候，藉由李善長的運作，胡惟庸是被任命為中書右丞。在胡惟庸上臺之前，李善長曾語重心長地對胡惟庸說過一句話：「如果讓楊憲當政，那麼我們淮人就很難做大官了。」胡惟庸點頭，心知肚明。

汪廣洋是溫順的綿羊，楊憲是好鬥的山羊，但胡惟庸一隻嗜血的狐狸，狐狸一上臺就對山羊露出了尖銳的牙齒。

當時楊憲正在處理一起科考舞弊案，主犯恰好是他的外甥。

在古代科考作弊是非常嚴重的事情。輕則幫你解決吃飯問題——關進牢裡吃牢飯，重則幫你解決就業問題——發配到邊關當兵。最嚴重的直接一刀喀嚓掉，讓你玩完了。

朱元璋不知道主犯是楊憲的外甥，所以沒有申請相關利益人迴避，其他人就算知道，誰敢吱聲？整個審判過程全是楊憲一個人的表演，竭盡全力包庇問題，最後雖然還是把自己外甥判了刑，但已經輕得不能再輕。

胡惟庸正愁沒機會整楊憲呢，誰知他自己就往刀口上撞，搜集到證據後，立刻向朱元璋告發了此事。

本來朱元璋就很痛恨官員徇私舞弊，再加上他對楊憲的印象糟糕到極點，一看胡惟庸的奏摺，立刻火冒三丈，削了楊憲的官職，把他從天上直接拖進了天牢。

這件事情對劉基的震撼也不小，雖然這事兒跟他一毛錢關係都沒有，但畢竟楊憲是他的親信，城門失火殃及池魚，在這個敏感的節骨眼上，還是謹慎為妙。

所以劉基當場決定：棄卒保車。關鍵的時刻要捨得棄子，更何況是一枚失控的棋子。

於是在楊憲出事的第二天，劉基的奏摺也送到了朱元璋的案臺上，都是關於楊憲平時如何野心勃勃，如何大權獨攬的斑斑劣跡。

這份奏摺的主要作用，就是表明自己的態度：楊憲的野心，與我無關。

1370年八月，楊憲伏誅，他在中書左丞的位子上，只坐了短短一個月，在大明政壇上，他就像一顆流星，瞬間隕落，連痕跡都沒有留下。

至此，中書省被胡惟庸徹底掌控。繼徐達、李善長、汪廣洋、楊憲後，胡惟庸終於登上了丞相的寶座。成為大明帝國第五位丞相，也是中國歷史上最後一位丞相。

而劉基更加勢單力薄，更加戰戰兢兢，更加如履薄冰，這位六十多歲的老人，這位在戰場中從未被擊敗的朱明王朝首席謀主，在權力的戰場上再次被擊敗了，他知道自己已經無力回天，承受不起任何波折了。

爵位越低越安全

1370年十月，劉基又得到了一個職銜：弘文館學士。

弘文館成立於這一年的年初，當時北方已經平定，元順帝有多遠跑多遠，再也威脅不了中原地區，和平年代眼看著就要到來了，為了有效開展大明朝精神文明建設，朱元璋設立了弘文館。

弘文館最早是在唐朝設立的，當時聚集了杜如晦、房玄齡、于志寧、陸德明、孔穎達、虞世南等一大批天下名士，堪稱唐代文化的熔爐，儘管規模不太大，但在這裡集聚和造就了一批人才，為貞觀之治和開元盛世輸送了一大批文治人才。

致力於開創盛世的朱元璋也打算效仿李世民，連名字都不改就把唐弘文館照搬過來，成立之初以胡鉉為學士，接著，又任命劉基和危素、王本中、睢稼等人兼任學士職銜。

剛開始的時候，弘文館還是很受重視的，比如弘文館學士危素就受到「賜小車，免朝謁」的禮遇。劉基也正是在弘文館學士的任期上，進一步發展和完善了明代的科舉制度。

不過，朱元璋也是三分鐘熱度，根本不像李世民那樣重視弘文館。沒過多久，這個機構就被裁撤了，直到朱元璋的太孫子朱瞻基當了皇帝才重建。

可見，對於劉基來說，弘文館學士這個職位也不過是個略顯尊榮的閒職而已，並不能說明朱元璋又開始重視他了。

真正能夠說明朱元璋對劉基態度的，是當年11月的封爵。

1370年11月，奉命北伐的徐達和李文忠班師回朝，元順帝死了，北元王庭被拆遷到大漠深處去了，無論如何也算一場幾百年來未有的大凱旋，於是，朱元璋舉辦了一次隆重的慶功宴，在慶功會上，朱元璋發表重要講話，他指出，大明公司的創業階段已經結束，現在正式進入了守業發展階段，為了表彰弟兄們的功勞，也為了兌現當年「跟著我有肉吃」的諾言，為在座的諸位加官進爵！

朱元璋聲音未落，慶功會上響起了經久不息的掌聲——大家等這一天等了好久了。沒過多久，封爵名單就下來了，大家都扯著脖子，在上面尋找自己的名字。

排在榜首的是六位公爵，分別是：韓國公李善長、魏國公徐達、曹國公李文忠、宋國公馮勝、衛國公鄧愈、鄭國公常茂（常遇春的兒子）。

為什麼被授予鄭國公的是常遇春的兒子而不是常遇春本人？因為常遇春已經在1369年病逝了，享年四十歲。真是天妒英才。

緊接著是二十八位侯爵，分別是：德慶侯廖永忠、南雄侯趙庸、營陽侯楊璟、臨川侯胡美、江陰侯吳良、長興侯耿炳文、武定侯郭英、淮安侯華雲龍、東平侯韓政、安襄侯仇成、鳳翔侯張龍、安陸侯吳復、東川侯胡海、航海侯張赫、廣德侯華高、濟寧侯顧時、靖海侯吳禎、永成侯薛顯、鞏昌侯郭興、臨江侯陳德、六安侯王志、汝南侯梅思祖、宣德侯金朝興、延安侯唐勝宗、吉安侯陸仲亨、平涼侯費聚、河南侯陸聚榮、陽侯鄭遇春、宜春侯黃彬、靖寧侯葉升、永嘉侯朱亮祖、江夏侯周德興、定遠侯王弼、南安侯俞通源、越巂侯俞通淵、宣寧侯曹良臣、永平侯謝成、崇山侯李新、景川侯曹震、鶴慶侯張翼、會寧侯張溫、普定侯陳桓、舳艫侯朱壽、懷遠侯曹興。

比起公爵榜，侯爵榜上打醬油的人就多起來了，雖然在那個時代他們也都是叱吒風雲的英雄人物，但是經過四百年歷史的大浪淘沙，他們中的絕大多數都淪為了路人甲。

無論如何，大明朝的開國風雲人物基本上都在這裡了。

且慢，似乎還少了一個人！

沒錯，就是本傳的傳主劉基——劉基三叉神經都看痛了，也沒找到自己的名字，敢情這份名單就沒自己什麼事兒。

太欺負人了。

雖然大革命時期劉基一直以幕僚謀士的身分參與朱元璋的軍機決策，沒有獨立完成過類似於北伐中原、死守洪都之類的軍事項目，沒有可以量化的業績，但李善長也是文人啊，憑什麼他是公爵第一，而劉基連個侯爵都名列孫山？

連隔壁鄰居家的阿姨都知道朱元璋在跟劉基過不去。

直到二十多天後，伯爵的名單也下來了。劉基終於找到了自己的名字：誠意伯劉基，除他之外還有一個人：忠勤伯汪廣洋。

這對難兄難弟尷尬地對望一眼：原來你也在這裡。

楊憲死後，汪廣洋結束了海南的旅行生活又回到了南京，雖然官復原職了，但畢竟理論上是個有前科的官員了，所以對於自己的爵位，汪廣洋沒什麼意見。

但過分的是汪廣洋的爵位排名還在劉基的前面！連薪資都比劉基高。36位功臣當中，工資最高的李善長有4000多石，就屬劉基的工資最低，只有240石。而且別人的爵位可以當遺產留給兒子，只有劉基的誠意伯是一次性的，用完作廢。

這不存心讓人難看嗎？

為什麼大明王朝的股份大派送當中，劉基得到的如此之少呢？

一個重要原因當然是因為朱元璋和劉基的關係已經變得越來越微妙。

但是有人說了，朱元璋不也很不爽李善長了嗎？為什麼李善長還是公爵第一，劉基卻成了伯爵老么？

原因很簡單：李善長是淮西人，是朱元璋的老鄉，是朱元璋早期創業團隊的成員，而且李善長雖然跋扈，但在表面上卻還處處順著自己。而劉基是浙東人，是元王朝的舊臣，而且太過於耿直，凡事都跟自己作對，尤其求雨這件事情上，更是深深傷害了朱元璋的感情。

說白了，在家鄉觀念濃厚的朱元璋眼裡，李善長是自己人，劉基是外人。在帝王觀念濃厚的朱元璋眼裡，李善長是乖孩子，劉基是刺兒頭。

因此比起李善長，朱元璋更不喜歡劉基。

不過對於劉基來說，這件事情並沒有讓他感覺太沮喪，多年輔弼佐謀，劉基對朱元璋的心態有深刻的瞭解。朱元璋最擔心大權旁落，對勳高爵顯者提防尤甚，因此劉基相信，功勞越小、爵位越低，反而越安全。

所以，甚至不排除劉基主動要求降低封爵的可能性，因為大封功臣之前，朱元璋曾召劉基的好友宋濂來商量封爵的具體操作事項，幾乎採納了宋濂的全部建議，因此劉基想要讓自己爵位低一點的想法不難實現。

第二年，朱元璋又在南京雞鳴山上建了功臣廟，功臣廟裡八十幾位功臣，依然沒有劉基的份兒。

但是如果今天去看，我們會發現，被排在功臣廟裡的八十餘位功臣，最後善終的不超過十個。

可見劉基的低調策略，至少從出發點上是正確的。

功勞越大，爵位越高，危險就越大。

可惜的是，從邏輯學的角度來講，這個真命題的否命題（功勞不大，爵位不高，危險就小）不一定為真。

尤其是遇到朱元璋這樣的領導。

劉基太瞭解朱元璋了，在建國之初，他就曾經預測大明王朝會有「三十年殺運」，到時候，功臣名單上的人一個都跑不了。

離開，必須離開，在「殺運」來臨之前，躲得越遠越好！

十二、人間萬事西風過，唯有滄江日夜流

無可奈何的「山中宰相」

1370年年底，於是劉基再一次告老還鄉，朱元璋也沒有再強求。

第二年正月，劉基正式從南京出發回老家青田。臨行前朱元璋送劉基一首詩——《贈劉基》：

妙策良才建朕都，亡吳滅漢顯英謨。
不居鳳閣調金鼎，卻入雲山煉雲爐。
事業堪同商四老，功勞卑賤管夷吾。
先生此去歸何處，朝入青山暮泛湖。

在這首詩中，朱元璋對劉基的功業評價非常高，也流露出了依依不捨的心境。

畢竟劉基曾經在他最困難的時候來到他身邊，跟他一起熬過了那段朝不保夕的歲月，從1358年劉基出山，到1368年天下一統，整整十年，十年間可以發生很多事情，陌生人可以變成朋友，朋友可以變成仇人，連仇人都可以重新變回陌生人。

十年之前，我不認識你，你不屬於我，我們還是一樣為著不同的理想而奮鬥。十年之後，我們是君臣，還可以問候，只是再也找不到信任的理由。

劉基走了，離開了他自己建造的南京城，頭也不回。2月24號，他重新回到了老家青田，柴門依舊，彷彿他從來沒有離開過。

和1368年回家避風頭那次不同，這一次，劉基是鐵了心要做隱士，兩耳不聞天下事，只求當個日出而作日入而息的草民，安度晚年。

但朱元璋還是沒有忘記劉基，經常隔三差五送信過來，主要是討論國家法律制度並諮詢一些封建迷信類的問題。

比如朱元璋有一次寫信給劉基，說今年秋天，天上嗡嗡作響，而太陽中也出現了兩三處黑子，連著好多天都這樣了，這是個什麼徵兆呢？

對於這種信，劉基也只能回信說些「今國威已立，宜少濟以寬」之類的話，一邊不能讓朱元璋不開心，一邊又不能讓自己顯得很諂媚。

在劉基隱居的幾年裡，這樣的書信來往很多，在國事上，朱元璋依然仰仗著劉基，而劉基也小心翼翼地提出自己的意見，兩人的關係讓人聯想到南梁的「山中宰相」陶弘景。

可惜劉基的日子比陶弘景無奈多了，見識了高調的楊憲是怎麼死的之後，劉基更加低調，上次回家還出去旅個遊開個派對，現在連家門都不敢出了，完全淪為了宅男。

變身宅男的劉基尤其害怕見生人。有人的地方就有是非，他再也不想招惹任何是非了。

更何況，劉基現在有一個不懷好意的敵人：胡惟庸。誰知道他會見的某個客人裡面，有沒有胡惟庸派來套話的密探？

那就乾脆誰都不見。

可是劉基這些年畢竟聲名在外，擁有龐大的粉絲團，尤其是在青田這種小地方，誰不想找他簽個名兒啊。

於是前來拜訪的人絡繹不絕，被拒絕了也鍥而不捨，青田知縣做得最絕，心想你不願見士大夫，那我就打扮成老農來見你！果然，劉基當時正在洗腳，一聽有個老農找他，以為是田間地頭的某個老鄉，就沒在意，讓他進來了。

知縣一見劉基，立刻脫去偽裝：「哈哈，終於見到您了，其實我的真實身分是——青田縣令！」

知縣本以為劉基會為他的機智哈哈大笑，結果令他震驚的事情發生了：劉基一瞬間變得畏畏縮縮，起身便拜：「知縣大人駕到，小民有失遠迎，罪該萬死！罪該萬死！」

知縣被搞懵了，堂堂開國元老，御史中丞居然對自己如此卑躬屈膝，知縣一時間手足無措。

接著，劉基找了個藉口把知縣大人送出了家門口，然後就再也不肯見他了。

劉基的小心謹慎到了這個地步！

這還不夠，從1371年開始，劉基一反當年剛正不阿的性格，開始學會了大張旗鼓地拍馬屁。2月4日回到家的當天，他就寫了一封《謝恩表》讓兒子親手呈交給朱元璋謝恩。在這封信裡，劉基把朱元璋吹得天花亂墜，簡直是三皇五帝給他提鞋都不配，然後又把自己貶得一無是處，簡直給山野村夫提鞋都不配。

然後，劉基做出一副誠惶誠恐的樣子，感謝朱元璋讓他能夠告老還鄉，還給他發工資讓他不餓死。

這封信寫得實在是讓人不忍卒讀，但讓人不忍卒讀的還在後頭。

同年四月，明軍掃除了南方的最後一個釘子戶：盤踞四川的大夏國。這個消息傳到青田後，劉基知道，拍馬屁的機會又來了，於是連夜碼字，趕出了一篇《平西蜀頌》，還是讓自己的兒子親手送到南京，進獻給朱元璋。

這篇文章很長，就不全文列舉，光看個序文第一句就會發現，其馬屁之響，在劉基的創作史上絕無僅有：

臣劉基沐浴皇恩這麼久，實在無法報答陛下，這次遠遠聽到來自四川的捷報，我簡直樂瘋了，都忘了自己姓什麼了。（歡喜踴躍，不能自已。）於是就寫了這篇《平西蜀頌》，即使不能寫出陛下您萬分之一的聖明，至少也滿足一下我就像向日葵嚮往太陽一樣崇拜陛下您的心境吧！

曾經運籌帷幄的頭腦，卻用來構思這樣的文章，本應用來輕搖羽扇的手，卻用來寫下這樣的文字。當時劉基的心情該有多麼黯然！

可是，即便劉基已經如此小心謹慎，如此曲意逢迎，禍事卻還是降臨到了他頭上。

胡惟庸的致命一擊

在離劉基老家青田十五公里的地方有一個小村子，名字叫「談洋」。這個村子坐落在處州、溫州和福建三地的交界處，是個典型的三不管地區，平時奶奶不疼爺爺不愛，出了事兒也是山陰不管會稽不收，所以三個地區的犯罪分子都喜歡往這邊跑，談洋幾乎成了罪犯的天堂。

在1371年辭職的時候，劉基就跟朱元璋建議要在談洋設立巡檢司，把三不管地區管起來。朱元璋覺得有道理，就按劉基所說辦了。

那時候的劉基已經心灰意懶，要不是談洋離自己家鄉太近，他甚至都不會提這種建議。但是他沒有想到的是，這簡簡單單的建議，卻給他埋下了禍根。

問題不在於建議本身，而是他提建議的方式。理論上這種事情是國務院（中書省）的職責範圍，而劉基繞過中書省直接跟皇帝提建議，那不是狗拿耗子，多管閒事嗎？

中書省的官員非常生氣。

幸運的是，當時中書左丞胡惟庸剛剛鬥死了楊憲，現在正在跟從海南旅遊回來的汪廣洋較勁兒，沒工夫理劉基。

這事兒咱先寄著。

就這樣，劉基回家了，過了幾年低調得不能再低調的日子。

直到1373年，劉基聽說談洋巡檢司並沒有讓這個地方安定下來，反而有個叫周廣三的私鹽販子在那塊地方造反了。

在太平盛世有人造反，地方官吃不了得兜著走。所以當地官員很默契地閉上了嘴，沒有人把這件事情捅上去。

劉基可是經歷過浙江平叛的人，方國珍等人的事蹟還歷歷在目，怎麼能容忍有人在自己家門口造反？

這件事關係到家鄉的安危，劉基必須破一次例，不能繼續當宅男了。於是，他再次讓自己的兒子給南京的朱元璋送信，這次可不是阿諛奉承的文章了，而是向他報告談洋叛亂的實情。

或許是和朱元璋直接溝通的次數太多了，劉基再一次忘記，這件事情的管轄權在中書省。

此時此刻的中書省，汪廣洋鬥敗，已經捲鋪蓋回家了，中書省只剩下胡惟庸一人獨大，能騰出手來對付劉基了。

一想到劉基三番五次蔑視中書省，聽說他當年論相的時候還說我沒有宰相的器量，他還指使瘋狗一樣的楊憲咬我們淮西人……新仇舊恨湧上心頭，胡惟庸氣得咬碎鋼牙，哇哇直叫。

一定要教訓這個老東西！

可是從何下手才能弄死這個老東西呢？劉基辭職回家的那幾年實在太低調了，一般人根本抓不住把柄。不過他胡惟庸是一般二般人嗎？他立刻想到了劉基之前繞過中書省建議在談洋設巡檢司這件事情，一絲奸詐的笑容浮上嘴角。

這種事情也能置劉基於死地？別人不能，胡惟庸能。確定計畫之後，他立刻指示刑部尚書吳雲沐上書彈劾劉基（現在胡惟庸早就鹹魚翻身，從被人指示的棋子升級成指示別人的棋手了），彈劾的主題令人匪夷所思：劉基侵佔王氣之地！

在胡惟庸的故事裡，劉基幾年前之所以要在談洋設立巡檢司，是因為他早就看中了這塊有王氣的風水寶地，想給自己做墓地。但是劉基又不敢用暴力強拆的方式搶地，怕老百姓會被激怒，於是就故意讓朱元璋在那裡設立巡檢司來鎮壓百姓。

結果沒有能夠鎮壓住，劉基搶地的行為激起了民憤，終於引發了武裝暴動。

談洋設司，周廣三叛亂，這兩個風馬牛不相及的故事居然能夠被胡惟庸編輯在一起，他不去搞小說創作真是明朝文壇的一大損失！

不過，在胡惟庸的故事裡，真正的重點不是劉基搶地，也不是激起民變，而是「王氣」。

給自己找一塊風水好的墓地是理所當然的，可是找一塊有王氣的墓地……後面的話胡惟庸就不用說下去了，朱元璋自然就明白了。

這個故事主角如果是其他人還好說，但偏偏劉基最擅長的就是遁甲五行、風水星象，這些也正是朱元璋一直相信的東西。

胡惟庸的故事雖然荒誕，但劉基根本找不到理由去反駁，因為他比任何人都更懂奇門風水之學，面對他的任何解釋，對手都會拋出一句：「反正我們也不懂，你怎麼說就怎麼是唄。」這個時候，劉基還能說什麼？

他打死都想不到，最後會栽在自己最擅長的領域裡。在戰場上，劉基擅長從敵人強大的背後找出薄弱點，而在政壇上，胡惟庸卻擅長把敵人的強大變成弱點。

高，實在是高。

果然，這份奏摺擊中了朱元璋心中的痛點，他幾乎就相信了。

但朱元璋畢竟是政壇老狐狸，比胡惟庸更聰明，他沒有立刻處置劉基，而是下令，停發劉基的退休金。

這是一個很令人費解的反應，停發退休金的處分落實，就說明朱元璋已經推定劉基有罪，但劉基的罪名又實在不是停發退休金就能夠處罰得了的。

這是一種警告？還是一種開恩？

胡惟庸不知道，劉基也不知道。但劉基唯一知道的是，他的人生已經走到了最危難的關口，生，或者死，他只有最後一個辦法來挽救自己。

最後的絕地反擊

劉基的應對策略是主動出擊。

朱元璋已經猜忌他了，今天可以罰走退休金，明天就可以摘走項上人頭，甚至可能整個家族的性命不保。

劉基不願意就地等死，他當即決定：離開青田，奔赴南京。

他知道胡惟庸奈何不了他，真正決定他生死的是朱元璋。既然朱元璋擔心他要造反，那麼他就乾脆每天在朱元璋的眼皮底子下待著。

當年離開南京是為了避禍，可是現在，劉基只能再次回到南京，如果這個時候不反擊，他的死期指日可待。

見到朱元璋之後，劉基沒有做任何辯駁，只是伏在地上痛哭流涕，大聲責備自己。

劉基一點都不敢為自己辯駁，他知道，真理有時候不是越辯越明的，解釋很多時候會被當成掩飾的，特別是朱元璋都罰了他的退休金了，他要是說自己沒錯，那不等於說朱元璋錯了？

朱元璋本來對這件事情也是將信將疑，否則就不會只罰他的退休金了，現在看劉基的態度，又想到反正在自己的眼皮底子下劉基也掀不起什麼風浪來，終於擺擺手，這事兒就算揭過去了。

劉基滿頭虛汗地走出皇宮，這是他一生中遇到的最大的危機，雖然已經被化解了，但誰知道下一次、下下次還能不能躲過去。不怕賊偷就怕賊惦記，劉基被朱元璋和胡惟庸兩個大老惦記著，總有一天會著了他們的道兒。

接下來的日子，劉基只能老老實實待在南京城裡，此時此刻，他的心境是淒涼而落寞的，在此期間，他寫了一首《尉遲杯．水仙花》，充分表明了他的心情：

凌波步。怨赤鯉、不與傳緘素。
空將淚滴珠璣，脈脈含情無語。
瑤台路永。環佩冷、江皋荻花雨。
把清魂、化作孤英，滿懷幽恨誰訴？
長夜送月迎風，多應被、彤闈紫殿人妒。
三島鯨濤迷天地，歡會處、都成間阻。
淒涼對、冰壺玉井，又還怕、祁寒凋翠羽。
盼瀟湘、鳳杳篁枯，賞心惟有青女。

多麼落寞的人才能寫出這樣才詞句？

可落寞歸落寞，劉基表面上絲毫不敢表現出來。雖然他現在已經是個「閒散官員」，但每天早朝依然一絲不苟地去打卡簽到，一分鐘都不敢遲到早退，只要一有機會，就會利用自己的文筆寫些歌功頌德的應景文章。

總之，不求有功，但求別讓人抓到把柄。

可就是這麼著，劉基還是被朱元璋找機會好好羞辱了一頓。

1373年八月，正好遇到祭祀孔子的典禮，當時胡惟庸和劉基因故沒有參加，不過作為「應到人員」，還是分到了祭祀的胙肉。

但就是這一條肉乾，讓朱元璋心裡很不舒服，他發了一條詔書：「劉基！你身為孔門弟子，祭孔這麼大的事情居然敢翹班？你是想給天下的讀書人做表率嗎！」緊接著，就罰了劉基半個月的退休金。

可憐劉基剛恢復領退休金沒多久，又被扣走了。更讓人不爽的是，同樣曠職的胡惟庸，卻連口頭批評都沒有收到。

不公平，太不公平了。可是劉基又能怎麼辦。算了，想扣我退休金，就扣吧，只要能夠給我全家人留下領退休金的命就成了。

進入1374年後，劉基預測的「三十年殺運」即將臨近，朝堂之上的白色恐怖越來越濃，昔日朝中的權貴動不動就被當庭打屁股（廷杖），甚至流放、誅殺。就連一直被稱為謙謙君子的宋濂都沒能逃脫朱元璋的猜忌。

有一次，宋濂在家裡請客吃飯，朱元璋居然派人監視他，第二天又專門把宋濂找來，問他有沒有喝酒，請了哪些人，炒了什麼菜？宋濂流著冷汗據實回答，毫無疑問，只要他說的有一句和事實不符，那麼劉基的今天就是宋濂的明天。

在這樣的大環境下，劉基只能更加謹慎，像隻受驚兔子一樣，一步三回頭。這樣的日子，劉基熬了一年多，他心中的鬱結是常人無法想像的。劉基本來年紀就大了，在這樣的心情之下，他的身體更加糟糕，用他自己的話說，是「鬢髮已白過太半，齒落十三四，左手頑不掉，耳聵，足蹣跚不能趨」。

到1375年的正月，劉基終於病倒了。

生得傳奇，死得離奇

1375年正月初一劉基還好好的，早朝簽到回來，饒有興致地寫了一首詩：

枝上鳴報嚶早春，御溝波澹碧龍鱗。
旗常影動千官肅，環佩聲來萬國賓。
若乳露從霄漢落，非煙雲抱翠華新。
從臣才俊俱楊馬，白首無能愧老身。

誰曾想，這首《乙卯歲首早朝奉天殿柬翰林大本堂諸友》竟成了他的絕筆詩——幾天之後，劉基就病了。

他得的是「風露之疾」，也就是感冒。對於年老體衰的劉基來說，感冒可不是小病，沒多久，小病就變成了大病，很快劉基就臥床不起，沒法去上早朝了。

得知劉基的病情後，朱元璋派了一個人來看劉基。

這個人是胡惟庸。

胡惟庸把劉基整得那麼狠，兩人仇深似海，本來探病這種事情也就走個形式罷了，但讓劉基不安的是，這次胡惟庸卻格外熱情。

他還帶了一個醫生過來，據說是個名醫。

在胡惟庸的強烈要求下，劉基讓名醫把了脈，然後名醫給劉基開了一帖藥。

胡惟庸的藥劉基敢吃嗎？可是話又說回來，胡惟庸是朱元璋派來的，胡惟庸的藥就是朱元璋的藥，換句話說，胡惟庸的藥劉基不敢吃，可是朱元璋的藥，劉基敢不吃？

胡惟庸的藥果然很有效果，具體表現在劉基服下之後病沒有減輕，反而覺得腹部產生了一個腫塊，摸起來硬邦邦的，而且呈越來越硬的趨勢。

劉基很不安，無論是誰肚子裡長了一坨奇怪的東西都不會太淡定，於是他上書把自己的這個情況跟朱元璋磨叨了一下，但是朱元璋不知何故，沒有理他。

沒過幾天，劉基就被病痛折磨得奄奄一息了。

他再一次向朱元璋提出了回家的申請。朱元璋看劉基半條腿都伸進棺材裡了，諒他也掀不起什麼風浪，終於沒有再為難他，准許了。

1375年，劉基收到了朱元璋下發的文件《御賜歸老青田詔書》，准許他告老還鄉。

劉基一生收到過無數詔書，但這份詔書的口氣無疑是最冷漠的。

詔書的開場白是「君子絕交，惡言不出，忠臣去國，不潔其名」，一副冷冰冰的面孔。在這份詔書裡，朱元璋也不再稱呼劉基為先生，而是一口一個「爾劉基」，不睦之情躍然紙上。

但劉基已經不在乎，他只想回到家，死在自家的床上，親人的身邊。

二月十四日，這是1375年的情人節，劉基告別了曾經的好哥們朱元璋，最後一次踏上了回家的道路。

回到家後，劉基又苦苦撐了一個多月，終於感覺到了來自另一個世界的召喚。劉基的家人知道劉基快不行了，聚集在床邊，聽他的臨終遺言。

即使在彌留之際，劉基心裡想的還是國家社稷，他打起最後的精神，口述了一份遺表：「治理國家，一定要一張一弛，寬猛相濟，而現在這個時候，已經應該修德政了，另外，南京周圍那些險要的軍事要塞，一定要和南京城連成一片互為犄角，不可懈怠。」

寫完之後，劉基讓自己的次子劉璟把遺表收起來，說：「胡惟庸這個人遲早會完蛋的，等他完蛋了，陛下一定會想起我，到時候，再把這份遺表給他。」

接著，劉基又把自己這一生關於天文、數術、兵法方面的著作手稿全部交給長子劉璉，等到自己發喪後再呈交給朱元璋，並且特別囑咐，劉氏家族的後裔絕對不能夠學習這些知識。

在太平年代，除了亂臣賊子，沒有人會需要這些知識。

安排完了後事，劉基用盡最後的力氣貪婪地打量著這個世界，1311年七月一日，剛出生的劉基也曾這樣打量過世界，只是那時候的眼神，是多麼清澈。

大明朝洪武八年，西元1375年4月16日，劉基永遠地閉上了眼睛，享年六十五歲。

值得一提的，北元的王保保也死於這一年。

大元帝國的末代名將和大明帝國的開國謀士在同一年離開了這個世界，標誌著一個時代落下了帷幕。

而另一個時代已經降臨。

就在劉基逝世後不久，朱元璋正式向功臣舉起了屠刀，藍玉、胡惟庸、李善長、馮勝、傅友德、汪廣洋……一個個顯赫的名字全都成了刀下亡魂，南京城被殺戮的恐怖所籠罩。

劉基預言中的三十年殺運，終於開啟了。

可以說，劉基是幸運的，他和李善長，和胡惟庸，和朱元璋鬥了這麼多年，至少他保住了自己的名爵，保住了自己的家族，比起當年那些飛揚跋扈，如今卻人頭落地，家破人亡的對手們，劉基晚年的隱忍，值了。

隨著越來越多功臣的腦袋落地，朱元璋感覺到越發疲憊，越發寂寞。他又重新開始想念劉基，畢竟在所有功臣中，劉基是最低調，對他威脅最小的。

於是，在劉基死後，他得到了生前所沒有能夠得到的尊榮。1390年，朱元璋授予劉基的子孫們世襲誠意伯的權力，同時把薪資福利從240石增加到500石。

即使在朱元璋駕崩後，劉基的平反工作依然在繼續。1513年，正德皇帝朱厚照再加封劉基，追贈他為太師，諡號文成。1351年，嘉靖皇帝朱厚熜把劉基的靈位請進皇家祠堂，和徐達等開國功臣並處一室。

作為那個時代最偉大的謀略大師、數術大師，同時作為偉大的軍事家、政治家、文學家，作為能與呂尚、張良、諸葛亮並稱的傳奇智者，劉基當之無愧這樣的殊榮。

劉基的登仙之路

劉基的人生到此已經落下帷幕，但劉伯溫的傳說卻還留在江湖，並且越傳越廣，越傳越離譜，直到天書一出，誰與爭鋒，曾經的劉伯溫渡劫成功，飛升仙界。

那麼，劉基究竟是怎樣從一個深謀遠慮的策士、政治家，華麗變身為神通廣大，法力無邊的神棍、陰陽家劉伯溫的？

下面，讓我們一起走進科學，走進劉伯溫的修真世界。

劉基的升仙之路可以分為三個過程：築基、元嬰和渡劫，共計修煉了六百年之久。

第一個過程「築基期」是由劉基獨立完成的。

在1358年投奔朱元璋之前，劉基從來沒有過裝神弄鬼的經歷，雖然他從小讀過很多天文、星象、算命、看八字這類封建迷信速成指南書，但他也是看著玩，根本沒指望靠這些餬口，年輕的時候自己打方國珍也好，跟著石抹宜孫剿匪也好，從來沒見他使用過超自然的力量。

但是跟了朱元璋之後就不一樣了，開口閉口都是日月星象、天人感應那一套，跟個神棍一樣。

難道是1358年劉基獨自進山撿到修真秘笈了？

當然不可能，根本原因在於，朱元璋相信這些玩意兒，而劉基也發現，只要把自己的謀略用神棍理論一包裝，被朱元璋採納的機率會高無數倍。

於是，他開始有意營造自己的神棍形象，一個良家儒生，就這樣活活給變成江湖術士了。

其實不光是劉基，把自己偽裝成神棍是當時朱元璋謀士中風行一時的潮流，劉基是演得最逼真的人，但不是最早這麼演的人，那位提出「高築牆，廣積糧，緩稱王」的朱升，早就無師自通地學會了用算卦的形式給朱元璋出主意了。

朱元璋喜歡把儒生當作術士用，劉基也沒辦法，只好順著領導的思路走，可惜他演得太逼真，人們只記得他演的角色，卻忘了演員本人了。

所以當劉基去世，有人記得他是策士，有人記得他是學士，但大多數人只記得他是會算命會預測會看星象的術士。

可以說，劉基生前就親手為自己的神棍形象打下了堅實的基礎，但他的飛升之路並沒有因為他的去世而終止，在劉伯溫死後，他進入了升仙之路的進階修煉：元神化嬰。

這一過程的主要任務由劉基的後人來完成，主要修煉方式就是在劉基的傳記中植入一些怪力亂神的故事。

最典型的是記載在劉基後人編撰的傳記《誠意伯劉公行狀》一書中的《西湖望雲》故事。

故事是這樣的：說某年某月的某一天（根據劉基的行跡應該是在1349年），劉伯溫來到杭州西湖邊玩耍，突然看到西北角有一團雲朵長得十分奇怪，跟劉伯溫一起遊西湖的那些玩伴頓時文人病發作了，非要給那朵雲寫首詩，真是無聊到爆。

唯獨劉伯溫不肯寫詩，只是看著雲一杯杯在那兒喝酒，別人就問他：「劉伯溫啊，你為啥不寫詩歌頌一下這朵雲，你跟雲有意見嗎！」

劉伯溫卻回答說：「這不是雲，這是傳說中的『王氣』，我看王氣的源頭就在南京，十年之後那裡肯定會出個王者，到時候我一定要去投奔他。」（此天子氣也，應在金陵，十年有後王者起其下，我當輔之。）

那個時候江南各行省都還一片繁華的景象，那些人一聽劉伯溫的話嚇得臉都綠了，壓低了聲讓劉伯溫住嘴：「你想害得我們全家都被殺頭嗎！」

後面的歷史大家都知道了，十年後，朱元璋佔據了金陵，劉基投奔了朱元璋，又過了十年，朱元璋果然當了天子。

劉伯溫是不是很神？看看雲朵就能知道十年後的皇帝會出在哪裡？

可惜，這個故事胡扯的痕跡太嚴重。別開唯物主義世界觀不提，從杭州回來後劉伯溫又忠心耿耿地投入到石抹宜孫的剿匪大業中，為元王朝的統治添磚加瓦，還因為被降旨哭著喊著要上吊，一點都沒有露出十年後就要跳槽的反骨仔形象。

很明顯，這個故事是編的，或許編故事的人本義是想說明劉伯溫其實早就「身在大元心在明」，但是這一類故事無形中給劉伯溫又披上了一層更加神通廣大的外衣。

生前，劉基要對自己的話負責，所以他再怎麼編也不敢編得太離譜。但是死後，劉基的子孫不用擔心有人從墳墓跳出來反駁，所以他們可以盡情地發揮想像力，盡情地編。

於是，到大明朝中葉，劉基已經完成了從築基到元嬰的飛躍。

但是劉伯溫的後人終歸也是士大夫，士大夫編起故事來總歸有很多顧慮，這些故事中的劉伯溫還是「多智而近妖」，卻沒有真正的變成「妖」，所以直到廣大勞動人民加入到神話劉伯溫的行列中，劉伯溫才順利完成渡劫，成為一名光榮的神仙。

民間傳說中的劉伯溫可不得了了，據說為什麼劉伯溫能夠上知天文下知地理前知五百年，後知五百年呢？原來他年輕的時候得到過一本天書。

人民群眾就是這麼樸素，凡是解決不了的問題通通推給天書——反正老天是個筐，什麼都能往裡裝。

在人民群眾的想像中，劉伯溫的天書是這麼來的。

當年劉伯溫在青田讀大學的時候，有天發現山崖邊有個山洞。和所有好奇的少年一樣，他懷疑裡面有武林秘笈，於是就走進去了。

果然，山洞裡有個石門，石門邊刻著兩個神，神的手裡握著一副金牌，金牌上寫著：卯金刀，持石敲。

卯金刀不就是劉字嗎，受到鼓勵的劉伯溫懷著激動的心情撿起一顆石頭就在門上咚咚咚敲起來，石門應聲而開，正如劉基所料，石門裡面有本武林秘笈。

這本秘笈就是傳說中的「天書」。

於是乎，得了天書的劉伯溫就像撿到《九陽真經》的張無忌一樣，瞬間牛叉起來，最後靠著天書上的法術，輔佐朱元璋取得了天下。

這位淳樸的故事作者顯然不知道，從青田大學畢業後的劉伯溫過了十多年苦逼日子，他更加不知道的是，修煉了天書的劉伯溫最後居然被胡惟庸毒死了。

看來胡惟庸也撿到過天書。

在有些版本裡面，這個故事更曲折，劉伯溫打開的石門裡面不單有天書，還有一隻成了精的白猿，劉伯溫在殺死了白猿之後，才得到了那本天書。

這個故事，和張無忌在山洞裡從猴子肚子裡剖出《九陽真經》已經很接近了。

這樣的故事還有很多，在這些故事中，劉伯溫跟九天玄女拍拖過一段時間，跟諸葛亮有一段人鬼情未了，等等。

在這些天馬行空的故事包裝下，劉伯溫的品牌形象立刻就從一個神棍升級為神仙，直到清朝末年託名劉伯溫的《燒餅歌》問世，劉伯溫已經徹底修煉得道，飛升仙界了。

其實，我只是一個文人

從1375年劉基逝世的那天起，加在劉基身上的殊榮就像滾雪球一樣越滾越大，這些殊榮有來自官方的，有來自士林的，更多是來自民間的；有本就應當屬於劉基的，但更多的殊榮本不當屬於劉基。

比如那些在署名欄上印著作者劉伯溫的百年超級暢銷書：預言書《燒餅歌》、算命書《滴天髓》、火器教材《火龍神器陣法》、兵法書《百戰奇略》等等，如果單從這串書單來看，劉基簡直無所不通，無所不能，說是文曲星下凡都不為過。

可惜的是，這些書無一例外都是後人假託劉基之名而作的「偽書」，劉基真正流傳於後世的只有一些詩詞集和散文集，以及那本用寓言故事寫政治思想的《郁離子》。

其實，劉基真正的身分，只是一個熟知陰陽數術，精通戰略戰術，一心建功立業，懷著一腔正義的文人而已。

是的，不管劉基從語言行為上多麼像一個術士，不管劉基在戰場上如何運籌帷幄，從本質上來說，他是一個文人——學識淵博，文采斐然，性格執拗，拙於世故，聖人之言銘記於胸，天下蒼生長掛心頭。

這樣的身分決定了劉基不會像無數民間傳說裡的劉伯溫那樣嬉笑怒罵，玩世不恭，相反，真實的劉基，一生中充滿了壓抑，為求功名自小苦學，懸樑刺股，發憤讀書，根本沒有時間用他所謂的「機智」去戲弄地主老財和官老爺，青年時期在元朝官場上事事不如意，處處不順心，最後終於在苦悶中放棄仕途，即使在跟著朱元璋打拚的那十年，劉基也不得不處處小心事事謹慎，因為他面對的敵人都是這個時代最強大的軍閥，而在朱元璋稱帝後，他更是步步驚心，周旋在淮西集團和朱元璋之間，苟全性命。

劉基的性格太過於耿直，有時候耿直到了不近人情的地步，所以他不懂得長袖善舞的道理，也不會左右逢源，這樣的性格似乎和他神機妙算的謀劃能力並不統一，但他就是這樣的一個人，一個執拗的書生。

這樣的性格讓他吃了太多的虧，很多時候性格決定命運，即便是再過人的智慧也拯救不了他，因為人和人的戰場太精妙、太複雜，方正的性格永遠磨不過人性的險惡。

這是劉基的不幸，但也是他最可愛的地方。

一個絕對的聰明人一點都不可愛。吳起殺妻求將，韓信賣友求榮，曹操「寧可我負天下，不可天下負我」，張儀、蘇秦為自己的榮華富貴把天下百姓當作棋子——這些人都是聰明人，永遠都能做出最理性的抉擇，做事情永遠遊刃有餘，但沒有人會尊重他們。

而劉基，他聰明，卻又迂腐，在戰場上他詭計多端，陰謀不斷，但是在正義是非面前，他卻光明磊落，明知不可為而為之。

因為劉基的本質不是陰謀家，不是厚黑教中人，而是一個書生，一個文人。

所以終其一生，他只是朱元璋麾下的首席幕僚，大明帝國的一位普通官員，因為他身上沒有梟雄的氣質。

幸虧他身上沒有這種氣質。

附：誰殺死了劉伯溫

逝者已逝。

劉基一生留下了無數傳奇故事，但他的死卻如此離奇。

他究竟死於什麼原因？胡惟庸的藥是怎麼回事？誰是殺害劉基的真正兇手？

讓我們透過層層迷霧，穿越歷史，模擬一次庭審，來探究劉基之死的真相。

（本故事情節皆為虛構，如有雷同實屬巧合。）

首先，請公訴人入席……你問公訴人是誰？他是個打醬油的，別管他。

接著，我們請上兩位嫌疑人：

一號嫌疑人：胡惟庸（嫌犯自白：我是冤枉的。）

二號嫌疑人：朱元璋（嫌犯自白：大膽！）

這兩位嫌疑人分別代表關於劉基死因的兩種猜測：胡惟庸毒殺說，朱元璋指示胡惟庸毒殺說（反正胡惟庸逃不了關係）。

我們首先來看第一位嫌疑人胡惟庸。

公訴人發言：「胡惟庸此人心胸狹窄，手段狠毒，他與劉基一向有公仇，論相之時劉基說了他的壞話，於是又新增了私仇，談洋設司和州官三叛亂劉基繞開中書省上疏進一步觸怒了胡惟庸，所以，胡惟庸毒殺劉基，是有充分的犯罪動機的！」

（胡惟庸：跟我有仇的人多了去了……）

公訴人打斷：「更何況，胡惟庸還有前科在先：他曾因徐達彈劾他，就想刺殺徐達。他能殺徐達，也能殺劉基！」

「我的發言完了，謝謝。」

接下來，請證人發言。有請證人：劉基次子劉璟。

劉璟發言：「尊敬的審判長、陪審員、公訴人，您們好。我認定殺害我父親的兇手就是胡惟庸。證據主要來自於1389年到1391年朱元璋陛下和我的幾次談話。」（向朱元璋欠欠身，朱元璋用眼神回禮。）

「1389年正月十八日，皇帝陛下曾與我說：『這劉基是個好秀才，吃胡、陳蠱了。那胡家吃我殺得光光的了。』原話如此，因為已經很接近白話，所以我就不做翻譯了。」

「1390年正月初四，皇帝陛下又與我說：『劉基他父子兩人都吃那歹臣毒害了。我只道他老病，原來吃蠱了。』

1390年六月初六，皇帝陛下又與我說：『我到婺州時得了處州，他那裡東邊有方谷珍，南邊有陳友諒，西邊有張家，劉基那時挺身來隨著我。他的天文別人看不著，他只把秀才的理來斷，到強如那等。鄱陽湖裡到處廝殺，他都有功。後來胡家結黨，他吃他下了蠱。只見一日來和我說，上位，臣如今肚內一塊硬結，怛諒著不好。我著人送他回去家裡死了。後來宣得他兒子來問，說道脹起來緊緊的，後來瀉得鱉鱉的，卻死了。這正是著了蠱。他大兒子在江西，也吃他藥殺了。如今把爾襲了老子爵，與他五百石俸。』」

劉璟繼續發言：「皇帝陛下說這些話的時候，胡深之子胡伯機，章溢之子章允載，葉琛之孫葉永道都在場，可以作證！」

接著，劉璟突然從衣袖裡掏出一本書，揮舞著大聲吼道：「而且《明實錄》上也是這麼記載的，你們不相信我，還不相信正史嗎！兇手就是胡惟庸！就是他！」

接著庭審現場出現了一陣騷動，直到法警把劉璟架出庭外才平息下來。

劉璟發言完畢，輪到最後一個環節：胡惟庸自我辯護階段。

胡惟庸：「我只說一句話，就算劉基真的是被我毒死的，沒有某人的命令我該怎麼做嗎？我活膩了？（說著拿眼睛直看朱元璋，朱元璋怒目而視。）更何況，劉基是不是被毒死的還難說。」

說完，胡惟庸又補充了一句：「所有說我毒殺劉基的證據都來自朱元璋的口述，大家再想想，自從1380年那場大案（指胡惟庸案——畫外音）後，朱元璋這廝在我身上潑了多少髒水！」

朱元璋氣得跳起來要和胡惟庸拚命，被法警死死按住，庭審現場又陷入了短暫的混亂。

請朱元璋同志冷靜一下，現在我們把目光轉向朱元璋，照例還是請公訴人先發言。

公訴人：「朱元璋的動機就更不用說了，李善長何辜？藍玉何辜？就算是胡惟庸，他又哪裡造反了？你還不是說殺就殺了？你要殺功臣，劉基是最大的功臣，這就是你最大的動機。」

（朱元璋：劉基死的那陣兒我還沒開始殺功臣呢……）

公訴人打斷：「況且剛才胡惟庸說得對，沒有你的默許，他敢下手嗎？」

「我的發言完了，謝謝。」

接下來，還是需要一位證明朱元璋指示的證人……

什麼？沒有證人？（朱元璋得意洋洋翹著二郎腿：無圖無真相你說個屁呀。）

庭審立刻陷入了尷尬的沉默，從情理上講大家都相信主謀是朱元璋，可惜所有證據都指向了胡惟庸才是主謀。

既然是法治社會，只能以法律為依據，事實為準繩。法官正要敲法槌，宣佈胡惟庸有罪，突然法庭的大門被一腳踹開，無數記者蜂擁一位儒生殺進庭審現場：

「我有新的證據，證明誰才是兇手！」那位儒生大喊。

這位儒生是誰？不是別人，乃是劉基生前好友，浙東大儒宋濂。

經過短暫的討論，法官決定讓宋濂坐上證人席發言。

宋濂的發言：「大家好，我叫宋濂，眾所周知，我是明初一代大儒，要說起學問功底，我甩開劉基八條街……」

（眾人起鬨：說重點！）

宋濂尷尬地一笑，轉向朱元璋說：「我所掌握的證據表明，殺死劉基的主謀……不是胡惟庸。」（宋濂還刻意強調了一下主謀二字，朱元璋瞬間臉就綠了。）

宋濂繼續發言：「我的證據主要來自於1374年二月份和朱元璋陛下的一次談話，那天陛下在乾清宮特別把我喊去，問我劉基什麼時候回老家，我說快了。劉基的病情怎麼樣了，還能自己回家嗎？我也都據實相告了。這件事情充分表明陛下您是很重視劉基的病情的，但為什麼劉基跟您說吃了胡惟庸的藥後肚子裡長了東西您卻不聞不問！而且，當時您還說您的《朱元璋文集》出版了，要送給我，胡惟庸和李善長各一本，唯獨不給劉基——可見您其實沒有真的那麼關心他吧！」

宋濂的話一說完，大家都長出一口氣。因為所有人都覺得主謀應該是朱元璋，現在宋濂的證詞也證明了這一點，既然如此，那就宣判吧！

且慢，宣判之前還有一個流程：嫌疑犯自辯。那就先讓朱元璋說完再判，看他能說出什麼花了。

朱元璋也從大家的眼神裡看出自己恐怕已經被做了有罪推定了。沒辦法，只有使出最後一招了，險中求勝！

朱元璋長嘆了一口氣，說出了一個駭人聽聞的真相：「其實，劉基根本不是被胡惟庸毒死的——當然，也不是被我毒死，他壓根兒就是自己病死的！」

此言一出，舉座震驚！讓人更震驚的話還在後面

朱元璋繼續發言：「其實，說劉基被胡惟庸毒死根本就是我編的，反正我編這個的時候胡

惟庸死了快十年了，他也沒法爬出來說話——是吧，老胡？（胡惟庸氣哼哼地沒理他），至於剛才劉璟說的《明實錄》上記載的問題，那簡直就不是問題，我讓史官怎麼寫，史官敢不按我的意思寫嗎？」

朱元璋看看大家目瞪口呆的樣子，繼續說：「有人問，我為什麼要編造劉基被毒死的謊言呢？其實剛才胡惟庸已經說了——為了給他潑髒水唄，反正我都捏造了胡惟庸造反的事實了，也不在乎給他多安幾個罪名，對不對？」

「最重要的是，大家想過沒有，劉基是二月份離開南京的，他四月份才死……什麼毒藥能夠讓他熬上兩個月？那會兒又不是21世紀，哪來這麼先進的化學產品？」

「說實話，我這是偷雞不成反蝕把米。我本來想坑老胡的，結果把我自己給坑了。」

「我的話講完了，大家看著辦吧。」

說完，朱元璋又回到了自己的座位上，回去的時候瞟了胡惟庸一眼，胡惟庸還是一副老僧入定的樣子，沒去理他。

朱元璋總是這麼不按常理出牌，他這一番話讓庭審又陷入僵局，本來審的是朱元璋和胡惟庸，結果兇手卻多出一個感冒病毒來，實在讓人無從下手。

誰說的都有道理，誰都沒有證據證明誰是真正的兇手。

最後，法官只能宣佈草草休庭，擇日再議。

那麼，究竟是胡惟庸自作主張毒殺了劉基，還是朱元璋指示胡惟庸毒殺劉基，還是劉基

劉基年表

年份：1311年（元至大四年辛亥）

年齡：1歲

六月十五日生於江浙行省處州府青田縣九都南田山武陽村。

宋濂2歲。

年份：1324年（元泰定元年甲子）

年齡：14歲

黃伯生《行狀》：「年十四，入郡庠，從師受《春秋經》，人未嘗見其執經讀誦，而默識無遺。習舉業，為文有奇氣。決疑義皆出人意表。凡天文兵法諸書，過目洞識其要。講理性於復初鄭先生，聞濂洛心法，即得其旨歸。」

年份：1328年（元泰定五年戊辰）

年齡：18歲

在石門書院讀書。

朱元璋出生。

年份：1332年（元至順三年壬申）

年齡：22歲

光緒《青田縣誌》卷九：「至順三年壬申科：葉峴（癸酉進士）、劉基（癸酉進士）、徐祖德（癸酉進士）。」中第14名舉人。

年份：1333年（元至順四年癸酉

年齡：23歲

光緒《青田縣誌》卷九：「至順四年癸酉科李齊榜：劉基（九都南田人）、葉峴（十一都富川人）、徐祖德（十八都石帆人）。」中第26名進士，漢人、南人第三甲第20名。

在京會試作《龍虎台賦並序》。

年份：1336年（元至元二年丙子）

年齡：26歲

赴江西，任瑞州高安縣丞。

張時徹《神道碑》：「甫弱冠，舉元進士，授江西高安縣丞。」與李爟、鄭希道、黃伯善兄弟交契甚篤。

高啟出生。

年份：1339年（元至元五年己卯）

年齡：29歲

辟為江西行省職官掾史。《行狀》：「新昌州有人命獄，府委公覆檢案，核得其故殺狀，初檢官得罷職罪，其家眾倚蒙古根腳，欲害公以復仇。江西行省大臣素知公，遂辟為職官掾史。」

年份：1340年（元至元六年庚辰）

年齡：30歲

仍為職官掾史，已而投劾去，隱居力學。

年份：1346年（元至正六年丙戌）

年齡：36歲

赴京，作《丙戌歲赴京師途中送徐明德歸鎮江》。長詩《北上感懷》約作於此時。

年份：1348年（元至正八年戊子）

年齡：38歲

寓居杭州，為江浙行省儒學副提舉、行省考試官。基撰《劉顯仁墓誌銘》云：「至正八年，予初寓臨安。」長子劉璉生。

方國珍起海上。

年份：1349年（元至正九年己丑）

年齡：39歲

《行狀》：「建言監察御史失職事，為台憲所沮，遂移文決去。」

年份：1350年（元至正十年庚寅）

年齡：40歲

寓居杭州。次子劉璟生。

年份：1351年（元至正十一年辛卯）

年齡：41歲

寓居杭州。紅巾軍大起義爆發。年底，徐壽輝兵鋒東向，遂離杭歸里。作《沙班子中興義塾詩序》、《送海甯張知州滿任去管序》、《送月忽難明德江浙府總管去官序》及《杭州富陽縣重修文廟學宮記》、《辛卯仲冬雨中作二首》等。

年份：1352年（元至正十二年壬辰）

年齡：42歲

自里返杭，任浙東元帥府都事。復自杭赴浙東，在台州一帶參與軍機。

三月，台州路達魯花赤泰不華與方國珍戰於澄江，陣亡。作《吊泰不華元帥賦》。

七月，徐壽輝克杭州。

八月，方國珍攻台州，未克。

年份：1353年（元至正十三年癸巳）
年齡：43歲
年初在杭，任行省都事。
十月，因建議捕殺方國珍，與朝廷撫綏政策相左，被羈管於紹興。
張士誠起兵高郵，稱誠王，國號大周，建元天祐。
年份：1354－1355年（元至正十四、十五年）
年齡：44－45歲
仍羈管於紹興，廣遊山水，詩文甚多。京畿大饑，人相食。
劉福通等立韓林兒為帝，號小明王，建都亳州，國號宋，改元龍鳳。
年份：1356年（元至正十六年丙申）
年齡：46歲
復為行省都事，自募義兵，招捕吳成七義軍。
朱元璋下集慶，改稱應天府。徐壽輝遷都漢陽，張士誠下平江，改稱隆平府，為國都。
朱元璋為吳國公。
年份：1357年（元至正十七年丁酉）
年齡：47歲
任行省樞密院經歷，與樞密院判官石抹宜孫等同守處州，賦詩酬唱，增答甚多。

年份：1358年（元至正十八年戊戌）
年齡：48歲
任行省郎中。經略使李谷鳳巡撫江南諸道，採守臣功績上奏朝廷。執政右方氏，置劉基軍功不錄，乃憤而辭官歸里。
劉福通率部克汴梁，迎韓林兒入居之，定為國都。朱元璋自將大軍拔婺州，改稱寧越府。
年份：1359年（元至正十九年己亥）
年齡：49歲
隱居故里，著《郁離子》。
胡大海、耿再成合兵攻處州，石抹宜孫戰敗棄城走。
年份：1360年（元至正二十年庚子）
年齡：50歲
因朱元璋遣使固邀，與宋濂、章溢、葉琛赴金陵，陳時務十八策，佐命軍中。
陳友諒引兵東下，應天大震，基力主抗擊，陳友諒敗。
石抹宜孫戰死。
年份：1362年（元至正二十二年壬寅）
年齡：52歲

助朱元璋受陳友諒部將胡廷瑞降，遂得龍興，改成洪都府。

回鄉葬母，協助平定金華、處州苗軍之亂。

年份：1363年（元至正二十三年癸卯）

年齡：53歲

自家返應天，途中助李文忠擊退張士誠軍。

張士誠圍安豐，劉福通請兵救援。基力阻未果，朱元璋親率大軍馳援。安豐城已破，劉福通被殺。

陳友諒統軍東下，圍洪都。朱元璋率軍南向，與陳友諒大戰於鄱陽湖。陳友諒中矢死。

基與朱元璋同舟督戰。

年份：1364年（元至正二十四年甲辰）

年齡：54歲

基與朱元璋共同密謀取張士誠，定中原。

陳友諒子陳理降。朱元璋自立為吳王。

年份：1366年（元至正二十六年丙午）

年齡：56歲

卜地定作新宮。

小明王沉江身亡。

年份：1367年（元至正二十七年丁未）
年齡：57歲
任太史令，授御史中丞。與李善長等共同議定律令。上《戊申大統曆》。新宮築成。吳亡。方國珍降。徐達等下山東諸郡。
年份：1368年（明洪武元年戊申）
年齡：58歲
朱元璋稱帝，國號大明，建元洪武。基任太史院使、資善大夫御史中丞。奏立軍衛法。
朱元璋赴汴梁，基與李善長居守。斬李彬，忤李善長。
朱元璋問生息之道，基對曰：「生民之道，在於寬仁。」
定處州稅糧，朱元璋特命青田縣糧止五合起科。曰：「令伯溫鄉里世世為美談也。」
朱元璋賜《御史中丞誥》。
徐達等入大都，改稱北平府。
年份：1369年（明洪武二年己酉）
年齡：59歲
宋濂等修《元史》，同年修成。
朱元璋以臨濠為中都，群臣稱善，惟基曰：「鳳陽雖帝鄉，非建都地也。」

常遇春克開平，元順帝奔和林，常遇春卒。

年份：1370年（明洪武三年庚戌）

年齡：60歲

兼弘文館學士，封開國翊運守正文臣、資善大夫護軍、誠意伯。朱元璋頒《誠意伯誥》。

年份：1371年（明洪武四年辛亥）

年齡：61歲

基致仕歸里。朱元璋手書問天象，基悉條答，大要言：「今國威已立，宜以寬。」李善長罪，以汪廣洋為右丞，胡惟庸為左丞。明升降，夏亡。

年份：1372年（明洪武五年壬子）

年齡：62歲

韜光斂跡，屏居山中。

建言設談洋巡檢司。

徐達為征虜大將軍，征擴廓帖木兒，徐達敗績。

年份：1373年（明洪武六年癸丑）

年齡：63歲

因談洋事遭胡惟庸、吳雲沐構陷，朱元璋奪基祿，基懼，入京謝罪，不敢歸。

頒《大明律》。

年份： 1374 年（明洪武七年甲寅）

年齡：64 歲

羈留京師，體弱病衰，賦詩嘆老。

李文忠、藍玉大敗北元軍。

年份： 1375 年（明洪武八年乙卯）

年齡：65 歲

居京病篤，歸里而卒。

元將擴廓帖木兒卒。

身心靈成長

01	心靈導師帶來的36堂靈性覺醒課	姜波	定價：300元
02	內向革命-心靈導師A.H.阿瑪斯的心靈語錄	姜波	定價：280元
03	生死講座——與智者一起聊生死	姜波	定價：280元
04	圓滿人生不等待	姜波	定價：240元
05	看得開放得下——本煥長老最後的啓示	淨因	定價：300元
06	安頓身心--喚醒內心最美好的感覺	麥克羅	定價：280元
07	捨不得 捨得是一種用金錢買不到的獲得	檸檬公爵	定價：260元
08	放不開--你爲什麼不想放過自己？	檸檬公爵	定價：260元

典藏中國：

01	三國志--限量精裝版	秦漢唐	定價：199元
02	三十六計--限量精裝版	秦漢唐	定價：199元
03	資治通鑑的故事--限量精裝版	秦漢唐	定價：249元
04-1	史記的故事	秦漢唐	定價：250元
05	大話孫子兵法--中國第一智慧書	黃樸民	定價：249元
06	速讀二十四史--上下	汪高鑫李傳印	定價：720元
08	速讀資治通鑑	汪高鑫李傳印	定價：380元
09	速讀中國古代文學名著	汪龍麟主編	定價：450元
10	速讀世界文學名著	楊坤　主編	定價：380元
11	易經的人生64個感悟	魯衛賓	定價：280元
12	心經心得	曾琦雲	定價：280元
13	淺讀《金剛經》	夏春芬	定價：210元
14	讀《三國演義》悟人生大智慧	王　峰	定價：240元
15	生命的箴言《菜根譚》	秦漢唐	定價：168元
16	讀孔孟老莊悟人生智慧	張永生	定價：220元
17	厚黑學全集【壹】絕處逢生	李宗吾	定價：300元
18	厚黑學全集【貳】舌燦蓮花	李宗吾	定價：300元
19	論語的人生64個感悟	馮麗莎	定價：280元
20	老子的人生64個感悟	馮麗莎	定價：280元
21	讀墨學法家悟人生智慧	張永生	定價：220元
22	左傳的故事	秦漢唐	定價：240元
23	歷代經典絕句三百首	張曉清 張笑吟	定價：260元

24	商用生活版《現代36計》	耿文國	定價：240元
25	禪話•禪音•禪心禪宗經典智慧故事全集	李偉楠	定價：280元
26	老子看破沒有說破的智慧	麥迪	定價：320元
27	莊子看破沒有說破的智慧	吳金衛	定價：320元
28	菜根譚看破沒有說破的智慧	吳金衛	定價：320元
29	孫子看破沒有說破的智慧	吳金衛	定價：320元
30	小沙彌說解《心經》	禾慧居士	定價：250元
31	每天讀點《道德經》	王福振	定價：320元
32	推背圖和燒餅歌裡的歷史	邢群麟	定價：360元
33	易經：現代生活的智慧	孫三寶	定價：280元
34	《傳習錄》白話本	姜波	定價：330元
35	《史記》故事導讀	姜波	定價：340元
36	《資治通鑑》故事導讀	姜波	定價：300元
37	厚黑學全集【參】厚黑心術	李宗吾	定價：300元
38	《碧巖錄》中的100大智慧	于水音	定價：280元
39	入骨相思知不知—醉倒在中國古代情詩裡	維小詞	定價：300元
40	厚黑學全集【肆】厚黑之道	李宗吾	定價：320元
41	一本書讀懂戰國史	秦漢唐	定價：420元

經典中的感悟

01	莊子的人生64個感悟	秦漢唐	定價：280元
02	孫子的人生64個感悟	秦漢唐	定價：280元
03	三國演義的人生64個感悟	秦漢唐	定價：280元
04	菜根譚的人生88個感悟	秦漢唐	定價：280元
05	心經的人生88個感悟	魯衛賓	定價：280元
06	論語的人生64個感悟	馮麗莎	定價：280元
07	老子的人生64個感悟	馮麗莎	定價：280元
05	易經的人生64個感悟	魯衛賓	定價：280元

人物中國：

01	解密商豪胡雪巖《五字商訓》	侯書森	定價：220元
02	睜眼看曹操-雙面曹操的陰陽謀略	長　浩	定價：220元

03	第一大貪官-和珅傳奇（精裝）	王輝盛珂	定價：249元
04	撼動歷史的女中豪傑	秦漢唐	定價：220元
05	睜眼看慈禧	李 傲	定價：240元
06	睜眼看雍正	李 傲	定價：240元
07	睜眼看秦皇	李 傲	定價：240元
08	風流倜儻-蘇東坡	門冀華	定價：200元
09	機智詼諧大學士-紀曉嵐	郭力行	定價：200元
10	貞觀之治-唐太宗之王者之道	黃錦波	定價：220元
11	傾聽大師李叔同	梁 靜	定價：240元
12	品中國古代帥哥	頤 程	定價：240元
13	禪讓--中國歷史上的一種權力遊戲	張 程	定價：240元
14	商賈豪俠胡雪巖(精裝)	秦漢唐	定價：169元
15	歷代后妃宮闈傳奇	秦漢唐	定價：260元
16	歷代后妃權力之爭	秦漢唐	定價：220元
17	大明叛降吳三桂	鳳 娟	定價：220元
18	鐵膽英雄—趙子龍	戴宗立	定價：260元
19	一代天驕成吉思汗	郝鳳娟	定價：230元
20	弘一大師李叔同的後半生-精裝	王湜華	定價：450元
21	末代皇帝溥儀與我	李淑賢口述	定價：280元
22	品關羽	東方誠明	定價：260元
23	明朝一哥 王陽明	呂 崢	定價：280元
24	季羨林的世紀人生	李 琴	定價：260元
25	民國十大奇女子的美麗與哀愁	蕭素均	定價：260元
26	這個宰相不簡單--張居正	逸 鳴	定價：260元
27	六世達賴喇嘛倉央嘉措的情與詩	任倬灝	定價：260元
28	曾國藩經世101智慧	吳金衛	定價：280元
29	魏晉原來是這麼瘋狂	姚勝祥	定價：280元
30	王陽明悟人生大智慧	秦漢唐	定價：280元
31	不同於戲裡說的雍正皇帝	秦漢唐	定價：240元
32	不同於戲裡說的慈禧太后	秦漢唐	定價：240元
34	後宮女人心計	秦漢唐	定價：220元
35	心學大師王陽明	秦漢唐	定價：200元
36	大明帝王師劉伯溫	秦漢唐	定價：320元

國家圖書館出版品預行編目資料

大明帝王師劉伯溫 / 秦漢唐 作

-- 一版. -- 臺北市 ：廣達文化，2014.03

; 公分. -(人物中國:36)(文經閣)

ISBN 978-957-713-544-5 (平裝)

1.(明)劉基 2.傳記

782.861 103001701

文經閣

書山有路勤為徑
學海無涯苦作舟

大明帝王師劉伯溫

作　者：秦漢唐
叢書別：人物中國：36
出版者：廣達文化事業有限公司

文經閣企畫出版
Quanta Association Cultural Enterprises Co. Ltd
編輯執行總監：秦漢唐

編輯所：臺北市信義區中坡南路 287 號 5 樓
通訊：南港福德郵政 7-49 號
電話：27283588　傳真：27264126
劃撥帳號：19805171
戶名：廣達文化事業有限公司
E-mail：siraviko@seed.net.tw
www.quantabooks.com.tw

製　版：卡樂製版有限公司
印　刷：大裕印刷排版公司
裝　訂：秉成裝訂有限公司

代理行銷：創智文化有限公司
23674 新北市土城區忠承路 89 號 6 樓
電話：02-2268-3489　傳真：02-2269-6560

CVS 代理：美璟文化有限公司
電話：02-27239968　傳真：27239668

一版一刷：2013 年 3 月
定 價：330 元

書山有路勤為徑
學海無涯苦作舟

書山有路勤為逕

學海無涯苦作舟